CyberCEO

Decisiones estratégicas de ciberseguridad

Facundo Mauricio

Prólogo de Natalia Oropeza

Chief Cybersecurity Officer &
Chief Diversity Officer

Siemens

Acceda a www.marcombo.info
para descargar gratis
el contenido adicional
complemento imprescindible de este libro

Código: CYBERCEO23

CyberCEO

Decisiones estratégicas de ciberseguridad

Facundo Mauricio

Prólogo de Natalia Oropeza

Chief Cybersecurity Officer &
Chief Diversity Officer

Siemens

Marcombo

CyberCEO
Decisiones estratégicas de ciberseguridad

© 2023 Facundo Mauricio

Primera edición, 2023

© 2023 MARCOMBO, S. L.
www.marcombo.com

Diseño de cubierta: ENEDENÚ DISEÑO GRÁFICO
Ilustración de cubierta: Facundo Mauricio
Corrección: Nuria Barroso y Haizea Beitia
Directora de producción: M.ª Rosa Castillo

ISBN: 978-84-267-3571-3
D.L.: B 7264-2023

Impreso en Printek
Printed in Spain

A mi madre,
por su apoyo incondicional

Prólogo

Creo firmemente que la digitalización es la única forma que disponemos para aliviar y resolver varios de los problemas mundiales del presente; es nuestra tarea fundamental en ciberseguridad el acelerar este proceso, principalmente incrementando la baja confianza que la gerencia y la sociedad en general tienen al respecto de estas transformadoras tecnologías. Es nuestro objetivo el mitigar los principales riesgos que se perciben a partir de los procesos de digitalización buscando mejorar la calidad de vida de las personas y las organizaciones, atendiendo a problemas como el cambio climático, la producción de alimentos y el acceso a la educación, por solo nombrar alguno de los principales males que aquejan a nuestra sociedad.

El proceso de concientización de los riesgos de la digitalización es relativamente nuevo. Hace apenas diez años que las compañías empiezan a tomar medidas como contratar CISO, nombrados en principio con poca autoridad, prioridad o presupuesto y para atender más a una dinámica de mercado que a un firme compromiso de la organización. A medida que las empresas comienzan a sufrir grandes incidentes de ciberseguridad o malos resultados en sus auditorias (y en mi experiencia solo he conocido estas dos motivaciones), las compañías empiezan a reaccionar con medidas tácticas: invertir en tecnología de defensa, cambiar al CISO o contratar un consultor externo... En esta etapa del *top management* (CEO, CFO, COO) tienen muy poco entendimiento de los problemas de ciberseguridad; al final del día los resultados no aparecen y los riesgos continúan creciendo.

Habiendo fallado con el enfoque táctico, las organizaciones comienzan a reconocer el valor estratégico y necesario de la ciberseguridad y otorgan a los CISO los recursos y el apoyo necesario para poder transformar la organización. Cuanto antes comprenda la organización que la ciberseguridad debe ser un asunto estratégico, más rápido se podrá proteger a sí misma. El objetivo es el *awareness* de estos riesgos, y aquí es donde la educación en todos los niveles, incluyendo la publicación de libros como CyberCEO, cumple un rol fundamental.

Necesario en el evolucionar de lo táctico a lo estratégico es el apetito de cambio que disponga el directorio y la gerencia, puesto que se requiere un *case-for-change* lo suficientemente fuerte como para conseguir el presupuesto y el alineamiento con el negocio. Estas transformaciones requieren ver la ciberseguridad de manera holística, de principio a fin; comprender cuál es el eje central de la organización, cuál es su foco y cómo podemos diseñar una estrategia de ciberseguridad que proteja a ese negocio. Buscamos que las distintas partes de la organización sientan que son parte del cambio y se sumen a esta cruzada por la seguridad en lugar de luchar contra ella. Debemos asegurarnos en todo momento de que nuestra tarea añade valor al negocio y de que los departamentos forman parte del equipo de ciberseguridad, de modo que sus intereses se vean representados en las decisiones que tomamos.

Otra pieza fundamental es formar un gran equipo, y todo gran equipo tiene una característica fundamental: la diversidad. Aquí nos referimos a la diversidad en todos sus aspectos, pues cuanto más diverso es el equipo, tanto en edades, géneros, intereses, limitaciones físicas, orientaciones sexuales (LGBTIQA+), experiencias, orígenes, etc., más alto será el desempeño del grupo y su posibilidad de alcanzar la excelencia (aunque más complejo será también su liderazgo). Este es el desafío que perseguimos en Siemens, pues en ciberseguridad, si queremos continuar liderando en innovación, necesitamos potenciar nuestra diversidad, principalmente atendiendo a incrementar la participación femenina en tecnología. Debemos apoyar el desarrollo de conocimientos sobre ciberseguridad en personas dispuestas a reinventarse al ritmo de la creciente transformación digital y dar oportunidades para cubrir los millones de puestos para profesionales que harán falta. Apostar por el crecimiento de las personas y la diversidad es primordial en un mundo con mayor expectativa de vida y cambio permanente.

Definir qué es lo que tenemos que proteger incluye considerar cuáles son los activos más valiosos y los riesgos más altos (no es posible proteger todo al 100 %), así como qué servicios o capacidades necesitamos desarrollar, siempre guiados por estándares internacionales como el NIST. Existe una similitud entre la estrategia de ciberseguridad y el cuidado de nuestra salud: como servicios se enfocan en protección (comer bien o hacer ejercicio para estar sano), detección (pruebas de salud para detectar enfermedades) y, finalmente, defensa (cuarto de emergencia) cuando se busca solucionar la urgencia rápidamente (porque cada segundo cuenta en la vida de un ser humano y un enfoque similar es el que tomamos para nuestra organización).

Con los servicios o capacidades definidas, el paso más importante es comenzar a medir efectos, pues sin medición no hay control, y sin control no hay progreso ni confianza. Nos costó mucho definir cómo medimos la ciberseguridad y que el *board* comprendiera y estuviera de acuerdo con estas métricas, pero esto era fundamental para aumentar la confianza de los directivos en nuestros procesos y nuestra estrategia.

Mi experiencia muestra que por pequeña que sea la empresa, debe tener una estrategia de ciberseguridad. No sabemos si el futuro presentará la ciberseguridad como una *commodity* o como un factor diferencial, pero lo que es seguro es que tomará un rol de altísima importancia. A medida que aumente el interés en la Digital Supply Chain Security (la protección de la cadena de suministros digitales), las empresas medianas y pequeñas necesitarán mejorar sus posiciones de seguridad para mantenerse competitivas. Iniciativas como el *Chapter of Trust* permiten a varias empresas coordinar esfuerzos de seguridad y organizar propuestas para proteger las empresas de riesgos comunes, compartiendo información y coordinando el progreso y la innovación en materia de seguridad.

Finalmente, algo muy cerca de mi corazón es el influir que más mujeres se decidan por la ciberseguridad, ya que la tecnología, y en particular esta disciplina, protege de manera directa a la sociedad digital que tenemos y que requiere que todos nos comprometamos con su defensa. Las mujeres tenemos las capacidades para poder llevar adelante de manera exitosa la tarea de la ciberseguridad. Nunca he recibido rechazo por ser mujer o mexicana y debo decirles que las empresas están ávidas por darnos la bienvenida. Nos necesitamos. Necesitamos el componente femenino en ciberseguridad y las mujeres son bienvenidas, especialmente en Siemens.

Natalia Oropeza
Chief Cybersecurity Officer &
Chief Diversity Officer
Siemens AG

ÍNDICE

"No es el más fuerte de la especie el que sobrevive, tampoco el más inteligente, sino aquel que responde mejor al cambio."

Charles Darwin, *The Origin of Species*.

INTRODUCCIÓN

¿Cuánto tiempo transcurrirá hasta que la organización que diriges sea la próxima víctima de un ciberataque? El éxito genera asimetrías, y estar a cargo de una compañía es una posición de riesgo, no solo para sus miembros más prominentes, sino para amigos, cónyuges e hijos, que pueden ser utilizados como vectores de ataque. Proteger una organización, una familia, una comunidad, no depende de conocimientos técnicos, sino de incorporar la ciberseguridad en la visión estratégica mediante la comprensión de las amenazas que nos acechan. Ser víctima de un ciberataque no implica solo el coste material, sino la pérdida de privacidad, el sentimiento de culpa y la constante duda sobre cómo ingresaron, si pueden volver o si aún están ahí. [1]

Las empresas son el objetivo más buscado en ciberataques, con un incremento del 435 % de ataques de *ramsonware* solo durante 2020, atribuido en un 95 % [2] de los casos a un error humano. Vemos que la solución debe venir por la gestión y el liderazgo, en lugar de comprar productos mágicos. Los CEO comprenderán que, como menciona Warren Buffet, "No le preguntes al peluquero si necesitas un corte de pelo", por lo que harán bien en desarrollar una visión de las amenazas reales y sus impactos antes de consultar a los expertos sobre cómo gastar su presupuesto.

Aquí no aspiramos a dar una lista de soluciones o una receta genérica para que la organización sea segura, principalmente porque no suscribimos a tal idílico enfoque. Si existiera una solución concreta para la ciberseguridad, no veríamos gobiernos encarcelando hackers con penas más duras que las de los criminales comunes; no veríamos como los ciberataques están cambiando la doctrina de la guerra de forma comparable a como los aviones cambiaron la doctrina militar en la Segunda Guerra Mundial; no veríamos empresas como Apple apelando decisiones que buscan bajar la seguridad de sus dispositivos, ni a empresas como Huawei acusadas de operar equipos de espionaje, y ciertamente no veríamos las tecnologías asociadas a *blockchain* y criptomonedas ser utilizadas por gobiernos, criminales, activistas y ciudadanos en una contienda por el futuro de la identidad y la propiedad digital.

Herbert Spencer comenta que cuando los primeros ferrocarriles aparecieron en España, no era infrecuente que los campesinos fueran atropellados por los trenes, y atribuye esta situación no a la impericia de los conductores, sino a que la vida rural de la época no permitía conceptualizar el poder destructivo de un objeto de semejante masa moviéndose a tan alta velocidad [3]. Me permito realizar un paralelismo con muchas de las tecnologías que encontramos en la modernidad y el limitado marco conceptual disponible para el público en general para concebir sus consecuencias. Tecnologías como la Inteligencia Artificial (AI), el Machine Learning, Biohacking, IoT, Blockchain, Big Data y tantas otras definirán en gran medida el desarrollo del siglo XXI y muchos de sus potenciales usos destructivos en el presente y en el futuro aún no son ampliamente comprendidos y discutidos a nivel organizacional. Tan es así que continuamos pagando con nuestros datos y privacidad por los servicios *gratuitos* que usamos: desde Instagram a WhatsApp, desde Google a Twitter, desde TikTok hasta LinkedIn, y aún en 2022 "password" y "123456" siguen siendo las contraseñas más utilizadas. [4]

Nos hemos transformado en personas dependientes de la tecnología, nuestras empresas, negocios, vínculos y organizaciones avanzan hacia una mayor digitalización, y esta complejidad nos hace pensar que hay que ser un experto en tecnología para poder seguirle el ritmo. No es cierto. En las manos de líderes, directivos y empresarios hay más potencial de ciberseguridad que en cualquier programador o administrador de sistemas; las empresas hoy son los principales objetivos de cibercriminales y sus problemas no son solo técnicos, sino estratégicos. Con la importancia que cobra la ciberseguridad en nuestras vidas, no es posible continuar delegándosela a quienes se limitan a centrarse en los aspectos operativos y los tecnicismos. Recordemos las palabras del gran Andrew S. Grove "delegar sin seguimiento as abdicar" [5]. Debemos dar un paso adelante e incorporar la ciberseguridad en nuestra forma de gestionar la estrategia de negocio.

La ciberseguridad no se limita simplemente a proteger nuestros equipos o redes, los dispositivos que nos rodean están conectados a Internet y pronto asociaremos procesos de protección digital con la libertad individual y organizacional. La ciberseguridad es hoy una herramienta fundamental en campañas políticas, en la guerra, en las elecciones, en los medios de comunicación, en lo que consumimos y en cómo nos manifestamos, y es parte de la batalla por definir cómo pensamos. Existe un famoso proverbio Yiddish: "provisiona para lo peor, porque lo mejor se puede ocupar de sí mismo". Entonces, te propongo que consideres la ciberseguridad como un pequeño escudo que podemos desarrollar para maximizar la posibilidad de construir organizaciones más seguras, espacios de acción más libres, más privados, donde facilitar el desarrollo de los individuos y negocios, limitando ataques y posibles intervenciones externas.

Este libro está dirigido a quienes no tienen tiempo o no les interesa saber *cómo* se solucionan los problemas de seguridad informática. Es para aquellos que quieren entender el problema y delegar la solución, para aquellos que ostentan un pensamiento estratégico, político y mercantilista en lugar del vacío lenguaje técnico que pasa de moda tras la incorporación de nuevas tecnologías. Se dice que en la antigüedad no se temía a los cambios de estaciones o de ciclos (naturales o sociales), sino que el verdadero temor era a la ausencia de cambio, el miedo a un mundo en un perpetuo estado de calma, de silencio [6]. La modernidad hace que nuestro mundo acelere la velocidad de cambio y obliga tanto a lideres como a políticos, en palabras de Klaus Schwab, a que aquellos que toman decisiones, si bien tienen mucha más información y análisis que antes, posean mucho menos tiempo para decidir. Y esto obliga a requerir una mayor perspectiva estratégica. [7]

Nos encontramos frente a nuevos tipos de amenazas y nuevos tipos de atacantes. Son más difíciles de identificar porque ya no se limitan a nuestros ordenadores, sino que pueden afectar a los dispositivos que usamos, de los que dependemos, donde se encuentra toda nuestra información y que son una extensión de nuestra persona, además de un vínculo con nuestras organizaciones y negocios. Los atacantes ya no son simplemente criminales que buscan una ganancia rápida, en la actualidad son organizaciones delictivas, estados y naciones extranjeras, agencias de inteligencia, activistas, terroristas y modernas combinaciones de estos grupos que no se ciñen a una definición estándar. La buena noticia es que aún un alto porcentaje del cibercrimen es oportunista y simplemente tomar algunas medidas por encima del promedio puede reducir significativamente las posibilidades de ser una víctima. Por otro lado, aquellos elegidos como objetivos por un atacante avanzado, tienen prácticamente nulas posibilidades de defenderse sin una fuerte comprensión de la ciberseguridad.

En este contexto internacional de creciente conflicto en el ciberespacio, de discusiones sobre libertad de expresión, sobre privacidad, sobre criptomonedas, activos digitales, activismo, censura y geopolítica, es cada vez más difícil encontrar información verídica y las interdependencias entre cadenas de suministros e intereses comerciales, políticos y sociales hacen extremadamente difícil encontrar lideres al frente de organizaciones grandes y pequeñas que comprendan la problemática de esta transformación digital y el impacto en los nuevos mercados.

En este libro analizaremos qué piensa, cómo opera y quién puede ser un hacker, cómo la confianza juega un rol fundamental en la ciberseguridad y la tecnología en general, cómo las organizaciones y las personas asignan valor a la información y qué tipo de asimetrías estratégicas se presentan entre atacantes y defensores, cómo se materializa un ciberataque, cuál es su ciclo de vida, qué esperar y qué hacer al respecto para gestionarlo y, finalmente, avanzando sobre el futuro, definiremos nociones en cuanto a activos digitales, privacidad, identidad, geopolítica, economía y mercados, combinando estos aspectos para presentar los desafíos técnicos y sociales de las próximas décadas.

Acompáñame a recorrer el camino que te llevará a conocer nuevas perspectivas estrategias de ciberseguridad y empieza hoy a liderar una organización más segura, más privada y más libre.

_____   _____

[1] N. N. Taleb, Antifragile: Things That Gain From Disorder, Random House, 2012.

[2] S. G. Z. I. G. Marsh McLennan, The Global Risks Report 2022 17th Edition, World Economic Forum., 2022.

[3] H. SPENCER, The Man versus the State, CALDWELIJ, IDAHO: THE CAXTON PRINTERS, LTD, 1960.

[4] Nordpass, «Top 200 most common passwords,» 28 11 2022. [En línea]. Available: https://nordpass.com/most-common-passwords-list/.

[5] A. S. Grove, High Output Management, Knopf Doubleday Publishing Group, 1983.

[6] N. H. William Strauss, The Fourth Turning, Broadway Books, 1997.

[7] T. Malleret y K. Schwab, COVID-19: The Great Reset, Amazon Digital Services LLC - KDP Print US, 2020.

CAPÍTULO 1
EN LA MENTE DE UN HACKER

1.1 Introducción

Detrás de todo ataque, detrás de toda víctima, existe siempre un personaje en las sombras, una figura difícil de descifrar, un partícipe necesario en todo crimen. En su mente, en su forma de pensar y en sus motivaciones radican las claves para comprender la criminalidad en el ciberespacio, y nos permitirán obtener una perspectiva única para desarrollar estrategias más seguras dentro de nuestras organizaciones. El pragmatismo con el que trataremos las amenazas y los riesgos frente a ciberataques nos lleva a comenzar por el eslabón más relevante: el hacker.

Este recorrido nos permitirá comprender cómo opera un potencial agresor y qué factores tener en cuenta para evitar ser un blanco fácil. Revisaremos también algunas de las motivaciones y tendencias en el crecimiento de esta industria.

Comencemos por evaluar la mente de los hackers, por considerar que puede llevar a una persona a convertirse en un atacante. Nótese que aquí nos referimos a hackers o atacantes de forma indistinta para simplificar el lenguaje y centrarnos en lo importante desde el punto de vista defensivo. Cabe destacar que a título personal no identifico el concepto de hacker con una connotación puramente negativa; por el contrario, creo que es un excelente término para referirse a una forma de pensar creativa, desafiante, alternativa y valiosa para cualquier sociedad u organización. Sin embargo, conociendo la definición tradicional que los medios y los diccionarios han otorgado a esta palabra, en el resto del libro emplearemos de forma indistinta los términos hacker y atacante, relacionándolos con un carácter criminal y malintencionado.

1.2   Dentro de su mente

Comencemos por considerar que el propio Steve Jobs menciona que "es mejor ser un pirata que alistarse en la armada" y que nuestra modernidad llena de distracciones rara vez ofrece el tipo de desafío intelectual al que se enfrenta con frecuencia un hacker. El propio Voltaire ya establecía que no hay problema que pueda resistir el asalto del pensamiento sostenido, y esto básicamente es *hackear*. Contrario a lo que nos muestran las películas que solo duran dos horas de pura acción, el hacker es un solucionador de problemas, un experto en pacientemente buscar dónde está la vulnerabilidad, dónde se ha presentado el error humano que permite ingresar en un sistema o cumplir un objetivo.

En su libro *El pensamiento lateral*, De Bono menciona que mientras la gente "sabe lo que está buscando", quien piensa lateralmente "está buscando pero no sabe qué está buscando hasta que lo encuentra" [1] y esto representa con bastante precisión el esfuerzo de un hacker en recorrer y recolectar datos sobre su víctima, su organización, sus allegados y otros canales para lograr encontrar esa pequeña ventana que abre la puerta a un ataque. Una vulnerabilidad que puede ir desde un equipo que no fue correctamente configurado hasta encontrar una razón válida para comunicarse con la víctima vía correo electrónico y enviar un link contaminado.

Es importante destacar estas diferencias con el criminal tradicional porque, al menos en mi experiencia, la mayoría de los hackers avanzados que me he encontrado se ven más motivados por el desafío que por la recompensa económica. Estos expertos han encontrado en el ciberataque la adrenalina de lo prohibido y el desafío intelectual que otros encuentran en el ajedrez, el deporte, las apuestas o las drogas. Shelley menciona sobre la determinación del Dr. Frankenstein que nada contribuye tanto para tranquilizar la mente como un propósito firme, y es posible que este mismo patrón se repita en muchos de los hackers, quienes encuentran en estas aventuras un propósito y una jugosa recompensa por sus esfuerzos. [2]

Si el lector realmente busca comprender al tipo de atacante que posiblemente domine las noticias de los próximos años y de los cercanos conflictos internacionales, es necesario quitarnos la idea que Hollywood nos ha presentado sobre los hackers. No solo con respecto a su apariencia física, sino con respecto a su origen e intereses. Particularmente me refiero a que hoy muchos hackers alrededor del mundo están sentados en bases militares y operando equipos provistos por diversos gobiernos, en lugar de en el sótano de la casa de sus padres. Gran parte de las operaciones actuales de inteligencia, de espionaje y de ataques no convencionales se presentan en forma de ciberataques, y quizá sorprenderá al lector considerar a un hacker en uniforme militar, pero debería.

Gobiernos de todo el mundo están ampliando sus capacidades ofensivas y defensivas en el ciberespacio y no debe asombrar que muchos ataques que terminamos leyendo en las noticias son directa o indirectamente el resultado de una operación de información ejecutada por medios digitales, desde los Panama Papers hasta campañas de desinformación durante elecciones. Naturalmente, el ciberespacio ofrece asimetrías de poder que permiten a naciones más débiles o incluso a grupos terroristas o de activistas montar un espectáculo que transmita un mensaje con muchos menos recursos y riesgos que una operación convencional.

Sorprende pensarlo, pero al igual que una pequeña unidad de soldados de élite se adentra en territorio enemigo, de forma similar un grupo de soldados especializados en ciberseguridad se dispone a realizar una misión desde su base de operaciones. Contarán con un comandante que tomará las decisiones pertinentes durante la operación, quien conoce y es responsable de los objetivos. Contarán con un experto en armas, quien, manteniendo la analogía, es comparable a un francotirador, capaz de utilizar armas específicas de forma efectiva. En nuestro caso es un experto en diversas técnicas de hacking seleccionado especialmente por su conocimiento en los métodos específicos que requiere la situación (desde sabotaje hasta la captura de información confidencial). Contarán con un observador (*spotter*), quien sentado detrás del especialista y viendo la misma pantalla, tomará notas, dará indicaciones y mantendrá la visión global de la operación. Finalmente, el equipo contará con un navegador, quien también estará detrás del hombro del experto (*hacker* en uniforme) y quien se ha especializado en investigar a su objetivo durante meses o años. El navegador ha estudiado y conoce toda la historia del objetivo, sus palabras clave, los códigos que usa, sus allegados, los nombres de las empresas en las que está involucrado, sus familiares, todo lo que se puede saber del objetivo y más. Mientras el experto va accediendo a los distintos sistemas, el navegador va interpretando la información que van encontrando, analizando qué significa y cómo se conecta con el resto de la información recolectada, y toda la unidad avanza de forma coordinada para cumplir su misión en el ciberespacio enemigo sin salir de sus escritorios.

Este tipo de atacante sofisticado, como buen miembro de la doctrina militar y con amplio presupuesto para operar, procederá a planear al detalle toda la operación, el minuto a minuto de cómo acceder y desplazarse dentro de la red del enemigo, y de ser posible recreará el ambiente y los dispositivos de la víctima para validar sus formas de ingresar (desde comprar un ordenador de la misma marca y modelo que la víctima hasta un mismo teléfono, aire acondicionado o aspiradora conectados a Internet, o incluso un brazo robótico). Lo que sea necesario para validar la operación en un ambiente seguro antes de su ejecución. Tampoco se limitará a la víctima en sí, sino que también accederá a cualquier persona o espacio físico cercano a su objetivo, incluyendo su red hogareña o la del café donde algunos días va a teletrabajar, el móvil de su pareja o la consola de su hijo; todas son opciones válidas para cumplir una misión.

Erich Fromm describe ya en 1941 que la estructura de la sociedad moderna afecta a las personas de dos formas simultáneamente: los convierte en más independientes, autosuficientes y críticos y los vuelve más aislados, solitarios y temerosos. [3] Encontramos en la mentalidad del hacker, por lo general, a un individuo o grupo que encaja con esta descripción y que encuentra un justificado desinterés y descontento con la modernidad o la sociedad en general. El presente nos enfrenta con fuertes asimetrías en la disponibilidad de recursos materiales, pero facilita la dispersión y el acceso a conocimientos de hacking para todas las regiones por igual.

El hacker puede representar una voz frente al *statu quo*, y no es casualidad que veamos penas más duras aplicadas a este tipo de criminales que a delincuentes comunes, pues el hacking puede escalar exponencialmente, mientras que el robo tradicional tiene limitaciones físicas. Similar a lo que descubrimos con respecto a la producción de software, un hacker puede escribir un virus o un *ramsonware* que afecte a millones, mientras que un ladrón tradicional encontrará varios problemas técnicos intentando robar millones de casas.

Veamos entonces los distintos tipos de hackers en detalle, pues no todos los hackers son idealistas o grupos organizados, muchos, como veremos, son simplemente oportunistas aprovechando las profundas malas prácticas de seguridad que encontramos en individuos y organizaciones.

1.3   Tipos de hackers

Mucha de la literatura tradicional sobre ciberseguridad incorpora nociones sobre hackers con diversos sombreros de colores que buscan representar qué tipo de hacker es y cuál es su actitud frente a los *buenos* y los *malos*. Existen los tradicionales hackers de sombrero blanco, negro y gris. A nivel personal considero estas categorías infundadas y que añaden matices a un término que ya ha sido teñido de criminalidad. Al final, el buen hacker debe tener habilidades que le permitan romper la ley, así como las barreras impuestas por la sociedad y la tecnología, alineado con la mentalidad de Thomas Edison: aquí no hay reglas, estamos tratando de lograr algo. Similar a como un policía debe saber disparar un arma o un cerrajero abrir una cerradura, no llamamos policías de sombrero negro a los ladrones, ni cerrajeros de sombrero gris a los que pueden trabajar en ambos bandos.

El hacker es simplemente un individuo orientado a comprender en sus fundamentos prácticos cómo funcionan las cosas y cómo pueden ser intervenidas para que hagan lo que el hacker quiere. Es una mente que no se conforma con el conocimiento otorgado por la sociedad y decide ir más allá a descubrir por cuenta propia y experimentar aquello que los manuales de usuario no presentan. El uso positivo o negativo que se le dé a este tipo de habilidades e intereses dependerá del individuo, de su moral y de los incentivos que lo rodean.

Sorprenderá al lector saber lo recomendable que es rodearse de gente con estos talentos, con esta apertura intelectual y con esta capacidad de no aceptar limitaciones, similar a la mentalidad del emprendedor. Emprendedores, políticos, empresarios, periodistas, empleados, abogados, contadores... todas las profesiones harían bien en existir con sombreros blancos, grises y negros; por alguna razón que desconozco, solo los hackers ostentan estas categorías. Os invito a considerar acercarse a individuos con estas habilidades, pues mejor contar con ellos en una crisis que tenerlos en el equipo contrario, y cuanto antes las organizaciones se den cuenta del valor de estos perfiles, antes encontrarán mejores formas de protegerse. Además, comprender a estos individuos y organizaciones ayudará a tu posición, pues en palabras de Robert Mnookin en *Negociando con el Diablo*, "en una negociación, el problema del otro lado también es tu problema". [4]

Retomando un enfoque más tradicional del concepto de hacker, revisemos algunas de las categorías típicas a tener en cuenta para ayudarnos a visualizar sus características, especialmente útil para tener una visión más amplia cuando diseñemos un plan de ciberseguridad:

Hacktivistas: Categoría en amplio crecimiento en los últimos años, orientada a demostraciones o ataques que simplemente buscan enviar un mensaje pero que pueden tener serias consecuencias para la organización, afectando o saboteando sus operaciones. Se espera que este tipo de operaciones crezcan en volumen e impacto a medida que una creciente masa crítica de jóvenes formados en tecnología note el potencial disruptivo de sus conocimientos, similar a cuando los trabajadores percibieron el poder de la organización, las huelgas y los sabotajes como parte de su estrategia para exigir cambios laborales. Hemos visto ya el comienzo de estas operaciones en redes sociales y en algunos sabotajes muy puntuales. Lógicamente, al igual que la gremialización de trabajadores en la segunda mitad del siglo XX, en ocasiones es muy difícil identificar si estos movimientos cuentan con apoyo y financiación de intereses extranjeros que buscan desestabilizar una región. Este tipo de hacker también puede ser un individuo con fuertes ideales, que puede ir desde una visión más personalista al estilo expresado por Dostoyevski y llevar a cabo un ataque para gritar "¡Soy único, mientras ellos son todos!" [5] o estar más orientado a lo social, económico o político, similar a los activistas arruinando obras de arte para atraer la atención a una temática en particular. El libro *The Gift of Fear* nos da una idea del posible razonamiento en esta dirección del activista que decide pasar a la acción mencionando que "una persona que siente que no hay alternativas va a luchar, incluso cuando la violencia no esté justificada, incluso cuando las consecuencias se perciben como desfavorables, e incluso cuando las posibilidades de éxito son bajas". [6]

Script Kiddies: De difícil traducción al español, implica a personas con limitado conocimiento o talento técnico pero que utilizando los programas (códigos, scripts, virus, malware, etc.) creados por otros logran llevar a cabo exitosos ataques. Con una técnica similar a la de un estudiante que escribe una tesis con un copia y pega de Wikipedia, estos atacantes reciclan código que ya existe y son poco respetados por la comunidad. Sin embargo, su limitada habilidad técnica no debe confundirse con su capacidad de producir un daño inmenso en organizaciones e individuos. Muchos de los programas maliciosos disponibles en Internet llevan años de desarrollos y mejoras por parte de atacantes que los adaptan a sus usos. Este tipo de aplicativos maliciosos tiene un ciclo de vida corto, porque al final los antivirus los pueden detectar con facilidad o porque los parches que los previenen han sido ampliamente difundidos por el fabricante del producto que presenta la vulnerabilidad (por ejemplo, en los *updates* de Windows). Dicho software es publicado o vendido en foros en la Deep Web, donde otros atacantes pueden usarlos y modificarlos para sus ataques. No olvidemos que herramientas de la propia NSA se encuentran al alcance de estos principiantes. Mucho del hacking actual es oportunismo realizado por este tipo de atacantes con limitado talento técnico pero amplio impacto. Phill Knight, en *Shoe Dog*, nos cuenta que su entrenador Bowerman decía: "El tigre caza mejor cuando tiene hambre" [7], y en un mundo donde nos acercamos a una posible recesión económica, no debemos descartar el impacto del incremento en incentivos que esto implica en las varias regiones desfavorecidas que pueden considerar el hacking como alternativa.

Hackers apoyados por gobiernos: Junto con el *hacktivismo* esta es una de las categorías que más está creciendo y cuya popularidad ha aumentado en parte por la imposibilidad de probar que un gobierno está detrás de un grupo particular de hackers. Estas operaciones de carácter estratégico-militar se desarrollan con frecuencia entre organizaciones y empresas, quienes normalmente son las víctimas de estos ataques en lugar del gobierno en sí. Si un país quiere limitar la capacidad de procesar combustible de otro país, es mucho más efectivo atacar una refinadora de petróleo o un puerto. Esta dinámica de ataques encubiertos se ve con bastante frecuencia y es parte de una guerra silenciosa que se da entre varios gobiernos, grupos de operaciones y agencias de inteligencia. Al contrario de lo que pensamos, el espionaje no terminó con la

Guerra Fría, sino que ha evolucionado de agentes al estilo James Bond fotografiando documentos con minicámaras a hackers que roban PDF en servidores enemigos desde sus oficinas. Podemos apreciar la importancia de esta situación contemplando aquellos gobiernos que disponen políticas de ingreso y egreso a sus países según las cuales legalmente pueden intervenir, analizar y copiar dispositivos electrónicos, obligando a sus usuarios a desbloquearlos o a entregar las contraseñas si los equipos están bloqueados. Tan generalizado es este problema que muchas empresas cuentan con ordenadores portátiles especiales que se llevan consigo cuando los empleados visitan países como China, Rusia, Australia o EE. UU. Anteriormente, la mayor preocupación era un explosivo o un patógeno al cruzar una frontera, pero, posiblemente, los próximos años estén marcados por el temor a dispositivos electrónicos y a la información que contienen. Veremos con el tiempo que este argumento será utilizado para incrementar los controles fronterizos de nuestros dispositivos, en particular si tecnologías como las criptomonedas se vuelven populares y permiten mover grandes sumas de dinero de forma digital. En un futuro cercano, solo bastará algún incidente de tipo ciberterrorista para que se incrementen los sistemas de seguridad en los aeropuertos, y no veo lejano el día en que tendremos que conectar nuestros teléfonos u ordenadores con algún dispositivo o aplicación que realice verificaciones de seguridad al cruzar de un país a otro.

Criminales tradicionales: No debemos descartar un numero de criminales tradicionales y de individuos que comienzan su carrera criminal y deciden que el ciberespacio ofrece mejores posibilidades que el crimen tradicional. El mercado negro y el crimen en general es propenso a experimentar con nuevas tecnologías, como se aprecia en los primeros mercados en la Deep Web que utilizaban criptomonedas como instrumento de cambio en la compra y venta de artículos ilegales, principalmente estupefacientes. El cibercriminal puede tener amplias ventajas comparado con un criminal tradicional; en países menos desarrollados, vemos limitado interés y capacidad de los gobiernos y policías locales de perseguir este tipo de crímenes digitales, en especial cuando son cometidos contra ciudadanos de otros países y no tienen un impacto local negativo. Ese es el motivo del aumento de centros de tipo *call-center* enfocados a realizar estafas a los ciudadanos más vulnerables de otros países más desarrollados. La venta de estupefacientes también ha sido radicalmente transformada gracias a la posibilidad de hacer publicidad y disponer de mensajería instantánea para comunicarse directamente con los traficantes. Ya no es necesario meterse en una zona peligrosa de la ciudad para adquirir drogas, basta con identificar un vendedor en Twitter, Instagram, Facebook o Telegram y solicitar un pedido, el cual recibiremos en el domicilio indicado, con similares o mejores tiempos que los provistos por el propio Amazon. Mercados de segunda mano en Internet (eBay, Facebook Marketplace, Wallapop, MercadoLibre...) son los que inconscientemente facilitan movilizar los millones de artículos robados alrededor del mundo. Otros crímenes más serios como el tráfico de personas, la explotación de menores y los secuestros, entre otros, consecuentemente ven en Internet una plataforma para facilitar su labor y extender su alcance, si bien no debemos considerar este tipo de crimen como hacking. Debemos saber que estos criminales han ido adquiriendo lentamente algunas habilidades asociadas al ciberespacio necesarias para operar de forma segura, como el uso de la Deep Web, el anonimato, la encriptación, etc.

Terroristas: Esta categoría aún no particularmente desarrollada puede verse incrementada en los próximos años acompañada de sabotajes industriales que pueden terminar en explosiones, cortes de suministro, daños a equipamiento especializado o alta toxicidad en productos alimenticios o bebidas, por nombrar algunos ejemplos. Es difícil identificar, monitorizar o clasificar qué grupos pueden ser considerados terroristas, y los que hoy luchan por una causa *positiva* pueden ser los mismos que mañana se encuentren del otro lado de la historia etiquetados como terroristas, pues tal es la dinámica histórica de estas narrativas, que solo parece haberse acelerado en nuestros tiempos de redes sociales y constante consumo de noticias. En cuanto al terrorismo en formato digital con consecuencias devastadoras, podemos afirmar de momento que está muy poco desarrollado y no vemos grupos particularmente activos en esta dirección; sin embargo, crecientes conflictos internacionales pueden motivar la gestación de este tipo de organizaciones, así como conflictos de autonomía y separatismo pueden también motivar el surgimiento de sectores radicalizados que decidan volcarse al ciberespacio para transmitir sus mensajes y aterrorizar a la población.

Crimen organizado: Cualquier grupo criminal internacional o local que busque expandir sus operaciones probablemente ya se encuentre operando una rama cibernética. La dificultad actual radica en encontrar talento, pero hemos visto cárteles de tráfico de estupefacientes trasladando parte de sus operaciones y comunicaciones hacia el ciberespacio, donde pueden operar con mayor eficiencia. Es poco probable que la rama técnica del crimen organizado tenga un impacto directo en empresas y organizaciones, pero dependiendo de la industria y del tipo de negocios puede ser un factor a considerar. De momento, las operaciones del crimen organizado se limitan a facilitar la entrega de bienes ilegales, a implementar nuevas estrategias de lavado de dinero, a colaborar en la generación de comunicaciones seguras y anónimas y a financiarse con ilícitos en el ciberespacio. La democratización de conocimientos técnicos (tanto positivos como negativos) puede cambiar el panorama de lo que conocemos como mafias, quizá volviendo menos relevantes a las mafias existentes y reemplazándolas por una nueva mafia digital más flexible, distribuida, joven y que gestiona negocios similares a la mafia existente, como la prostitución, los casinos y las casas de apuestas, pero transformados en su versión digital. Presupongo que parte del crimen organizado ya se encuentra realizando esta transformación, como podemos apreciar en la Deep Web y en la cantidad de recursos que agencias de inteligencia y policías de todo el mundo destinan a tener presencia en la Deep Web para monitorizar sus actividades.

Creadores de malware: Si bien no son hackers, sino más comúnmente programadores orientados al desarrollo de aplicativos utilizados con fines maliciosos, como virus, *ramsonware*, herramientas que facilitan el hacking, etc., este grupo de talentosos desarrolladores especializados en identificar y explotar vulnerabilidades en el software y los dispositivos que utilizamos tiene un fuerte impacto en la industria de la ciberseguridad. Estos programadores venden sus servicios, su tiempo o sus productos, pero generalmente no participan activamente en los ataques. Existe todo un mercado negro de venta de herramientas de hacking, y para este tipo de desarrolladores es mucho más rentable y menos arriesgado simplemente vender los aplicativos, o llevarse una comisión por su uso, que ser parte activa de un ataque y exponerse. Muchos hackers también pueden optar por desarrollar sus propios programas en lugar de comprarlos o por utilizar programas ya existentes y modificarlos para la tarea puntual. Parte del desafío de la compra de código es que, una vez utilizado, la "huella" del programa es identificada por las empresas de seguridad o de antivirus, lo que reduce su eficacia para sus futuras víctimas y obliga a constantes mutaciones de una misma idea. Ambas caras de este mercado, tanto atacantes como quienes buscan identificar ataques, se verán transformadas por el uso de la Inteligencia Artificial, tanto sea para mejor esconder software malicioso como para identificarlo basado en su comportamiento.

Ladrones de identidad: Como su nombre indica, esta categoría se refiere a criminales principalmente orientados a adquirir identidades que pueden ser usadas para estafas o bien para cometer otros actos ilícitos sin exponer su identidad real. Con los millones de datos personales filtrados cada año por empresas que fueron víctimas de ciberataques, realmente nadie está a salvo de tener su identidad robada y utilizada por un criminal. Es posible que esta tendencia obligue a países a generar un nuevo tipo de identidad digital que permita a sus propietarios tener un mayor control sobre su información, a la vez que presenta un futuro potencialmente distópico con gobiernos capaces de interrelacionar todas las acciones online y offline de un individuo. Es probable que veamos la implementación de este tipo de tecnologías en conjunto con la promulgación de Monedas Digitales emitidas por Gobiernos Centrales (CBDC, Central Bank Digital Currency), correlacionando una identidad universal con monedas asignadas para ser solo utilizadas por la identidad seleccionada, durante un periodo preestablecido, en una región habilitada y en los bienes y servicios autorizados centralmente. Existen alternativas descentralizadas para solucionar el problema de la gestión de identidad, pero de momento no hemos visto mayor tracción en esta dirección y parece seguro asumir que resolveremos la situación mediante la centralización de la validación de identidades. La motivación de limitar este problema obedece también a la creciente cantidad de dispositivos, cuentas, servicios, procesos y tantos otros usos donde disponemos de diversos correos y contraseñas, muchos dispersos, redundantes y ya filtrados en ciberataques anteriores.

Proveedores de infraestructura: Una categoría que no suele mencionarse con frecuencia es la de aquellos criminales que proveen la infraestructura que otros criminales utilizan para ejecutar ataques. Por ejemplo, los ataques de denegación de servicio (DDoS, en los que miles de ordenadores tratan de conectarse con un servicio o web en particular, colapsando el sitio, que es incapaz de tolerar el enorme volumen de solicitudes) requieren de un proveedor que pueda facilitar estos miles de equipos. Estos grupos se dedican a infiltrar millones de equipos conectados a Internet de forma masiva, desde ordenadores hasta lavadoras, monitores de bebé, tostadoras, aires acondicionados, aspiradoras, asistentes, teléfonos móviles, luces inteligentes y cámaras de seguridad. Cualquier equipo conectado a Internet puede colaborar en esta tarea, creando una red de equipos zombis que pueden ser alquilados para atacar, como distracción en un ataque o bien para cubrir las huellas del verdadero atacante. Este tipo de proveedores de servicios para criminales están solo interesados en conquistar infraestructura para ser utilizada o alquilada en ataques propios o de terceros, y viven del enorme volumen de dispositivos con mínima (o nula) seguridad. Aquí vale destacar también una responsabilidad del consumidor, que mientras no exija y elija productos con mayor ciberseguridad y se limite a comprar la cámara de vigilancia, el monitor para bebés, las luces de colores o los calentadores de agua más económicos para controlar desde el teléfono móvil, los hackers seguirán utilizando estos dispositivos como zombis para sus ataques. La responsabilidad aquí también es compartida con proveedores que fabrican dispositivos sin el menor interés por la seguridad digital de los usuarios.

Nuevas categorías de criminalidad aparecen a medida que más personas se acercan a la informática, dado que siempre existirá un porcentaje ínfimo pero no nulo de individuos que utilizarán lo aprendido para sacar ventaja del resto. Las dificultades que presenta para las organizaciones conseguir personal idóneo en ciberseguridad son las mismas que en el mundo del crimen; la diferencia radica en los incentivos disponibles en cada región y las asimetrías entre atacantes y defensores, particularmente cuando consideramos a qué riesgos están expuestas las organizaciones y a qué riesgos están expuestos los atacantes.

Es un desafío intentar generalizar el mundo del hacking, de igual manera que sería complejo intentar definir el mundo del crimen en general. Sin embargo, es tal es desconocimiento y la desinformación generalizada sobre el mundo del cibercrimen que considero que este enfoque dará al lector al menos una base más sólida para comprender a sus potenciales oponentes, y quizá visualizar con mayor realismo quién se encuentra del otro lado del teclado y qué lo motiva. Cada persona encontrará sus propias motivaciones para dedicarse al hacking, y como bien menciona Bruce Bueno de Mesquita, "el hombre tiene dos razones para actuar, una buena razón y la verdadera razón". [8] Esperemos que el futuro presente oportunidades para que estas personas interesadas en la mentalidad del hacking puedan aplicar sus talentos y conocimientos en causas positivas para sí mismas y para la sociedad, así como también esperemos que el aumento del hacking no sea utilizado para amplificar nuevos miedos en la sociedad y facilitar la implementación de mayores controles y mecanismos de vigilancia diseñados para "proteger" a la población.

1.4　Afiliaciones y grupos organizados

Esta característica es de notable importancia y sensibilidad, puesto que cuando se realiza un ciberataque no solo se busca identificar al culpable, sino identificar a la organización que está detrás del ataque, en especial cuando alcanza un elevado nivel de complejidad y coordinación. Los ataques más complejos requieren, por lo general, de una organización que coordina y financia y que naturalmente define los objetivos concretos de la operación.

Sin entrar en detalles técnicos, es útil comprender que los ataques más sofisticados requieren una fuerte inversión y coordinación para ser ejecutados. Requieren dinero que se invierte en infraestructura para tener equipamiento de última generación, que, por ejemplo, puede ser utilizado para romper encriptaciones o para encontrar contraseñas probando billones de combinaciones (en lo que se conoce como ataques de fuerza bruta). Esta financiación también se usa para comprar el equipamiento necesario para incursiones físicas en edificios o para realizar tareas de vigilancia, equipamiento que sube de precio si se desea comprar en el mercado negro sin dejar rastro de las compras. Mucho del equipamiento debe ser descartado luego del ataque. En ocasiones es necesario comprar o fabricar identidades y documentación legal. Operar y mantener seguros estos equipos también requiere una fuerte inversión, así como pagar *nodos* donde rebotar conexiones para dificultar el rastreo. Estas operaciones pueden durar meses, con varios expertos en diversas áreas, desde los que escriben malware hasta los que obtienen fotos o planos del lugar. También se necesita dinero para comprar información, complacencia por parte de empleados o *insiders* y hasta para montar empresas falsas. Si los objetivos son industriales, se necesitará una gran cantidad de capital para comprar equipamiento gemelo al que se busca destruir o afectar con el objetivo de realizar pruebas de concepto e identificar (o comprar si existen) nuevas vulnerabilidades en el software o hardware del equipo. Puede ser tan simple como una válvula electrónica en una tubería de petróleo o tan complejo como una centrifugadora usada en reactores nucleares. Tal es la importancia de estos grupos que el propio FBI tiene en su lista de cibercriminales más buscados a hackers iraníes y rusos en sus primeros puestos.

En consecuencia, identificar al grupo, nación, organismo o agencia detrás de un ataque es una tarea compleja, puesto que el atacante está decidido a dejar pistas falsas que incriminen a otros grupos, más allá de la motivación de eliminar todas las pistas, mientras que la policía puede tener su propia agenda o necesidad de identificar un culpable y atribuir el ataque a un grupo en particular. En los ataques de alta sofisticación es extremadamente complejo identificar un culpable, y atribuir incorrectamente un ataque (por error o por necesidad) puede tener consecuencias que pueden llegar a sanciones internaciones o conflictos entre países.

Según la visión de muchos políticos y militares, un ciberataque es un acto de guerra; si se busca generar un impacto en la población, empresas que realmente afectan en la calidad de vida de las personas son un mejor objetivo de ciberataque que afectar las redes de cualquier ministerio o secretaría, dada su inconsecuencia en la vida de la mayoría de los ciudadanos. Directivos de empresas que provean servicios esenciales, críticos o que tengan gran visibilidad, ya sea mediática o simbólica, deberán estar particularmente atentos y evitar convertirse en los equivalentes de las Torres Gemelas o Perl Harbor en formato digital. Se debe comprender también que parte de la dificultad en la atribución de un ciberataque es la de presentar al público las verdaderas habilidades de monitorización y análisis que las agencias gubernamentales poseen, situación que puede suponer la pérdida de una ventaja estratégica frente a sus oponentes.

Podemos citar el ejemplo de un *ramsonware* atribuido al conocido grupo ruso REvil que hizo estragos durante 2021. Dentro de su código tenía una verificación para identificar el idioma del teclado infectado; si era el ruso, entonces el *ramsonware* no se activaba. Lógicamente es bastante probable que el grupo detrás de la creación de este *ramsonware* sea de una región donde se habla ruso, pero también es posible que cualquiera incorpore una validación tan trivial y sencilla para despistar al equipo forense. No me sorprenderá el día que veamos argumentos de ciberseguridad forense usados en el noticiario matutino para justificar una escalada de conflictos entre naciones o grupos de interés.

La desinformación y la capacidad de elegir enemigos es natural consecuencia de la complejidad en la atribución de los ciberataques, por lo tanto nunca debemos descartar que lideres en apuros consideren como buena estrategia (quizá para unificar una sociedad dividida, desviar la atención de problemas económicos o sociales) la alineación frente a un enemigo común (real o fabricado) que ha propiciado un terrible ciberataque. Este mecanismo de unificación se ha utilizado desde tiempos inmemoriales en lo que se conoce como *scapegoat* o chivo expiatorio, cuyo origen surge de rituales donde una cabra o chivo era simbólicamente cargado con todos los pecados de la comunidad para luego ser dejado a su suerte en el desierto o sacrificado frente a los altares. Nos cuenta Rene Girard: "este acto purificaba a la comunidad y permitía restaurar la paz y las relaciones dentro de la población, recomenzando una nueva etapa". [9] Es relevante recordar estos conceptos históricos y sociales porque la tecnología aún no ha modificado la esencia del ser humano, solo nos ha presentado nuevas herramientas para manifestarla, potencialmente con mayor eficacia, eficiencia y alcance.

Si bien es comprensible que en la actualidad grupos como LulzSec, GhostSec, Armada Collective, Lazarus, REvil y tantos otros no formen parte del imaginario colectivo o las noticias cotidianas (con la excepción de Anonymous, que ha ganado notable popularidad), los próximos años traerán una expansión de este tipo de organizaciones. Con el tiempo, el conflicto social que no pueda ser canalizado por medios tradicionales, como las protestas en la vía pública, verá su escenario de influencia transportado al ciberespacio. Si destaco nuevamente esta circunstancia es porque podemos anticipar que los objetivos principales de estos descontentos no serán instrumentos del gobierno, sino organizaciones y empresas como las que quizás estéis liderando en este momento. Hemos visto el comparativo descenso de los efectos de las protestas populares por medios tradicionales en la vía pública (mantenido relativamente sin modificaciones durante los últimos cien años) en comparación con la creciente escalada en las capacidades de instituciones (incluso o especialmente en países en vías de desarrollo) de gestionar y efectivamente disipar grandes manifestaciones. En el marco del análisis de ciberseguridad que estamos realizando, debemos considerar que los países se han equipado con tecnologías que fácilmente permiten identificar a los participantes de una manifestación, ya sea mediante reconocimiento facial, monitoreando los dispositivos presentes o monitoreando las redes sociales, donde estos eventos se organizan. Esto presenta una asimetría de riesgos que no escapará a los futuros activistas y, estimo, motivará el uso del activismo digital como una herramienta para hacerse escuchar una vez que suficientes individuos adquieran los conocimientos técnicos o la claridad sobre el potencial impacto de un ciberataque. No es el objetivo aquí realizar un análisis moral o legal sobre las manifestaciones, sino invitar al lector a reflexionar sobre futuras formas de protesta y qué impacto pueden tener en su organización, pues allí, en el *hacktivismo,* puede tener una nueva avenida de riesgo y conflicto.

En parte, movimientos como los de QAnon y similares propuestas extremas que existen en los confines de Internet son manifestaciones de estas tendencias que (aún) no han capturado escenarios centrales. La historia demuestra que con el tiempo estos colectivos se van cerrando y radicalizando hasta, al final, pasar a la acción mediante cualquier medio que consideren necesario (recordemos acciones como la invasión al Capitolio de EE. UU. después de que Trump perdiera las elecciones). Lamentablemente, la presente corriente orientada a la censura y la cancelación de contenido por parte de plataformas y medios de comunicación no hace más que exacerbar y fomentar el extremismo de estos grupos, que pasan a moverse en espacios más sectarios de discusión donde se vuelven aún más radicales hablando solamente con otros miembros tan o más extremos que ellos.

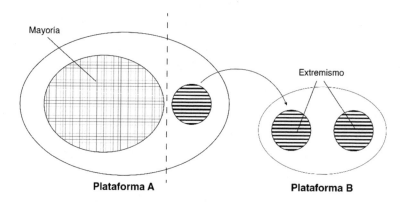

Debemos visualizar que los extremistas no desaparecen porque cancelemos el contenido controversial en diversas plataformas, simplemente se moverán a una plataforma donde exista contenido afín a su forma de pensar y donde es predecible que solo encontrarán contenido aún más radical y que confirma sus creencias. Desde la ciberseguridad monitoreamos estos desarrollos porque las empresas quedarán potencialmente en el fuego cruzado entre estas organizaciones, que pueden organizar campañas o sabotajes. Los directivos deben conocer que estas corrientes extremas representan nuevos riegos para sus organizaciones, tanto por parte de activistas internos como externos.

Curiosamente, en este marco de cancelación de contenido, la historia también tiene algo para enseñarnos. Durante generaciones, en la antigua Atenas existió el concepto del ostracismo, orientado a expulsar por 10 años a ciudadanos cuya presencia fomentara la desestabilización de la sociedad. Utilizado como medida preventiva para evitar la escalada de conflictos entre individuos con poder o capacidad de movilizar mayorías y minorías, el proceso requería primero un voto popular para decidir si el proceso se llevaría a cabo (se podía realizar una vez al año) y, si el pueblo votaba que sí, entonces había dos meses para decidir (por votación) qué ciudadano sería enviado fuera de la ciudad. No es relevante aquí presentar el ostracismo digital como una solución concreta al problema de la cancelación, pero es interesante considerar que similares procesos podrían haber sido implementados con facilidad en estas plataformas, donde, por ejemplo, los usuarios votaran si deseaban cancelar una cuenta en particular o donde haya tiempos predeterminados para que los potenciales expulsados puedan armar o defender su caso frente a la audiencia. [10]

Conectando estas ideas con las consideraciones de directivos y empresarios en el marco de un análisis de ciberseguridad, es importante que comprendan a qué tipo de ciberamenazas se enfrentarán en los próximos años, tanto externas como potencialmente internas a la organización. Movimientos que comienzan con *quiet quitting* (renunciar en silencio), que según nos cuentan los medios se refieren a empleados que realizan el mínimo de trabajo sin el menor interés por la empresa, pueden escalar a filtraciones y ataques dentro de la organización para incrementar el descontento y la presión por aumentos de salarios u otras mejoras laborales, especialmente si la situación económica y social empeora significativamente. La historia puede repetirse en la próxima crisis, presentando, en lugar de huelgas y sabotajes a maquinarias, publicaciones de documentos internos y sabotajes a sistemas y procesos. Quizá el futuro presente cibersindicatos con una acción virtual en lugar de física, instruyendo a empleados sobre cómo sabotear organizaciones con virus, *malware* y *ramsonware* en lugar de con explosivos, palos y piedras. Recordemos que estas ideas anarquistas ya han sido planteadas en varios ciclos históricos, por ejemplo, a finales del siglo XIX la célebre Voltairine de Cleyre anunciaba: "los trabajadores tienen que aprender que su poder no está en la fuerza de su voto, sino en su capacidad de parar la producción".

Presentar estos detalles aquí brinda un marco similar a las reflexiones que ya el propio Yuval Noah Harari ha venido realizando con respecto a las transformaciones sociales y tecnológicas que vemos desarrollarse durante el siglo XX, donde visualizamos un relativo decaer en el rol central del hombre en las tareas productivas de muchas organizaciones y empresas, que ahora cuentan con alternativas como la automatización y la Inteligencia Artificial para reemplazar tareas hoy realizadas por individuos. [11] El avanzar de estos procesos productivos implicará el dejar fuera a muchos miembros del sistema, particularmente en regiones donde los costes de la mano de obra son prohibitivamente altos, como pueden ser Europa, Australia, Canadá y Estados Unidos. No solo las personas serán menos relevantes en los procesos productivos, sino que también serán menos relevantes en los conflictos entre naciones del futuro, especialmente si imaginamos el desarrollo de guerras digitales operadas mediante soldados detrás de un teclado asistidos por Inteligencia Artificial.

Los puestos remanentes para personas de carne y hueso estarán en ambos extremos de la distribución, por un lado sobrarán oportunidades para personal supercualificado que realizará tareas de extrema complejidad técnica, emocional o estratégica y, en el extremo opuesto, habrá tareas poco gratificantes que continuarán porque no justifican la automatización y cuya concepción nos recuerde a George Orwell en su visita a Wignan Pier: "Su trabajo me parecía tan desesperado, tan espantoso, que me preguntaba cómo alguien podía soportar tal cosa cuando la prisión era una alternativa posible". [12]

Resulta esencial comprender que estos grupos y estas ideologías son las que tienen el potencial de poner en peligro la ciberseguridad de las organizaciones y es nuestra tarea comprender estos desarrollos y fenómenos para diseñar una estrategia que permita mitigar sus riesgos.

1.5   El negocio del hacking

Dejemos un poco de lado la especulación política y social para centrarnos en el presente de la industria del hacking y en sus amenazas más inmediatas. Pensar como un hacker implica visualizar que, al final, este tipo de actividades criminales operan como un negocio con metas y objetivos claros, tanto a medio como a largo plazo, y que se rigen principalmente por incentivos y oportunidades que aparecen en el ciberespacio y en la economía en general.

Gran parte del modelo de negocio de las ciberamenazas se basa en el desproporcionado bajo coste que tienen algunos ataques comparados con la potencial ganancia. Además, con la limitada exposición a ser capturado (especialmente cierto en muchas jurisdicciones del mundo que no cuentan con los recursos o la voluntad de perseguir este tipo de criminales), se vuelve un cóctel muy lucrativo. Consideremos como la apertura tecnológica también facilita para un criminal realizar un ataque desde cualquier parte del mundo solo con su ordenador y acceso a Internet.

Por ejemplo, un atacante puede ir a un foro en la Deep Web y comprar un *ramsonware* por unos cuantos dólares o usarlo como servicio de forma gratuita y repartir un porcentaje de las ganancias con sus creadores. Funciona como una franquicia, el criminal solo es responsable de insertar el *ramsonware* en una organización o el equipo de algún individuo, y cuando el individuo paga el rescate, obtendrá una parte de las ganancias (el resto irá a quienes diseñaron el sistema y proveen la infraestructura para su uso). Imagina lo barato que es utilizar esta metodología, basta con invertir en una base de datos (o robarla), escribir un correo convincente y enviarlo a miles o millones de personas por apenas unos céntimos por email enviado. Basta que unos pocos caigan en la trampa para justificar tan mínima inversión. Mínimo riesgo, mínima inversión, potencial gran retorno. La ganancia es tal no solo por la cantidad, sino que además es adquirida en moneda extranjera fuerte (euros, dólares, etc.), libre de impuestos y en muchas ocasiones transferida como criptomonedas, lo que permite (dependiendo de la moneda y su forma de uso) un mayor grado de anonimato.

En el estudio del hacker debemos también ponderar cómo capitalizar y materializar las ganancias que implica un ciberataque. Podemos comprender rápidamente que ingresar en los sistemas de una organización, si bien representa una proeza técnica (aunque algunas organizaciones parecen invitar a atacantes con sus nulas políticas de seguridad), en sí mismo este acceso no genera un aumento en la cuenta bancaria del criminal. Para ello es necesario considerar los escenarios y alternativas que los criminales tienen a su disposición para convertir un ataque en dinero en su bolsillo:

- Obtener información de valor para un competidor y revenderla.

- Obtener información para extorsionar (por ejemplo, información que traería consecuencias para la organización si llegara a manos de la prensa, la policía, colegas o familiares). Esto puede ser asociado a sus directivos o a la organización en general.

- Obtener información para ser vendida a otros criminales. (Tarjetas de crédito, correos electrónicos, identidades, datos que permitan facilitar otros ataques, información privada o confidencial, etc.).

- Uso de los sistemas de la organización como medio para otro ataque. (Alojando sitios maliciosos en los servidores de la compañía, o enviando correos con malware usando los correos de la empresa, o infiltrando los productos de la empresa para atacar a clientes o proveedores, etc.),

- Monitorización de procesos y correos esperando una oportunidad o excusa para atacar. (Cuando algún individuo clave está de vacaciones o cuando se está discutiendo la compra de otra empresa, etc.).

- Información privilegiada que puede ser utilizada en el mercado de capitales. (Información que puede afectar el valor de las acciones, intenciones de compra o de venta, balances y anuncios antes de que sean públicos, etc.).

- Instalar software de monitorización en ordenadores. (Para monitorizar sitios web que se visitan, claves y otra información que los usuarios van escribiendo durante su jornada laboral).

- Instalar *ramsonware* para evitar que los usuarios puedan acceder a su información y servicios. (Luego se solicita un pago para devolver el acceso a los archivos).

- Sabotaje o destrucción de equipos. (Con el objeto de afectar operaciones o crear un daño reputacional para la organización, que puede estar pagado por un competidor o enemigo, ser una forma de borrar las evidencias del ataque o tener motivación ideológica).

- Instalar malware en los ordenadores de la víctima para minar criptomonedas, cometer fraudes de clics (estas son ocasiones donde los equipos son usados para sumar visualizaciones o clics en sitios que pagan por este tipo de actividades, por ejemplo, *bots* que dan *me gusta* a fotos o siguen cuentas de Instagram, Twitter, etc.).

- Utilizar ordenadores capturados para lanzar ataques de denegación de servicio, convirtiendo el equipo de la víctima en un zombi más dentro del arsenal del criminal.

- Monitorización de teclas a la espera de que la víctima acceda a su cuenta bancaria o a sus criptomonedas para poder robarlas o direccionarlas a otra cuenta.

- Generar sitios falsos que son idénticos a los originales, por ejemplo, de un banco, de un sitio de correo electrónico o cualquier otro sitio que la víctima use y que se pueda replicar solo para capturar las credenciales y poder ingresar.

- Colocar dispositivos electrónicos o malware en cajeros electrónicos o puntos de venta para robar información de tarjetas de crédito, con su respectivo PIN, para luego duplicarlas y extraer dinero o realizar compras online.

- Interceptar comunicaciones y comportamientos online y luego extorsionar a las víctimas con revelar su contenido. (Utilizando acciones como compras de artículos ilegales, pornografía, infidelidad, entre tantas actividades que ocurren en la web y deben permanecer privadas).

- Acceder a las cuentas de correo de la víctima, utilizándolas para enviar spam o ataques a otras personas que son contactos de la víctima y, por lo tanto, poseen mayor probabilidad de ser abiertos y no ser identificados como spam.

- Afectar el ordenador de la víctima para que funcione más lento o con errores. (Para que la víctima se comunique con un soporte técnico controlado por los criminales, o bien para que cuando el técnico se conecte para ver cuál es el problema los criminales roben sus credenciales).

Existen miles de alternativas a las aquí listadas, pero para brindar algunas ideas a los ejecutivos responsables de concebir cómo funciona la mente de un criminal, la presente lista aporta las principales vías conocidas. Cabe destacar que el paso final generalmente requiere de la conversión en un activo digital intermedio a dinero en efectivo libre de restricciones. Este último paso se manifiesta con frecuencia de las siguientes maneras:

- Mediante el uso de tarjetas de regalo, técnica muy utilizada por centros de estafadores en India, donde solicitan a la víctima que compre tarjetas de regalo y otorgue los números que permiten canjear la misma como parte de pago.

- Mediante criptomonedas, particularmente en auge y la forma de pago preferida de ataques de *ramsonware* y extorsiones en general (aquellas basadas en información privada, pornografía, etc.). Fáciles de mover internacionalmente e imposibles de revertir, son el medio de pago ideal para criminales. Recientemente los mayores controles en el mercado de criptomonedas han dificultado la tarea de los criminales.

- Mediante tarjetas de crédito clonadas, metodología que se utiliza cuando el atacante ha logrado copiar todos los datos de la tarjeta, por ejemplo, con un dispositivo de clonación en una gasolinera, en un restaurante o en una tienda. Con los datos obtenidos puede crear una tarjeta idéntica que luego puede usar para extraer dinero o comprar por Internet.

- Mediante transferencias internacionales, método muy poco usado dada la fuerte trazabilidad y posibilidad de persecución y cancelación por parte de los bancos o entidades intermedias. Sin embargo, aún se usa cuando se estafa a una empresa para que realice el pago de una factura falsa, transfiera dinero a la cuenta "equivocada" o transfiera dinero mediante alguno de los canales informales de pagos de remesas, como WesterUnion, MoneyGram o alternativas similares que permiten enviar y recibir dinero con muy poca verificación.

- Mediante la creación de negocios falsos, similares a los usados en lavado de dinero, donde se generan productos y servicios falsos que se compran y venden con información robada.

Tomemos particularmente en cuenta el creciente rol de los activos digitales, como las criptomonedas, que han facilitado en los últimos años el crecimiento y la efectividad de ataques como el *ramsonware*. Antes de la existencia de criptomonedas era extremadamente complejo mover grandes volúmenes de dinero entre países o jurisdicciones sin ser descubierto o intervenido por una entidad bancaria o financiera, por lo que solicitarle un pago a una empresa era una misión muy compleja y poco efectiva, ya que implicaba mucha exposición por parte de los atacantes. Desde la aparición y proliferación de las criptomonedas, estos pagos se han vuelto simples, rápidos y hasta cierto punto anónimos para el receptor. Lamentablemente, los criminales fueron más flexibles en adoptar estas tecnologías que la propia ciudadanía, y hoy la dinámica de las criptomonedas ha sido fuertemente afectada por crecientes requisitos de control estatal y de validaciones de identidad a la hora de operar con ellas. Difícilmente los criminales cambiarán su modelo de negocio con el advenimiento de estas nuevas regulaciones, de igual forma que no ha bajado el negocio del narcotráfico o la corrupción por la mayor regulación en blanqueo de capitales o lavado de dinero. Muchas de estas medidas terminarán por criminalizar a los pequeños infractores y poco harán por inclinar la balanza de la ciberseguridad.

Con el pasar de los años también hemos visto como hackers que en principio eran individuos virtuosos en el ámbito de la tecnología han dado lugar a un creciente grupo de atacantes mucho menos talentosos pero que pueden causar aún más daño gracias a los nuevos modelos de hacking y la disponibilidad del conocimiento. Esta tendencia que vemos en todo el espectro del mercado tecnológico no escapa tampoco al mundo del crimen. Cualquiera puede mirar vídeos en YouTube (explorar la categoría *pentesting* para ver todo lo que hay disponible online), leer foros en la Deep Web, comprar o alquilar software malicioso y tener una alta probabilidad de éxito. El software tiende a volverse una herramienta cada vez más fácil de usar y al alcance de más personas, cada iteración suma facilidades y funcionalidades nuevas. Cuando el hacking tuvo su momento opaco y fue una tecnología para unos pocos, podíamos asumir una cierta ética en su uso; hoy, en cambio, las herramientas y recursos que existen de forma gratuita en Internet permiten a cualquier persona escribir código relativamente funcional con muy poco entendimiento de cómo funcionan las cosas (para hacking como para otros usos). Gran parte del mercado tecnológico se ha desplazado hacia zonas de mayor productividad y volumen con menor talento individual, una progresión natural en todo proceso productivo y que veremos acelerarse con el uso de la Inteligencia Artificial, la cual ya es capaz de escribir código con notable calidad y sin la más mínima comprensión por parte del usuario.

El mundo del crimen se ha ido especializando y hoy existen diversos roles y mercados donde se compran y venden las distintas piezas para realizar un ataque, por ejemplo, encontraremos mercados donde se venden *Zero Days* (vulnerabilidades en el código aún no descubiertas por los fabricantes), mercados donde se venden sistemas RAT (sistemas para controlar un ordenador a distancia que permiten ver qué teclas se presionan, escuchar audio, activar la cámara web, mover el ratón, copiar documentos...), mercados donde se venden bases de datos segmentadas (para poder elegir víctimas en función de su ubicación geográfica, poder adquisitivo, historial de compras, etc.) y, finalmente, cursos y tutoriales sobre cómo realizar ataques efectivos, pasos a seguir y recomendaciones para tener una exitosa carrera como criminal. Seguramente ya hay disponible *coaching* y *mentoring* para hackers en la Deep Web, aunque nunca lo he visto.

Tomémonos un momento para comprender el rol de las vulnerabilidades llamadas *Zero Days,* porque hablan del hacking como industria en crecimiento. *Zero Days* se refiere a vulnerabilidades en el código que aún no han sido descubiertas por el fabricante, es decir, que alguien construyo un producto, un software o un servicio que tiene una debilidad que aún nadie sabe que existe y que permite a un atacante utilizar este producto o aplicativo para el perjuicio del usuario. Lógicamente, porque nadie sabe que existe, no hay nada que se pueda hacer al respecto para protegerse de estos ataques. Lo curioso aquí es la existencia de mercados y *brokers,* similares en concepto a los que operan en la bolsa de comercio, que compran y venden estas vulnerabilidades al mejor postor. ¿Quién es el mejor postor? Pues esto depende ampliamente del tipo de vulnerabilidad, pero en este mercado compiten al menos los siguientes:

- **Fabricantes:** Empresas que diseñan productos o servicios, principalmente en la industria del software, como Google, Meta, Oracle, Microsoft, Adobe y tantas otras organizaciones que disponen de mecanismos para pagar a quien identifica una vulnerabilidad en sus aplicaciones. Lo que pagan estas empresas por las vulnerabilidades define naturalmente el valor mínimo de la oferta en el mercado negro, pues el investigador venderá la vulnerabilidad al mejor postor (asumiendo que su moral es flexible o que puede operar de forma completamente anónima).

- **Criminales que producen código malicioso:** Estos programadores están ampliamente especializados y son extremadamente talentosos. Para diseñar herramientas que se puedan propagar por la red de las organizaciones o que puedan ingresar en las empresas, necesitan este tipo de vulnerabilidades para incorporarlas en sus herramientas de hacking. Esto los motiva a buscar vulnerabilidades constantemente o, idealmente, encontrar las suyas propias, lo cual hace a sus sistemas más poderosos, más eficaces y que se vendan mejor en el mercado negro. Nótese que estas vulnerabilidades tienen un ciclo de vida, ya que una vez que son usadas, los fabricantes procederán a generar una nueva versión que incorpore una forma de protegerse de ese ataque, lo que asociamos a las actualizaciones o parches que recibimos constantemente en nuestros dispositivos. Actualizaciones tan comunes y frecuentes que ya no las asociamos a la caída generalizada en la calidad de los productos que usamos, que idealmente deberían salir sin vulnerabilidades ni problemas de fábrica. Los fabricantes han "subcontratado" en todos nosotros (los usuarios) parte de sus procesos de calidad, y el resultado son productos más inseguros, con algunas pocas nuevas funcionalidades para compensar la molestia.

- **Agencias de inteligencia:** Puede sorprender encontrar esta categoría aquí, pero estas también salen al mercado a comprar este tipo de vulnerabilidades cuando sus misiones lo requieren. Además, es también un excelente lugar para encontrar inspiración sobre dónde pueden estar las próximas vulnerabilidades. Como diría Sherlock Holmes, "lo que un hombre puede inventar, otro lo puede descubrir". [13]

- **Empresas de seguridad e investigadores:** También participan en este mercado, en un rol similar al de las agencias de inteligencia, buscando obtener información de los posibles productos que pueden ser vulnerados, de los tipos de *Zero Days* que se están vendiendo, de qué dirección toma el mercado... Buscan predecir patrones y posibles ataques, así como identificar debilidades para notificar a sus clientes o para mejorar sus sistemas de detección de vulnerabilidades. Aquí podemos considerar empresas de antivirus y otros actores similares que requieren estar siempre al tanto de las últimas novedades para actualizar sus propios productos y servicios.

- **Empresas que producen productos de ciberseguridad ofensiva:** Aquí podemos considerar a desarrolladores de software que diseñan soluciones para penetrar en las redes de individuos u organizaciones pero en el marco de un negocio privado o un ejercicio de seguridad. Es una línea relativamente gris de momento, y quizá el ejemplo más conocido es la empresa israelí NSO Group, que produce software que permite acceder a teléfonos móviles de objetivos seleccionados por sus clientes. Es famosa por haber desarrollado el sistema Pegasus que fue utilizado por varios países para monitorear las comunicaciones de periodistas y disidentes. También aquí se incluye a muchas empresas que diseñan productos que se utilizan para validar vulnerabilidades o en actividades asociadas a las pruebas de penetración de redes, sistemas y equipos (*pentesting*). Son herramientas muy valiosas también para las empresas que las utilizan para identificar vulnerabilidades en sus propias redes y productos antes de que lo hagan los criminales.

Este mercado de vulnerabilidades atrae una multitud de talento y representa en gran medida la dirección general del mercado del hacking, que empuja a estos buscadores de tesoros dentro del código ajeno a investigar las aplicaciones que presentan mayor valor para los potenciales criminales. Por ejemplo, vemos que en los últimos años la conquista de cuota de mercado por parte de Apple en el mercado de notebooks, y en especial entre individuos con alto poder adquisitivo, motiva a que más "investigadores" busquen más vulnerabilidades en MacOS y en iOS (los sistemas operativos de Apple) que en otras plataformas, dado su mayor valor de venta en el mercado negro de vulnerabilidades. Por otro lado, aquellos criminales que apunten más al mercado corporativo estarán interesados en identificar vulnerabilidades en plataformas de Microsoft, SAP, Oracle o IBM, donde existe una probabilidad más alta de afectar a una gran corporación.

Considere el lector la cantidad de software que se escribe cada día, por programadores con cada vez menor comprensión del código, de la lógica profunda y de cómo funciona un sistema en su totalidad. Desarrolladores cada vez más segregados en funciones específicas, formados en *bootcamps* de meses en lugar de en carreras profesionales de años y que utilizan cada vez más librerías y soluciones generadas o copiadas de Internet tienen consecuencias directas en la ciberseguridad de los individuos y las organizaciones,

Por un lado, el software se produce mucho más rápido y de forma más económica, con desarrolladores que comienzan a producir código en plazos más cortos, con formación más específica en el uso de herramientas concretas y usando módulos prefabricados. Esto permite que los productos finales sean más rentables, salgan antes al mercado (con la posibilidad de corregir errores *a posteriori*) y sean más compatibles y fáciles de mantener (considerando la alta rotación en algunas empresas del sector). Por otro lado, como consecuencia, tenemos una menor comprensión de la solución final, aplicativos compuestos por miles de partes (desarrollados por cientos de programadores que fueron rotando y solo produjeron una pequeña parte), una disolución generalizada de responsabilidades, falta de coordinación y liderazgo técnico, una reducción significativa de los procesos de calidad y una variedad de problemas sistémicos y globales en librerías populares que pueden afectar a miles de aplicaciones. En resumen, los aplicativos diseñados con menor calidad y menor talento equivalen a aplicativos menos seguros.

¿Cuántas nuevas vulnerabilidades por descubrir en los próximos años deja este modelo? Probablemente muchas, sobre todo si consideramos los miles y miles de nuevos productos que se publican cada año, que tienen conectividad a Internet y que se convierten en parte de nuestra vida. Mientras escribo estas líneas, el sitio web *layoffs.fyi*, donde se monitorean los despidos de empresas de tecnología, informa de que cerraremos el 2022 con más de 150 000 despidos, liderados por gigantes como Meta (Facebook), Amazon, Booking, Uber, Cisco, Twitter, Airbnb y Crypto.com, entre tantos otros. ¿Cómo afectará esta dinámica al mercado de la ciberseguridad? ¿De qué forma el mercado absorberá este talento disponible? Si esta tendencia se agudiza, ¿qué probabilidades existen de que un ínfimo porcentaje de estos jóvenes desempleados y desilusionados utilicen sus conocimientos para otros fines?, ¿cuántos hackers se necesitan para generar un impacto significativo en una industria?

Como todo negocio que se adapta a las circunstancias, vemos que el hacking también se ha ido transformando, no solo aumentando la cantidad de ataques, sino también modificando el tipo de objetivos. Vemos expansiones hacia organizaciones de menor tamaño, menos protegidas, con menos presupuesto en seguridad o tecnología y donde los ingresos a la red pueden ser más sencillos, aunque los pagos también serán más reducidos. Estos nuevos pequeños hackers están constantemente en búsqueda de potenciales víctimas y buscarán llegar al mayor número de víctimas con el menor coste y esfuerzo posible. Esto significa que, aunque una pequeña o mediana empresa rara vez será víctima de una mafia internacional de ciberatacantes, puede con facilidad ser víctima de un joven hacker adolescente en algún país remoto con ganas de probar suerte.

Debemos destacar, finalmente, que no todo es tan sencillo como aparenta en la vida del hacker. En los últimos diez años las fuerzas de seguridad han ocupado muchos más espacios online y se han infiltrado en comunidades de hackers y foros de la Deep Web. Agencias y policías del mundo operan en una gran cantidad de sitios clandestinos donde se ofrecen herramientas de hacking, estupefacientes, armas y servicios ilegales para atrapar a los incautos criminales o principiantes que llegan a estos sitios en busca de un crimen fácil. Hoy la Deep Web es un campo minado de servicios de inteligencia, agencias federales y policías que montan nuevos sitios o simplemente capturan sitios existentes pero sin revelar a los usuarios que el sitio ha sido capturado. Esto les permite no solo monitorear el mundo del crimen, sino tomar acciones concretas y arrestar a criminales con la evidencia obtenida en la gestión de estos sitios ilegales. También debemos comprender que el hacker se enfrenta a cada vez más competencia, a condenas más largas y estrictas y a una mayor persecución que antes. Recientes regulaciones en el uso de efectivo y de criptomonedas condicionan aún más la movilidad de los atacantes, que prácticamente no pueden operar desde países del primer mundo y deben realizar sus ataques con base en territorios más amigables o que disponen de menos recursos. Aun así, cualquier error, como equivocarse tan solo una vez durante un ataque o comunicándose con otros criminales, puede costarles la libertad al cruzar una frontera.

1.6   Anonimato y libertad

Podemos inferir el anonimato y la personalidad online del hacker de forma similar a como Carl Jung interpreta la separación de la persona interior con su representación exterior: "Todo el mundo lleva una sombra, y cuanto menos se incorpora a la vida consciente del individuo, más oscura y más densa es" [14]. En este caso hablamos de la versión digital proyectada de la identidad de un hacker. Debemos considerar la necesidad del hacker de construir una o varias identidades paralelas con el objetivo de generar una leyenda online que se distancie física y psíquicamente de su persona real. Una personalidad digital, un seudónimo, capaz de causar daño a individuos y organizaciones sin cargar con la culpa del daño ocasionado en la vida cotidiana o extender ese daño a sus relaciones personales o profesionales. Así, el hacker se libera de las posibles sanciones de las fuerzas de seguridad, pero también de víctimas anteriores que pueden intentar vengarse directamente o contratando a otros hackers. La traición, el abandono y la entrega de colegas y competidores es moneda corriente en el mundo del crimen moderno, y vemos esta dinámica extenderse a los criminales que ahora operan en el ciberespacio.

Hackear a la persona equivocada puede traer consecuencias para el hacker si la víctima tiene los medios y el interés de contratar a otros atacantes para perseguirlo, o si cae en una de las tantas trampas existentes en Internet conocidas como *honeypot* (consiste en crear un sistema vulnerable como carnada para que los hackers lo ataquen y así monitorear su actividad). Como mencionamos anteriormente, incluso en la Deep Web existen muchos sitios intervenidos por fuerzas de seguridad que presentan amenazas para hackers, especialmente para los novatos.

Esta máscara que utiliza el hacker como identidad digital le permite también construir una leyenda, crear una historia y conformar un personaje más interesante, más valiente, más complejo y también más cruel que su versión de la vida real. Se parece al modo en que los personajes de los videojuegos van acumulando puntos a medida que cumplen misiones; de hecho, existen esquemas comparables en el mundo del hacking, donde estos "puntos" simbólicos representan la confianza en el perfil del hacker. Estas credenciales le permiten acceder a foros, información y herramientas que solo están disponibles para aquellos que han mostrado un particular talento o han realizado proezas técnicas (por ejemplo, ingresar en los servidores de la NASA, del MIT o del FBI, entre otros objetivos). Algunas de estas tradiciones y jerarquías se han ido perdiendo a medida que más novatos ingresaron a la industria y las prácticas tradicionales fueron reemplazadas por el crimen organizado y el dinero.

Lógicamente, el anonimato y estas múltiples personalidades online que construye el hacker no se deben a cuestiones psicológicas, sino que son formas de mitigar su riesgo de terminar preso por sus actos criminales. Es una necesidad del negocio.

Es interesante considerar que dicha libertad no es solo propiedad de hackers; el anonimato da libertad a todos los individuos, incluidos empresarios, periodistas, disidentes, activistas y cualquier persona que busque maximizar su autonomía de acción en el presente y particularmente en el futuro. Tanto es así que desde nuestra experiencia en ciberseguridad vemos la dificultad a la que se enfrenta el ciudadano promedio para acceder a este beneficio universal, que se manifiesta en el creciente coste que tiene el uso de servicios que favorecen la privacidad versus alternativas gratuitas o más económicas. Desde proveedores de correos electrónicos hasta plataformas de redes sociales y vídeos, las empresas buscan nuestros datos personales y nos pagan por esos datos en descuentos, promociones, publicidades y, principalmente, en servicios gratuitos.

Mantenerse anónimo se ha vuelto un lujo y un esfuerzo adicional, un impuesto que pagamos en la selección y utilización de productos si buscamos una vida más privada, libre de la constante monitorización de empresas, de otros individuos y crecientemente de organismos de gobierno que encuentran con frecuencia nuevas justificaciones para extender sus facultades de recolección y procesamiento de datos. Si esta tendencia continúa su trayectoria actual, encontraremos pronto una mayoría de personas cuya vida estará completamente documentada y monitorizada, así como una clase minoritaria que gozará de haber tenido la posibilidad económica y el conocimiento técnico de invertir en su privacidad y limitar la recolección de sus datos personales.

En su brillante libro *1984*, George Orwell ya nos invitaba a considerar las implicaciones de la vigilancia con frases como "La policía del pensamiento te está vigilando". Y posiblemente la más significativa para los tiempos que corren sea esta: "Si quieres guardar un secreto, también debes ocultarlo de ti mismo" [15]. Encuentro, sin embargo, cierta limitación predictiva en la obra de Orwell, puesto que no solo no pudo anticipar el interés real y natural de las personas en llevar consigo un dispositivo con cámara y micrófono, sino que principalmente no imaginó el desarrollo de tecnologías como la Inteligencia Artificial aplicada al análisis de los millares de datos recolectados de las personas.

La importancia de esta brecha conceptual radica en la posibilidad que disponemos de utilizar algoritmos o modelos como la Inteligencia Artificial aplicados a la interpretación de los comportamientos y los datos de las personas para predecir de manera sorprendentemente precisa qué piensan y cómo actuaran ante diversas circunstancias. Muchos de estos usos traerán resultados positivos, como los aplicables al campo de la medicina y la identificación de enfermedades de forma temprana, pero otros quizá sean usados para predecir resultados de elecciones o para categorizar individuos en grupos que permitan definir quién accede a diversos bienes y servicios, quién puede comprar pasajes de tren o avión, quién puede salir del país, quién puede comprar carne o quién puede acceder a espectáculos deportivos. Quien piense que estas pueden ser teorías conspirativas, solo debe observar lo que está ocurriendo en China, donde algunas de estas implementaciones ya se encuentran disponibles en su modelo de crédito social y limitan la venta de pasajes (por citar un ejemplo). Si bien en Occidente podemos considerar que estamos lejos de esta situación, una visión pesimista sobre las implementaciones en materia de controles del consumo de carbono, en la regulación de activos digitales (criptomonedas), en la implementación de controles del contenido online y en la paulatina disminución en el uso del dinero en efectivo, pueden llevarnos, bajo distintas premisas, a resultados comparables.

La ciberseguridad está relacionada con estos procesos porque las herramientas que utilizamos en la industria para la protección son las mismas que terminan siendo usadas para asegurar la implementación de estos modelos. En particular, algunas de estas implementaciones requerirán que las empresas proveedoras de productos y servicios participen activamente en la gestión y recolección de datos que permiten la producción de estos modelos, por lo tanto los directivos deberían considerar estas posibilidades cuando evalúan su estrategia tecnológica.

Meditemos cómo estos dispositivos que adquirimos por propia voluntad, que renovamos con frecuencia, que compramos con pasión, que forman parte de nuestro estatus y de nuestra persona, no solo pueden escuchar conversaciones y grabar imágenes en alta definición, sino saber dónde estuvimos, qué pensamos, qué buscamos, con quién hablamos, cómo nos movemos, a qué velocidad caminamos o corremos y cuántas horas dormimos, entre miles de funciones. Por otro lado, son extremadamente útiles, tanto que son parte de nuestra productividad: nos permiten trabajar remoto, tener Internet, acceder a información en tiempo real, avisar a nuestros familiares si tuvimos un accidente... Son realmente mágicos, prácticos y hasta económicos considerando todo lo que hacen por nosotros. Me permito cerrar esta reflexión informando al lector de que todo esto es alcanzable sin la necesidad de exponer nuestros datos personales. No hay ninguna razón técnica por la cual sea imposible incorporar un botón físico para desconectar la cámara o el micrófono, para desconectar la batería o incluso para forzar de fabrica la anonimización y encriptación de toda nuestra información. La verdadera limitación se presenta como el precio que pasaríamos a pagar por buscar en Google, por encontrar a nuestros amigos en Instagram, por seguir a celebridades en Twitter, por acceder a noticias, por utilizar nuestro correo electrónico de Gmail o herramientas de mensajería como WhatsApp, entre tantos otros ejemplos.

Básicamente el Internet que conocemos esta subsidiado y sostenido por el precio de nuestros datos utilizados en el negocio de la publicidad. Lo terrible del análisis es que, si comenzáramos a pagar por su uso, quizá Internet ya no sería para todos, sino para quienes tienen los medios para acceder, o deberíamos pensar en formas de socializar su coste. Existe la posibilidad de un Internet más caro y más privado, pero no estaremos dispuestos a pagar por él hasta que las consecuencias negativas del uso de nuestros datos se vuelva evidente y perjudique a una mayoría de forma directa y perceptible.

1.7   Creador de historias

El hacker cuenta con la ventaja de ser un creador de historias y fantasías. Además de su talento técnico, el buen atacante es un creativo narrador de historias que usará información pública en nuestra contra para generar empatía y colaboración por nuestra parte. Si, por ejemplo, nuestras redes sociales o nuestros voluntariados están orientados a la protección del medio ambiente, veremos al atacante usar esta información para crear un perfil interesado en los mismos temas y potencialmente explotar nuestra natural afinidad por gente que piensa como nosotros. Si tenemos fotos colaborando con alguna organización benéfica o viajando por algún lugar poco frecuentado, realizando deportes o hobbies, podemos también esperar que el atacante use esta información como parte de su fachada. Creará un personaje que es parecido a ti, que visitó lugares similares, que practica similares deportes o que apoya similares causas. Toda esta fantasía es diseñada durante la etapa de investigación inicial para crear una buena razón para contactarnos, quizá vía LinkedIn, Twitter o correo electrónico.

Estas narrativas están tan adaptadas a nuestra personalidad que es difícil reconocerlas si no se tiene el entrenamiento adecuado para identificarlas y, en función del valor de la víctima, pueden sostenerse durante meses o años hasta que el verdadero objeto del ataque resulta manifiesto.

Imaginemos el ejemplo de un empleado que se ha divorciado recientemente y decide realizar algún comentario al respecto en LinkedIn, donde quizá comienza a generar contenido con más frecuencia y a contactar con colegas en grupos de networking. Alguien monitorizando cuentas de la organización puede notar esta situación y crear un perfil de una joven atractiva que trabaja en una empresa en la misma industria y le escribe consultando por la posibilidad de un cambio laboral. Puede que esta persona envíe directamente una propuesta laboral como un archivo PDF contaminado con malware; puede que se ofrezca para un puesto avanzado pero solicite algunos ejemplos del trabajo que se está realizando en la empresa para validar que efectivamente tiene los conocimientos necesarios, robando de esta forma documentos que pueden ser vendidos a la competencia; puede que genere un vínculo más romántico y le pida al empleado realizar una videollamada donde ella procederá a desnudarse (el vídeo es falso pero resulta extremadamente real) y le solicitará lo mismo a su interlocutor. Cuando este se desnude en cámara, el vídeo será grabado y el empleado será extorsionado para obtener dinero o información de su empresa a cambio de no entregar el material a su empleador, familiares o publicarlo online. ¿Perturbador? Pues está basado en casos reales.

Veamos cómo las habilidades de generar narrativas están avanzando al siguiente nivel. Con la tecnología que tenemos disponible de Inteligencia Artificial (y que evoluciona muy rápido) es posible crear imágenes de personas que no existen o tomar audios y vídeos de personas que sí existen y modificarlos para producir un audio o un vídeo que lea un texto que el atacante designa.

Detengámonos un momento para imaginar el poder de una herramienta como esta (ya disponible para todos). Se podrían tomar varios audios y vídeos del CEO de una empresa y generar un audio solicitando una transferencia bancaria o la aprobación de un acceso remoto de forma urgente. ¿Cuántos empleados rechazarían una llamada o videollamada del director de una empresa? Solo basta generar un audio de unos pocos segundos. A este tipo de ataques nos enfrentaremos en los próximos años, a medida que este tipo de tecnologías que nos permiten generar lo que se conoce como Deep Fakes se hagan más populares. ¿Y por qué limitarnos solo a directivos? ¿Qué pasaría si celebridades, políticos, agencias de seguridad, diplomáticos, etc. son los que nos contactan solicitando información? ¿Cómo distinguir a las personas reales en un mundo dominado por videollamadas y trabajos remotos? Estos serán los desafíos de la ciberseguridad en los próximos años y los hackers no dudarán en utilizar estas herramientas en nuestra contra.

Estos riesgos no solo se extienden al ámbito laboral, debemos siempre considerar que el atacante buscará explotar los aspectos humanos de las personas. Pueden ser narrativas amorosas, sexuales, ofertas de trabajo, investigaciones, entrevistas, notas en revistas, ofertas de inversión únicas, accesos a clubes privados, estupefacientes, medicinas alternativas exclusivas o apoyo a causas nobles, entre muchas otras conocidas posibilidades. Todo por llamar la atención de la víctima y hacer que haga clic en un link, descargue un documento o simplemente proporcione información que le pueda resultar útil al atacante para cumplir su objetivo. Internet es un lugar peligroso para aquellos que están al frente de organizaciones, tienen influencia en nuestra sociedad o simplemente disponen de un patrimonio envidiable.

1.8   Pensamiento lateral

Para entender a nuestros potenciales atacantes, debemos siempre tener en cuenta que, contrario a lo que la mayoría de la gente piensa, una gran proporción de los ingresos a redes ajenas son extremadamente sencillos y pueden realizarse con un mínimo conocimiento técnico. Me recuerda a una situación que me tocó vivir con un colega de tecnología. Tras una presentación que realicé sobre ciberseguridad que exponía problemas de privacidad, uno de los invitados al evento me desafío a entrar en su teléfono móvil.

Cuando estábamos a punto de salir del bar donde varios habíamos ido a continuar la charla, esperé a que nuestro colega pagara su parte primero y, estando detrás de él en la fila frente a la caja, presté atención al número secreto (PIN) que introducía en su teléfono. Antes de irnos del bar, comenté con los colegas que iba a hackear su teléfono en vivo y procedí a introducir el código que había visto minutos antes. Ante la sorpresa y risas de todos, había logrado entrar en su teléfono, no porque sea un hacker sofisticado que rompió la seguridad de una de las empresas más poderosas del mundo (Apple), sino por su propio descuido de seguridad en el uso de su dispositivo.

Como podemos ver, es mucho más efectivo y eficiente para un hacker entrar sirviéndose del factor humano que del talento técnico, y por esta misma razón siempre invito a los directivos a ver a los empleados como su primera línea de defensa frente a ciberataques, a invertir en capacitaciones y simulaciones, a promover el desarrollo del pensamiento crítico y a hacer lo posible para tener empleados que están contentos con la organización. Rodear la organización de personas comprometidas, formadas y con una visión positiva de su rol en la protección de la empresa es mejor que cualquier antivirus. Al final del día, cualquier empleado enfadado, descontento o sin formación alguna en ciberseguridad presenta un riesgo mucho mayor que la falta de un antivirus, cámaras de seguridad, puertas blindadas o políticas de ciberseguridad. Recordad también que los empleados son la primera línea de defensa, no la última; si no se invierte en personal idóneo y equipamiento, también quedará expuesta la organización.

Cuando invitamos a los directivos a desarrollar una cultura interna de seguridad es porque sabemos que los atacantes están dispuestos a servirse de las actitudes que están fuera del imaginario de la mayoría, por ejemplo, entrar con una taza de café mientras alguien que salió a fumar le abre la puerta, acceder con un chaleco naranja con el logo de un aire acondicionado, entrar en el edificio para realizar una entrevista y conectar un USB en algún equipo, solicitar una impresión en recepción o entrar vestido de policía, de la compañía eléctrica o del gas, entre tantas otras alternativas disponibles. Es imposible entrenar al personal para que conozca todas las posibles vulnerabilidades, pero hay criterios que se pueden inculcar en la organización para minimizar este tipo de ataques y, aunque resulte curioso, a veces, más que entrenamiento, lo que el personal requiere es la confianza del equipo directivo para cuestionar, para dudar o tomarse unos minutos para investigar una situación poco convencional. Basta con que a los empleados realmente les importe si algo sucede en la organización para disparar varios de estos comportamientos positivos y preventivos.

Como vemos, estas cuestiones están más en el ámbito estratégico y directivo que en todas las capacitaciones en ciberseguridad que se puedan organizar. Es necesario que se incentive a las personas a tener iniciativa y que sientan que son parte de la primera línea de defensa de la organización y que deben informar y cuestionar con criterio aquello que se sale de lo ordinario o que presenta una anomalía. El atacante sueña con encontrar empleados que están descontentos con la organización y que actuarán previsiblemente ante un correo o un mensaje, más por miedo que por su criterio propio. Por lo tanto, aquellas organizaciones que tienen una cultura más cerrada y estricta deben tomar precauciones extras de ciberseguridad.

El atacante es un oportunista y si la organización se encuentra atravesando un proceso de transformación, una situación caótica, incluso a nivel legal o social, estos son momentos fértiles para que un atacante tome ventaja, una oportunidad para atacar con menores probabilidades de ser detectado. En el caos es mucho más sencillo encontrar empleados enfadados, contactarlos con ofertas tentadoras y olvidar políticas de seguridad o asignar recursos a otras áreas y dejar los sectores de tecnología en posiciones mucho más vulnerables. Cuando se presentan estos escenarios, el directivo debe obligarse a desviar siquiera brevemente su atención de los incendios corrientes para considerar las implicaciones de ciberseguridad que puede presentar el actual desorden organizacional.

1.9   Preguntas para reflexionar

La sección que encontraremos al final de cada capítulo invita a reflexionar sobre varios de los temas tratados en cada apartado, con la esperanza de que el lector vuelva a revisar estas preguntas no solo al final de su lectura, sino como material de referencia para sus charlas con colegas y equipos.

Sin presentarse en ningún orden particular, concebidas para una organización pero aplicables a individuos, familias o comunidades, y muchas sin respuestas exactas o correctas, os invito a meditar sobre las siguientes preguntas:

1. ¿Qué tipo de hackers atrae mi organización? ¿Cuáles son los tipos de atacantes más probables que me consideren un objetivo atractivo?

2. ¿En qué actividades potencialmente polémicas o ideológicamente cargadas opera mi organización?

3. ¿Qué tipo de beneficio puede aportar nuestra información u operaciones a un atacante?

4. ¿De qué manera nuestra organización puede convertirse en un aportante involuntario al negocio del hacking?

5. ¿Con qué grado de facilidad se puede entrar y salir de nuestra red y nuestra organización sin ser detectado?

6. ¿Qué vínculos tenemos con las fuerzas de seguridad?

7. ¿Qué actividades hemos llevado adelante como organización para mitigar los riesgos de ser atacados?

8. ¿Hemos formado a nuestro personal para que sepa cómo identificar un ciberataque?

9. ¿Hemos trabajado con personal ajeno a la organización sobre nuestras vulnerabilidades? En ocasiones, la visión externa aporta variedad de ideas con respecto a cómo uno puede ser atacado.

10. ¿Cuál es la presencia externa de la organización y sus ejecutivos en Internet?

11. ¿Se ha detenido la gerencia a considerar algún tipo de simulación o juego de escenarios con respecto a una crisis o ciberataque?

12. ¿Se encuentra a mi alrededor alguien que podría ser un hacker? (Tanto para tomar precauciones como para tomar un café y obtener una visión diferente, quizá un nuevo aliado).

---

[1]   E. d. Bono, *Lateral Thinking*, Penguin, 1970.

[2]   M. W. Shelley, *Frankenstein*, Lackington, Hughes, Harding, Mavor & Jones, 1818.

[3]   E. Fromm, *Escape from Freedom*, Holt, Rinehart and Winston, 1941.

[4]   R. Mnookin, *Bargaining with the Devil: When to Negotiate, When to Fight*, Simon & Schuster, 2010.

[5]   F. Dostoyevski, *Memorias del subsuelo*, Editorial Leviatán, 1864.

[6]   G. J. Becker y T. Stechschulte, *The Gift of Fear*, Little, Brown, and Company, 1997.

[7]   P. Knight, *Shoe Dog: A Memoir by the Creator of Nike*, Scribner, 2016.

[8]   B. B. de Mesquita y A. Smith, *The Dictator's Handbook: Why Bad Behavior is Almost Always Good Politics*, PublicAffairs, 2011.

[9]   R. Girard, *The Scapegoat*, Johns Hopkins University Press, 1986.

[10] N. H. William Strauss, *The Fourth Turning*, Broadway Books, 1997.

[11] Y. N. Harari, *21 Lessons for the 21st Century*, Spiegel & Grau, 2018.

[12] G. Orwell, *The Road to Wigan Pier*, Victor Gollancz Ltd, 1937.

[13] S. A. C. Doyle, "The Adventure of the Dancing Men", The Strand Magazine, 1903.

[14] C. Jung, *Collected Works of C.G. Jung*, Princeton University Press, 1953-1979.

[15] G. Orwell, *1984*, Secker & Warburg, 1949.

[16] B. Russell, *Why Men Fight*, George Allen & Unwin Ltd,, 1917.

CAPÍTULO 2
CONFIAR PERO VERIFICAR

2.1 Introducción

En el ámbito de la ciberseguridad es esencial comprender que la naturaleza humana es con frecuencia utilizada para nuestro perjuicio. Elementos como nuestra curiosidad, emociones, miedos, certezas, inclinaciones, ego... todo está al servicio de un potencial atacante. Técnicas que han funcionado durante milenios para defraudar desde individuos a reyes y comunidades continúan siendo utilizadas en la modernidad por inescrupulosos hackers, que han llevado el arte de la trampa y el engaño al terreno digital. Contrario a lo que puede resultarle al pensamiento popular, la ciberseguridad no se limita al componente digital de los ataques, ni los hackers solo se limitan a adquirir avanzados conocimientos técnicos. El éxito de un alto porcentaje de ciberataques radica en el efectivo uso de la ingeniería social (el arte de la manipulación de los individuos mediante historias y relatos) en conjunto con diversas técnicas orientadas a afectar la forma de percibir o comportarse de las personas. Alternativas más rápidas, efectivas y económicas para divisar complejas formas de intervenir o infiltrarse en redes y ordenadoras ajenos desde cero. Esta dinámica difícilmente puede considerarse moderna, ya Séneca explicaba en el año 65 d. C. en la Antigua Roma que la gente "está más dispuesta a confiar en otros que a emitir sus propios juicios" [1] y parece que poco ha cambiado desde entonces, pues vemos una y otra vez que atacantes abusan de la confianza que naturalmente depositamos en diversos procesos y en otras personas (particularmente aquellas que *aparentan* representar autoridad), y poco se nos incentiva al pensamiento crítico, al análisis y a la verificación.

¿Por qué ocupar meses de desarrollo e investigación para entrar en una red cuando podemos inventar una excusa moderadamente convincente y solicitar al usuario que nos permita entrar en su sistema? Evaluaremos el impacto de una de las cualidades que nos hace humanos y vulnerables: la confianza que depositamos en otras personas e instituciones, y la inocencia con la que asignamos autoridad sin verificaciones suficientes. Nos centraremos particularmente en cómo adquirimos, gestionamos y medimos esta confianza, en qué factores participan en su influencia y en cómo habilidosos cibercriminales se aprovechan de ella.

Además de la confianza en las personas, con frecuencia nos encontramos confiando en procesos, productos o servicios que realizan diversas tareas por nosotros y que, en el marco de nuestro análisis estratégico de ciberseguridad, requieren detenerse y considerar las implicaciones de que no funcionen correctamente, no estén disponibles o se encuentren comprometidos por un atacante.

Nos compete considerar que muchas veces estos procesos digitales cumplen una función que va más allá que un rol de asistencia al negocio o al ejecutivo; en muchas ocasiones, el proceso digital que buscamos proteger es el negocio.

2.2 Confianza y poder

El poder que ostenta un individuo o una organización es un elemento fundamental en las evaluaciones estratégicas de ciberseguridad, pues todo potencial ejercicio de poder implica una mayor posibilidad de suplantación de identidad y, por lo tanto, un objetivo más atractivo para diversos grupos de atacantes. El acceso a recursos, propios o de terceros, es un factor que afecta significativamente la exposición al riesgo. La presente estructura social facilita la administración de recursos a entidades que manejan niveles desproporcionadamente altos de confianza, y esto impone particular valor en capturar sus ordenadores o redes. Podemos pensar en contadores, abogados, médicos, personal de seguridad, directivos, así como también en empresas o instituciones que administran gran cantidad de recursos, como proveedores de servicios financieros o de infraestructura, entre tantas otras. Nuestra ciberseguridad también es la ciberseguridad de estas personas e instituciones que nos rodean.

En el marco del análisis que invitamos a realizar, aquellos que esgrimen el mayor poder, particularmente aquellos asociados al poder económico o tecnológico de la organización, tenderán a ser los principales objetivos. No solo por su capacidad de ejecución, sino por su acceso a material confidencial o a privilegios que pueden ser explotados por criminales, como credenciales o usuarios especiales en sistemas. Individuos en posiciones clave serán especialmente susceptibles a extorsión y chantaje, dado que se ven (en muchos casos) obligados a presentar una imagen frente a la organización, su familia, su comunidad u otros círculos de interés que representa también la imagen de la institución. Ataques a los individuos clave de la organización también son con frecuencia ataques a la organización.

Consideremos cómo se manifiesta esta dinámica en el siguiente ejemplo que se reproduce en muchas organizaciones alrededor del mundo:

> Un atacante toma el control del correo electrónico de un directivo o, aún más sencillo, conociendo el correo electrónico de un directivo crea un correo muy similar, reemplazando una "o" por un "0" o una "i" por una "l" o por un carácter en otro idioma que se ve similar. Utilizando este correo prácticamente idéntico o el correo real capturado, envía un mail solicitando una transferencia de dinero con alguna excusa de urgencia. Ejemplos de estas historias de clientes incluyen variaciones de: "necesito hacer una transferencia a esta cuenta para cerrar un contrato con un nuevo cliente", "necesito un pago urgente a este proveedor nuevo para terminar con el proyecto", "necesito pagarle a un nuevo consultor con el que estoy trabajando en el exterior" o "necesito realizar el pago de una licencia en el exterior", entre tantas otras situaciones que resultan difíciles de considerar válidas pero que resultan sorprendentemente efectivas y urgentes para quienes las reciben. Similares alternativas pueden usarse para enviar facturas falsas, o bien facturas reales cuya cuenta bancaria fue alterada, enviar

archivos contaminados o invitar al usuario a visitar una web controlada por el atacante donde se pueden robar credenciales, por solo citar los ejemplos más comunes y menos sofisticados.

Uno podría considerar que este ataque no tendría éxito en su organización; sin embargo, la experiencia nos indica que estos modelos funcionan con bastante frecuencia. Normalmente incluyen un buen trabajo de investigación de la empresa y el seguimiento de las personas o los procesos clave. Por ejemplo, puede que el atacante sepa quién es el contador o responsable de finanzas que normalmente autoriza las transferencias y puede que sepa que el directivo está de viaje de negocios o de vacaciones (quizá monitorizando sus redes sociales o teniendo acceso a su calendario o al ordenador de algún empleado). Puede que el atacante sepa que su estilo de liderazgo es fuertemente autoritario y que nadie dudaría en ejecutar una orden de urgencia, o bien que el mensaje incluya como información que dicho acuerdo con la nueva empresa es secreto y nadie debe enterarse hasta que todo esté firmado.

Presentamos estos casos porque son los que menos salen a la luz en las noticias. En los medios escuchamos los ataques más sensacionalistas y sofisticados, pero poco conocemos de estos crímenes menores que ocurren cada día, en empresas de todo el mundo, con diversas variaciones de la misma dinámica y con directivos que en muchos casos no hacen la denuncia pertinente para evitar quizá algo que incorrectamente pueden interpretar como ridículo o humillante, o que puede percibirse como un daño a la imagen de la empresa. Lamentablemente el hacking aún tiene un componente de culpa para la víctima, y aún más lamentable es que esta dinámica no es completamente infundada, pues, como hemos mencionado, gran parte de los ciberataques son oportunistas y muchas empresas parecen dejar las puertas abiertas invitando a atacantes a tomar el control de sus activos. En algunos casos se da la tormenta perfecta de individuos comandando millones en recursos pero con muy poco conocimiento técnico, métodos muy rudimentarios de seguridad (si existen) y un perfil lo suficientemente público para ser un blanco fácil (fuerte presencia en redes sociales, Instagram, LinkedIn, etc.).

Es el directivo quien debe hablar con su equipo de operaciones y asegurarse de que existe un proceso para gestionar urgencias reales. Puede ser algo tan simple como una palabra clave o algún tipo de acuerdo previo en la forma de validar que el correo es real o que la urgencia es en efecto sincera. Diferentes estilos de liderazgo influirán en la manera en la que se manifieste este tipo de riesgos, así como el tipo de personal del que se rodea el directivo. Quienes tienen que trabajar con personal que dice *sí* a todo lo que se pide deben ser extremadamente cuidadosos con este tipo de ataques; por otro lado, aquellos que fomentan un espacio más libre y promueven el pensamiento crítico tendrán una mayor probabilidad de detectar estos ataques a tiempo, con personal que se siente más cómodo de cuestionar lo solicitado y validar efectivamente que la urgencia es real.

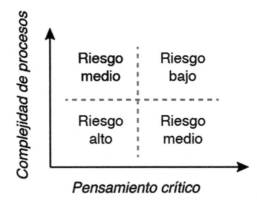

Observando el presente mapa de cuadrantes podemos identificar con claridad que la complejidad de los procesos también desempeña un papel en la posibilidad de ser víctima de este tipo de ataques. Cuando la organización cuenta con procesos complejos y burocráticos, que requieren diversos niveles de aprobación para dar de alta nuevos proveedores, para modificar información de pagos y para realizar transferencias u operaciones que en general necesitan más de una persona para ser ejecutadas, también disminuye, como efecto indirecto, el riesgo de ser víctima de estos ataques.

Consideremos otra situación relativamente cotidiana: un hacker ha obtenido acceso a una cuenta de correo electrónico corporativo de un empleado, simplemente porque el empleado reutilizó una contraseña en alguno de los tantos cientos de servicios que son hackeados cada año. El atacante dispondrá de una cuenta en principio muy poco accionable; sin embargo, dicha cuenta permite ver los emails que pasan por la organización, por ejemplo, correos de

Recursos Humanos donde envían las novedades de la organización, correos que informan sobre cambios de personal, correos con calendarios de futuros eventos y vacaciones, correos con novedades sobre la dirección estratégica de la empresa y, finalmente, todos los correos en los que nuestra víctima se encuentra en copia. Con un mínimo de paciencia, un atacante podrá ir armando una buena representación de la situación de la organización, de los individuos clave y de posibles oportunidades para atacar. De ahí se podrá obtener gran variedad de datos interesantes, como cuál es el estilo conversacional de la organización, cuáles son las épocas festivas donde existe menor personal disponible, cuándo se realizan los eventos corporativos, migraciones o bajas de sistemas que tendrán ocupado al personal de tecnología o (y quizá lo más útil) excusas para contactar con empleados desde cuentas externas a la organización, como promociones para los empleados que participaron en algún workshop, descuentos o nuevos beneficios para empleados y cualquier otra justificación que motive a los empleados a hacer clic en un link y reduzca su sospecha frente a correos externos o sospechosos. También cabe destacar que en ocasiones empresas reales envían correos que son indistinguibles de correo malicioso, con links extremadamente sospechosos y no solicitados, con prácticas muy poco serias y que dificultan la labor de las personas en distinguir correos reales de falsos.

Todo este potencial caudal de valiosa información se genera solamente controlando una cuenta de correo electrónico, situación particularmente sencilla cuando no existe inversión por parte de la organización en la monitorización y la protección de los sistemas de correo, y principalmente cuando solo se cuenta con la contraseña como única y última medida de seguridad. Nos referimos a los casos en que la organización no exige ningún otro factor de verificación, como puede ser huella digital, un código generado en el teléfono móvil, una llave USB o un mensaje de texto, entre tantos otros disponibles. Cuando un atacante está solamente a una contraseña de distancia de controlar un sistema, nos hallamos frente a un gran problema de seguridad. Considera que muchos de estos ataques no requieren brillantes ingenieros sociales ni grandes talentos técnicos, son oportunistas que acechan a víctimas cuyos correos y contraseñas quizá se vendan por centavos la unidad en el mercado negro. Por otro lado, su práctica los hace potencialmente muy efectivos, en palabras del propio Bruce Lee: "No temo al hombre que ha practicado 10 000 patadas una vez, pero temo al que ha practicado una misma patada 10 000 veces", y estos hackers han efectuado los mismos ataques miles de veces porque el costo de probar suerte usando estos métodos es prácticamente nulo.

2.3 Confianza en procesos

Como buenos humanos que somos, integrados en una sociedad y una comunidad que parece funcionar en piloto automático, no solo depositamos nuestra confianza en otras personas, sino que con mayor frecuencia depositamos confianza en mecanismos establecidos. Nunca nos detenemos a considerar la inmensurable complejidad que permite milagros técnicos como el acceso a Internet, la electricidad que llega a nuestros hogares, el acceso al agua potable y tantos otros procesos que facilitan nuestra vida con tanto éxito que nos resultan invisibles; mágicamente todo continua su curso con relativa normalidad cada mañana. David Hume ya planteaba en 1748 que haber visto siempre salir el sol por la mañana no necesariamente implica que mañana amanecerá nuevamente. Nuestro conocimiento basado en experiencias previas nos da la sensación de certeza y predictibilidad con respecto a varios fenómenos, pero no debemos considerar que lo ocurrido en el pasado garantiza un resultado cierto en el futuro. [2]

Procesos que fueron diseñados para garantizar la eficiencia y eficacia de operaciones de negocio son ejecutados con diligencia por el personal contratado. Para bien o para mal, hemos establecido una estructura organizacional de individuos que siguen procesos, en ocasiones por encima de su sentido común, básicamente porque nadie perderá su trabajo por seguir el proceso establecido por la organización. Esta lógica incluso se ve representada en la famosa frase de las décadas de los 80 y 90: "Nadie es despedido por contratar a IBM", una idea que destaca el enfoque orientado a la reducción de riesgos (en aquel momento IBM dominaba el mercado tecnológico y representaba la opción *segura*).

Desde la ciberseguridad, estamos obligados a tomar consideraciones particulares con respecto a la subordinación a las directivas existentes; en primer lugar, la mayoría de los procesos fueron diseñados para proteger a la organización y a las personas (generalmente, en este orden) y, por tanto, su cumplimiento implica un menor riesgo para ambas partes. Curiosamente, veremos que los atacantes buscarán mediante convincentes historias (lo que conocemos como ingeniería social) invitar al usuario a desviarse de dicho proceso para ganar alguna ventaja o posición táctica en la red. Por otro lado, la obediencia a los procesos facilita la tarea del atacante que ha logrado capturar alguno de los eslabones o algún sistema intermedio, con amplias posibilidades de que los individuos se comporten de forma predecible y respondan a las solicitudes, incluso cuando las mismas presentan desviaciones o anomalías sospechosas, en pro de seguir el proceso establecido. Podemos asumir que la rigidez de los procesos tiende a presentar mejores perspectivas de ciberseguridad, no solo desde el punto de vista de la prevención, sino también para comprender con mayor claridad cuál fue el mecanismo vulnerado en los casos en que el ataque tuvo éxito. En palabras de Dan Ariely en *Predictably Irrational*: "el dinero es con frecuencia la forma más cara de motivar a las personas, las normas sociales son más económicas e igual de efectivas". [3] El mismo criterio debería seguirse en ciberseguridad, capacitando al personal y fomentando un ambiente de buenas prácticas entre todos los usuarios, no solo por el bien de la organización, sino también para proteger a los clientes y proveedores.

Es recomendable que la gerencia dedique un particular análisis a los procesos de la organización y a considerar qué limitaciones en estos flujos afectarían el correcto funcionamiento de la empresa. Recomendamos tomarse tiempo para realizar un análisis estratégico con respecto a los procesos fundamentales de la organización y aquellos que tienen un carácter secundario. Considerar cuáles tienen procesos alternativos en papel y cuáles son tan nativamente digitales que no se puede operar sin ellos. Evaluar de forma estratégica e integral la operación del negocio identificando los impactos de distintos procesos. Como punto de partida me permito compartir un ejercicio que realizo con la mayoría de mis clientes para evaluar amenazas en procesos de negocios.

Análisis de Amenazas en Procesos Prioritarios

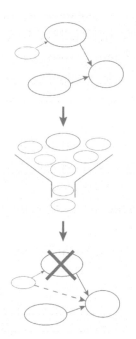

Mapeo de procesos productivos y administrativos

Priorización y análisis de procesos

Evaluación de impacto frente a pérdida de procesos

Este análisis, que he denominado internamente AAPP (Análisis de Amenazas en Procesos Prioritarios), se basa en tres sencillas etapas, e invito a los ejecutivos a replicarlo internamente con su equipo para obtener una visión general de la situación de ciberseguridad de la organización:

1) Mapeo de procesos productivos y administrativos

    a. Este es un proceso exploratorio y que recomiendo realizar en láminas grandes de papel o pizarra blanca, donde se pueden desplegar los procesos y tomar notas durante la sesión (o sesiones, dependiendo del tamaño y complejidad de la organización). En esta etapa lo importante es desplegar una lista de todos los procesos de la organización y sus interdependencias.

b. Dependiendo del nivel en que se quiera explorar y del tamaño de la organización, se puede profundizar este análisis inicial en dos niveles: por un lado, se puede incorporar en los procesos cuál es la entrada y la salida de cada proceso en términos de documentación, producto, servicio, etc. Y el siguiente nivel es identificar a las personas o los roles que son claves para cada proceso, asociando niveles de responsabilidad para dichos procesos con roles (se puede usar un diagrama similar a lo que se conoce en la industria como matriz RACI para identificar la asignación de responsabilidades). Por matriz RACI nos referimos básicamente a una tabla que enumera las tareas o actividades y los roles que los individuos ocuparán con respecto a cada tarea. Indicará quién es el responsable, quién debe ser informado y quién debe ser consultado por cada tarea. Puntualmente se busca que, ante una situación, tarea o proceso, exista la información explícita de quiénes son las personas que tienen una relación directa con dicha tarea y en qué rol participan.

c. Finalmente, para los verdaderos aventureros que busquen llevar el análisis a su nivel más profundo, se puede continuar por identificar los diferentes datos o información que cada proceso requiere y/o utiliza, para categorizar esta información y gestionarla de forma diferente dependiendo de su criticidad y valor (tanto interno como externo). Si bien se le puede dedicar un libro entero solamente a este punto, el objetivo aquí es sencillo: identificar cómo medimos el valor de la información independientemente del proceso que la ocupa; por ejemplo, existirá información personal de los clientes que es valiosa para el cliente y por el daño que puede ocasionar a la organización si se filtra, pero que a nivel organizacional aporta poco valor y simplemente la solicitamos porque debemos llenar nuestro formulario de alta de cliente o porque nos lo solicita alguna regulación. Por otro lado, existe información, como la fórmula de un proceso productivo, que tiene valor interno y potencialmente externo si un competidor copiara nuestro proceso. En el medio, claro, existen miles de grises, por ejemplo, información contable, información de ventas, de marketing, de contratos con proveedores y tanta otra información que ocupa nuestros ordenadores y aplicativos. En las grandes organizaciones, o en aquellas medianas que no buscan o necesitan ir al detalle, estos análisis pueden realizarse generando categorías o tipos de información, del 1 al 5, por ejemplo, y luego simplemente asignándolos de acuerdo a criterios preestablecidos. La meta no es tener un inventario completo y perfecto de cada bit que atraviesa la organización, sino contar con un criterio moderadamente objetivo con el cual evaluar dónde invertir y cuáles son los lugares que requieren nuestra principal atención.

2) Priorización de procesos

   a. Esta etapa puede ser más sencilla o más compleja dependiendo en gran parte de la complejidad de la organización y la cantidad de procesos identificados en el proceso anterior. Para facilitar la tarea de clasificación, normalmente suelo ajustar la cantidad de categorías en función de la cantidad de procesos. En una organización con pocos procesos nos podemos dar el lujo de utilizar las etiquetas alto, medio y bajo, mientras que en una organización más avanzada, agruparemos asignando un número del 1 al 10, por ejemplo, y luego, en una segunda pasada, elegiremos cuál será nuestro foco, quizá solo procesos del 1 al 3, por ejemplo. Aquí lo relevante es encontrar un criterio de selección que nos permita utilizar el tiempo de forma eficiente, centrándonos en aquellos procesos que realmente plantean un riesgo para la organización, entendiendo que todos los procesos que fallen van a tener un impacto pero que no nos podemos centrar en todos los procesos cuando involucramos al equipo directivo, y que dicho análisis detallado puede ser delegado a mandos intermedios.

b. Durante esta etapa de clasificación es habitual identificar nuevos procesos o bien dividir los procesos anteriormente identificados en partes, para separar lo crítico de lo no crítico. Esto es perfectamente válido, y por eso recomiendo el uso de una gran pizarra para facilitar la tarea de modificar fácil y visualmente lo que se discute.

c. El resultado debe presentarse como una lista de procesos, generalmente y para seguir el criterio de Pareto, no superior al 20 % de todos los procesos identificados, aunque en muchas ocasiones este número es bastante menor. Es importante que este análisis se realice a nivel directivo/ejecutivo, porque lo que estamos buscando detectar es aquello que presupone un riesgo importante para la continuidad del negocio; si delegamos esta tarea en un grupo demasiado grande de mandos intermedios, perderemos muchísimo tiempo discutiendo cuáles son las prioridades, puesto que cada directivo tiene su argumento de por qué el proceso por el cual es responsable es crítico. Mi recomendación es realizar este análisis primero a nivel directivo y comunicar los resultados a los mandos intermedios para darles la posibilidad de argumentar si algo relevante está siendo omitido y justificarlo por escrito en pocas palabras y en las próximas 24 horas. Aquellos procesos realmente críticos que fueron omitidos serán rápidamente descubiertos.

3) Evaluación de impacto en caso de perder procesos

    a. <u>Impacto</u>: El primer paso aquí es identificar el impacto de perder uno o varios de los procesos identificados como críticos. E identificar cuáles son las posibles consecuencias de no tener dichos procesos operando. También se puede realizar una lluvia de ideas de los distintos impactos que puede tener para el negocio la pérdida de diversos procesos. En esta etapa es más relevante involucrar equipos con cierto conocimiento técnico o mandos intermedios que puedan colaborar en aportar detalles respecto a los procesos que quizá el cuerpo directivo no tiene presentes. Esta es una mesa más extensa donde varios minutos deben adjudicarse a cada proceso y liderazgo de parte del coordinador de la sesión para identificar más impactos y no quedarse en las consideraciones iniciales. Es importante detectar el primer y segundo orden de impactos en este tipo de procesos y ver qué procesos se rompen o deterioran como consecuencia de la pérdida de cada proceso. Aquí adquiere valor haber profundizado en los análisis que comentamos en la etapa inicial, ya que permitirá adentrarse en los distintos aspectos humanos y tecnológicos asociados con los procesos de forma más estructurada.

    b. <u>Alternativas</u>: Evaluar cuáles son las posibles alternativas para mantener los procesos primordiales funcionando en caso de un ataque, qué procesos pueden ser operados en papel o en sistemas alternativos. ¿Existe esta posibilidad? ¿Los equipos operativos están preparados para mover sus operaciones a procedimientos manuales o alternativos? Idealmente hablamos de considerar procesos que deben realizarse de forma manual durante una semana. En ocasiones, esto es necesario no solo porque los sistemas no funcionan, sino porque puede darse el caso de desconocerse el grado en el que nuestros sistemas se han visto afectados y es necesario mantener la información en paralelo en papel o en otro sistema alternativo para luego comprobar si todo está funcionando correctamente.

c. Mitigaciones: Aquí nos centraremos en identificar estrategias, generalmente con la colaboración de los equipos de tecnología y ciberseguridad, para concebir formas de limitar la exposición a riesgos cibernéticos en estos procesos críticos particulares. Aquí el valor está en encontrar un equilibrio entre lo que se busca proteger y lo que costaría salvaguardar estos procesos. Los ejecutivos y los expertos deberán revisar y ponderar estas opciones para encontrar un equilibrio que permita minimizar los riesgos y maximizar las oportunidades de la compañía de sortear un ciberataque con eficiencia.

d. Continuidad de negocio: Finalmente, un punto adicional a considerar es lo que llamamos la continuidad de negocio, que se refiere a la posibilidad de mantener la compañía funcionando en situaciones de emergencia, tras un incidente o ante algún tipo de crisis.

Es interesante que nos detengamos brevemente a estudiar el tema de la continuidad de negocio, puesto que es un análisis que encuentro extremadamente valioso, incluso si por cuestiones de tiempo, recursos o interés el ejercicio propuesto anteriormente no se realiza. El estudio de continuidad de negocio, desde mi punto de vista, entra en la categoría de consideraciones que deben realizarse al menos una vez al año, aunque sea tomando un café con colegas directivos. Similar a considerar la venta de la organización o una fuerte inyección de capital, representa buenos ejercicios a realizar porque, sea cual sea el resultado, nos dan una perspectiva fresca de dónde están los aspectos claves e importantes que hacen funcionar el negocio y cómo pueden ser afectados, expandidos o capitalizados.

Existen infinidad de libros que explican la forma completa de realizar un análisis de continuidad, por lo que aquí veremos un enfoque rápido y directo; comenzaremos por recordar que el objetivo es el siguiente:

Identificar la habilidad de la compañía para mantener sus operaciones y proteger sus activos en caso de un desastre o crisis.

Estas consideraciones son:

- ¿Cuáles son las operaciones críticas que merecen ser protegidas? ¿Cuál es el "core" de la organización? ¿Dónde está aquello que realmente representa el negocio y una porción significativa de los ingresos?

- ¿Cuáles son los activos que vale la pena proteger? ¿Cuáles de esos activos realmente son indispensables para satisfacer el "core" del negocio? ¿Qué activos son sacrificables? Recordar aquí que por activos nos referimos a tangibles e intangibles; puede ser la reputación o el personal lo más importante que tiene la organización o una fórmula secreta y un equipo industrial único en el mundo.

La segunda parte implica pensar qué tipo de desastres pueden ocurrir; nuevamente, aquí no es relevante la especificidad, sino la categoría aproximada y el impacto organizacional, por ejemplo, una crisis política, social, tecnológica, de negocio, de cadena de suministros, de reputación, etc. Aquí se busca dar algún tipo de marco a consideraciones abstractas sobre qué puede salir mal, y personalmente recomiendo (aunque solo sea porque es divertido) crear algunas historias breves sobre qué tipo de crisis pueden ocurrir.

Para disparar un poco la imaginación, podemos considerar como ejemplos condiciones que han ocurrido en el pasado, tales como: una devaluación del 35 % o más de la moneda nacional, una subida en el desempleo superior al 45 %, conflictos militares en aguas internacionales que afecten el tráfico marítimo, escasez o racionalización de combustibles, restricciones en el uso de energía eléctrica, subida de impuestos de más del 30 %, prohibiciones en la venta de productos, precios máximos para productos que comercializamos, estatización de plantas productivas, congelamiento de despidos, restricciones en el acceso a financiación o al mercado de capitales, congelamiento de créditos o dificultades en la realización de pagos, cuotas de exportación o importación, prohibición en el uso de ciertos materiales o procesos productivos, persecución ideológica o política a la organización (o a sus miembros), restricciones en la movilidad o comercialización de bienes o servicios, reacondicionamiento obligatorio de la producción basado en nuevas normativas, intervención estatal de procesos o planes productivos, planificación centralizada de cuotas y objetivos de producción, pérdida de directivos, pérdida de empleados clave y denuncias con alto impacto mediático (acoso sexual, corrupción, discriminación, etc.), entre tantas otras alternativas extremas. Recordemos que, como dice la frase que se atribuye a Mark Twain, "la historia no se repite, pero rima" y los ejecutivos harán bien en mirar a los procesos históricos para identificar algunas de las amenazas que se presentarán en el futuro. En cuanto a riesgos en ciberseguridad más concretos podemos considerar nuevamente:

Phishing: correos electrónicos que parecen ser de una fuente legítima, con el fin de engañar a las personas.

Malware: software malicioso que infecta un ordenador o una red, a menudo para robar datos o causar daño.

Ransomware: un tipo de malware que cifra archivos y exige un pago a cambio de recuperarlos.

DDoS (Denegación de Servicio Distribuido): un sitio web o una red se inundan con tráfico para sobrecargarlo y bloquearlo.

Zero-day: aprovechar una vulnerabilidad en el software que aún no ha sido descubierta.

Man-in-the-Middle: interceptar la comunicación entre dos partes para robar información o modificar datos.

Amenaza interna: empleados o contratistas con acceso a información confidencial que filtran datos de manera intencional o accidental.

Ingeniería social: manipulación psicológica para engañar a las personas para que divulguen información confidencial.

Amenazas persistentes avanzadas (APTs): ataques sofisticados y dirigidos que están diseñados para permanecer en las redes u ordenadores sin detectar durante largos períodos de tiempo.

Ataques de contraseña: diversas técnicas para adivinar o descifrar contraseñas con el fin de obtener acceso no autorizado.

Spoofing DNS: redirigir tráfico a un sitio web falso para robar información o propagar malware.

Botnets: red de dispositivos infectados que pueden ser controlados de forma remota por un atacante.

Cryptojacking: utilizar el ordenador de una víctima para extraer criptomonedas.

Espionaje de Wi-Fi: interceptar la comunicación inalámbrica para robar información confidencial.

Watering hole: infectar un sitio web legítimo que es probable que visite su grupo objetivo para propagar malware.

Ataques a la cadena de suministro: comprometer los proveedores de una empresa para obtener acceso a su red.

Ataques físicos: robar o dañar físicamente el hardware o los datos para obtener acceso no autorizado.

Como vemos, la idea de este ejercicio es forzar el pensamiento creativo lateral y salir de la cotidianeidad para buscar escenarios de alto impacto con muy baja probabilidad, similar a lo que invitaba a considerar Blaise Pascal cuando definía en 1662 lo que hoy utilizamos como fundamento en cualquier análisis de riesgos, "el miedo al daño debe ser proporcional no solo a la gravedad del daño, sino también a la probabilidad del evento". El beneficio terminará resultando en dos consideraciones:

- Por un lado, un equipo directivo más preparado para enfrentar crisis y con la ventaja de al menos haber considerado escenarios que pueden convertir una crisis en una oportunidad, que pueden capitalizar una emergencia antes que sus competidores e identificar mejor los aspectos fundamentales del negocio, quizá impactando futuras inversiones o consideraciones que no siempre nos detenemos a realizar en el día a día. Es una carta para invitar al pensamiento estratégico, al pensamiento lateral y a ver la organización con otros ojos al menos durante unos momentos.

- Por el otro lado, menos estratégico y más operativo, es una oportunidad para que los mandos altos e intermedios desarrollen planes de contingencia y procesos para mantener la organización funcionando en caso de crisis, alternativas que van desde formularios en papel para reemplazar sistemas que no funcionan hasta formas de operar o producir fuera de la fábrica o la oficina. El directivo debe estar involucrado en este tipo de planes, pero fundamentalmente delinear los objetivos estratégicos y proporcionar una guía de lo que es importante, según mencionamos anteriormente, pues lo relevante del ejercicio es considerar qué vale la pena salvar, en lugar de buscar garantizar la continuidad de cada proceso. La experiencia nos dice que la mayoría de los procesos de la organización son no esenciales para su supervivencia, y vaya sorpresa si nos encontramos con que hemos creado una enorme maquinaria burocrática.

Idealmente, el ejecutivo puede meditar sobre estas consideraciones y proponer espacios de discusión y debate con directivos y expertos al menos una vez al año. Se buscará identificar cambios, nuevos riesgos, nuevas amenazadas y considerar las modificaciones en los procesos y tecnologías de los últimos meses. Ningún ejecutivo debería confiar en que estos ejercicios se realizan o que forman parte de las tareas tradicionalmente asignadas a los equipos de tecnología. La mayoría de los equipos de IT están centrados en tareas más tácticas y operacionales y son la minoría los que utilizarán su tiempo y recursos en desarrollar estos ejercicios estratégicos. Es por ello que recomendamos a la dirección promover y dirigir este tipo de actividades y verificar que los resultados se mantengan actualizados con los cambios que van ocurriendo en la organización, tanto a nivel de procesos como a nivel tecnológico.

2.4   Los equipos de tecnología y de ciberseguridad

Ya que hemos mencionado el tema, es momento de dedicar unas palabras a las diferencias que encontramos entre las personas que trabajan en IT (tecnología) y las personas que trabajan en ciberseguridad, especialmente para rápidamente disipar la idea de que tener un equipo de tecnología en la organización debería ser suficiente para sentirse seguro. El mandato tradicional de IT es mantener el negocio funcionando e implementar nuevas tecnologías para mejorar la eficiencia y eficacia de la organización en general. IT busca moverse rápido, implementar y explorar nuevas tecnologías, apoyar nuevos mercados y proyectos y ser un canal para fomentar el desarrollo de la organización y la innovación. IT debe enfocarse en mirar hacia adelante y en mantener el equipamiento tecnológico actualizado en relación al resto del mercado. Adicionalmente, IT es responsable de mantener la estructura tecnológica de la organización en una forma saludable; esto incluye ordenadores, servidores, redes, software y hardware en general, actualizar los equipos necesarios e idealmente hacer que la tecnología resulte transparente. IT en este sentido tiene un mandato de ser invisible, los sistemas deberían funcionar y todo estar dispuesto para que los usuarios se puedan enfocar en su trabajo.

Ciberseguridad tiene otros objetivos en mente. Estos departamentos buscan moderar la tasa de cambio e innovación porque estabilizar y proteger sistemas lleva tiempo, practica y experimentación. Los nuevos proyectos generalmente presentan multitud de amenazas. El equipo de ciberseguridad tenderá a inclinarse por mantener el *statu quo* y ser más rigurosos para aceptar cambios. En este ámbito el foco está en monitorear la organización desde todos los frentes posibles, recolectando datos donde estén disponibles y promocionando el uso de sistemas que permitan ser usados con fines forenses si llegase a ocurrir algún incidente, o idealmente como medio para encontrar la línea base de operaciones, para entonces hacer más sencillo encontrar desviaciones que podrían ser indicadores de un incidente.

Si bien estas descripciones distan de resumir con precisión las tareas de ambos equipos, la razón de mencionar aquí este punto es más bien pragmática y clarificadora. He hablado con varios directivos que consideran que la ciberseguridad es parte de las tareas de IT, y asumen que un buen equipo de tecnología será capaz de mantener a la organización segura. No obstante, no es lo que vemos en la mayoría de los casos, puesto que cada equipo requiere habilidades específicas distintas, puntos de vista diferentes y, en ocasiones, objetivos que se conflictúan y deben ser equilibrados. Es momento relevante para destacar la importancia en las atribuciones de poder, ejecución y presupuesto que se deben otorgar a los CISO (*Chief Information Security Officer*) para que puedan ejercer su trabajo de forma efectiva. La naturaleza de su rol requiere visibilizar riesgos para los altos mandos directivos. Es por ello que su habilidad de proteger la organización está generalmente ligada a su cercanía con el CEO y su independencia respecto a otros departamentos, particularmente los ligados a tecnología y operaciones.

Es necesario destacar la existencia de un creciente inconveniente respecto a la dificultad de encontrar personal capacitado para realizar las labores de ciberseguridad. Es un problema que llevará varios años solucionar, dada la variedad y complejidad de las habilidades necesarias para operar efectivamente en el área. La tendencia a la especialización que acostumbramos ver en varias disciplinas, entre ellas algunas formaciones cortas en seguridad informática, también dificulta la labor de producir excelentes profesionales, puesto que el verdadero talento es el que tiene una visión global del negocio y la infraestructura, comprendiendo con mayor claridad por dónde un atacante puede explotar vulnerabilidades. Esta dificultad en el acceso a talento afecta de forma desproporcionada a empresas pequeñas y medianas, pues mucho del talento se lo llevan las grandes corporaciones, quienes pueden financiar mejores equipos y mejor personal.

Dado su alto coste de adquisición y retención, el sentido común diría que las pequeñas y medianas empresas no requieren personal de ciberseguridad especifico y estable; sin embargo, argumentaría que la evolución que estamos viendo en el sector lleva a que dichas organizaciones sean blanco frecuente de ciberataques, menos sofisticados y más oportunistas, pero no por ello menos destructivos. La tendencia actual parece indicar que estos ataques continuarán avanzando y es recomendable que sea parte de la agenda de directivos el considerar estas posibilidades.

Siendo pragmáticos, hay un límite de cuánto se puede proteger una organización con poco presupuesto, y el límite es bastante bajo, considerando que se compite con organizaciones criminales bien financiadas y experimentadas. No solo estos menores presupuestos estimularán la rotación del personal (interesado en utilizar lo último en tecnología), sino que limitarán su efectividad significativamente. Naturalmente, todo presupuesto se vuelve relativo cuando la organización es efectivamente atacada, o un proveedor o cliente cercano lo es. Entonces no se duda en asignar presupuesto urgente a la compra de equipamiento y a escuchar al equipo de seguridad. Recomiendo siempre en estos casos tomarse un tiempo para realizar una evaluación estratégica de seguridad antes de ir corriendo a comprar las promesas de varios proveedores de soluciones de ciberseguridad. Estos vendedores comprenden el miedo, y cual vendedores de alarmas tras un robo, sabrán movilizar las emociones de las víctimas para vender sus productos. Detenerse a evaluar qué se quiere defender, cuáles son las amenazas y cuál es el origen de los problemas de ciberseguridad de la organización es vital antes de comprar soluciones.

Las empresas pequeñas y medianas harán buen uso de su tiempo y dinero en encontrar uno o dos proveedores de ciberseguridad de confianza que les permitan contar con un aliado en los dos aspectos más importantes: por un lado, el análisis estratégico para definir cuáles son las políticas, los planes, los objetivos y la estrategia de ciberseguridad y, por otro lado, el aspecto más técnico, enfocado en realizar pruebas de seguridad, infiltraciones, la configuración de equipos, la monitorización de redes, la gestión de copias de seguridad y tantas otras tareas asociadas en parte a los equipos de tecnología pero principalmente a los equipos de ciberseguridad.

Varias empresas de ciberseguridad brindan ambos servicios en conjunto, aunque no es una mala idea considerar dos proveedores distintos, uno que se encargue de diseñar los planes y las estrategias de ciberseguridad, de comprender la visión estratégica del negocio, las prioridades y los distintos afectados en caso de un ataque y otra empresa más enfocada en lo operativo, que tome los planes diseñados y las políticas de ciberseguridad, que monitorice la red en busca de vulnerabilidades o atacantes y tantos otros aspectos más operativos y tácticos.

Al igual que contratamos abogados y contables, a medida que crecen los riesgos de ciberseguridad es necesario contar con al menos un experto a quien podamos llamar en tiempos de crisis o con quien comentar las distintas estrategias, planes y políticas que vamos a tomar para proteger a la organización. Subcontratar la ciberseguridad siempre es un riesgo, y en un mundo ideal no sería la primera opción, pero es definitivamente mejor que no disponer de ningún tipo de asesoramiento o no considerar la ciberseguridad como una parte estratégica del negocio. Recordar siempre que el hecho de que no hayamos sido víctima de un ciberataque lejos está de probar que estamos seguros. Al final, todos seremos víctimas de un ciberataque.

2.5   Confianza en las personas

Como hemos anticipado, las personas son la principal línea de defensa de la organización en términos de seguridad. Ningún antivirus o política de ciberseguridad supera la protección que ofrece un equipo bien entrenado y cuyos intereses están alineados con los de la organización. En el caso de ciberataques, es clave contar con la confianza y el involucramiento de los miembros de la organización para recomponerse lo antes posible. Simon Sinek establece en *Start With Why* que "la confianza comienza a emerger cuando existe una sensación en otra persona u organización de que su motivación es dirigida por intereses más allá del propio beneficio" [4], y si realmente queremos contar con una organización segura es fundamental poder contar y confiar en el personal. Se debe fomentar un espacio donde este sentimiento de confianza sea reciproco. Por poco ortodoxo que parezca, disponer de una comunidad de empleados felices y bien dispuestos es también parte de una estrategia de ciberseguridad efectiva. Consideremos que podría suceder cuando esta dinámica no existe:

Un ejemplo típico de confianza depositada por la organización que puede resultar catastrófico son los casos donde empleados actuales, exempleados o empleados a punto de ser despedidos actúan en contra de los intereses de la empresa. Por ejemplo, llevándose una copia de información valiosa para el desarrollo del negocio, como puede ser información de ventas, pronósticos, fórmulas, costes, información de proveedores, investigación y desarrollo, etc. Otro ejemplo en este sentido es cuando dejan alguna "puerta" abierta para el acceso de atacantes (o de ellos mismos) tiempo después de haber salido de la empresa. Los empleados enfadados, disgustados o desilusionados son un gran riesgo para la ciberseguridad de la organización y lamentablemente deben ser monitorizados en caso de cualquier sospecha.

Además de empleados que pueden estar enfadados o disgustados por las condiciones de trabajo, debemos considerar la creciente amenaza de activistas internos y externos a la organización que también pueden vulnerar la confianza de la misma, poniendo en riesgo operaciones y personal en el proceso. Por activistas internos me refiero a individuos que forman parte de la organización pero también participan activamente en diversos movimientos que promueven una concepción concreta y "correcta" de la realidad. Existe siempre el potencial de que la organización no se encuentre alineada con estas ideas, y esto puede presentar un riesgo moral para el individuo a la vez que un riesgo de seguridad para la organización. La presente tendencia indica que este tipo de acciones asociadas al activismo o al hacktivismo pueden moverse hacia operaciones en el ciberespacio, poniendo en riesgo a las organizaciones que, se presume, colaboran o participan, activa o pasivamente, apoyando la causa "incorrecta".

Debemos considerar el caso, poco convencional pero real, de que alguno trabaje con agencias de inteligencia de nuestro país o del extranjero, para algún competidor o para algún grupo que represente al crimen organizado. Estas situaciones son extremadamente poco frecuentes y no invitamos a los ejecutivos a considerar esta situación como normal, sino simplemente a incorporarla en la lista mental de posibles escenarios. Ejemplos recientes incluyen unos 150 empleados potencialmente asociados a agencias de inteligencia trabajando en Meta (Facebook) o agencias gubernamentales directamente coordinando con Twitter la censura de diversas cuentas y temas de discusión (según lo revelado en los llamados Twitter Files). La historia de las corporaciones se encuentra repleta de anécdotas de influencia, espionaje industrial y chantajes.

Elementos de la modernidad de las organizaciones como el trabajo remoto, la alta rotación de personal, las crecientes tensiones internacionales y sociales, el involucramiento de empresas en diversas causas políticas, económicas y culturales, el vínculo entre empresas, universidades, centros de investigación y *think tanks*, la mayor participación y regulación por parte del Estado entre otros factores similares contribuyen a incrementar las facilidades de intervención y a dificultar la identificación de esas influencias, tanto por la organización como por el periodismo o el público en general.

Considérese más probable si la compañía opera con clientes extremadamente influyentes, ya sea políticos, empresarios o personalidades; si la empresa desarrolla o gestiona infraestructura crítica, por ejemplo, proveyendo servicios esenciales como agua, electricidad, Internet, telecomunicaciones, etc.; si la empresa posee una ventaja competitiva única en forma de secreto comercial, como puede ser una fórmula secreta o una combinación única de tecnologías internas, o bien si la organización posee o tiene acceso a información extremadamente valiosa. Solo comprendiendo el negocio y el ambiente en el que opera la organización se puede realizar un análisis para comprender la magnitud de estos riesgos. El objetivo aquí solamente es ampliar la perspectiva del directivo.

2.6   Confianza cero (Zero Trust)

Ningún libro que mencione ciberseguridad y confianza estaría completo si no dedica unas líneas a una tendencia que se encuentra en auge durante los últimos años y que representa un cambio de paradigma con respecto a cómo percibimos y diseñamos la seguridad de nuestras redes y equipos. Dado que este no es un libro técnico, nos vamos a dedicar simplemente a considerar los aspectos fundamentales de este enfoque, dejando de lado todos los procesos y operaciones necesarias para implementarlo.

Podemos pensar Zero Trust (confianza cero) como una propuesta para solucionar las asimetrías entre la nueva cantidad de dispositivos, productos y servicios que generamos y que se encuentran conectados a Internet y la ineficacia de intentar mantener todos estos nuevos productos detrás de una muralla, muralla que, por cierto, debe hacerse cada vez más alta y más larga para contener la creciente cantidad de dispositivos y usuarios, a la vez que crece la sofisticación de los ataques. Esta batalla, para muchos destinada al fracaso, nos obliga a pensar la ciberseguridad desde otra perspectiva. Aún en su infancia, Zero Trust ya promete ofrecer algunas respuestas a los problemas de hoy y de mañana, aunque puede llevar décadas la completa transformación de las infraestructuras corporativas. La visión de Zero Trust es, desde mi punto de vista, superior, en el sentido de que representa una arquitectura más orgánica y fractal, que acaba con las ideas tradicionales centradas en construir barreras para ser reemplazadas por varios niveles de validaciones individuales, mucho más alineados con los comportamientos de los seres vivos, donde cada capa tiene sus mecanismos de defensa y validación en lugar de solo confiar en barreras exteriores de protección, podríamos decir un enfoque más descentralizado y localizado. Adicionalmente, el mayor énfasis en la segmentación provisto por Zero Trust proporciona una superficie más limitada de ataque y dificulta la tarea del atacante de navegar por las diferentes áreas de la organización (así, utiliza la propia complejidad organizacional al servicio de la defensa).

Desde un punto de vista estratégico, Zero Trust se refiriere a tres principios generalmente aceptados:

1. Nunca confíes, siempre verifica:

Implica romper con el paradigma de confiar en los usuarios por defecto, y es un principio que se puede aplicar a varios ámbitos de la vida cotidiana. Por ejemplo, si recibimos un mensaje de WhatsApp de Xavi, ¿cómo sabemos que Xavi está efectivamente escribiendo el mensaje? Sabemos en teoría que el mensaje fue enviado desde el número de Xavi, pero ¿qué pasa si olvidó su sesión web abierta en el trabajo o en su casa y estamos hablando con otra persona? ¿Qué pasa si Xavi nos envía un PDF en otro idioma y nos dice que es un documento que nos puede interesar? ¿Deberíamos elevar nuestra sospecha? ¿Lo envía en un horario poco razonable? ¿Escribe ligeramente diferente? ¿Sigue siendo Xavi? Lógicamente, no recomiendo vivir de esta manera, pero es posible configurar nuestros equipos y aplicaciones para que verifiquen en cada comunicación quién está detrás, desde dónde surge la comunicación, cuánto hace que está inactiva y tantos otros criterios que podemos evaluar a nivel técnico y que son (actualmente) muy difíciles de evaluar a nivel humano. No debemos descartar que en los próximos años, con el avance de las tecnologías biométricas, este enfoque sea más sencillo de aplicar de forma transparente (por ejemplo, que el iPhone verifique nuestra cara cada vez que enviamos un mensaje o que el lector de huella digital se extienda a toda la pantalla y se pueda comprobar efectivamente quién está escribiendo el mensaje).

2. Asume que tienes un intruso en tu red:

Opuesto al sentido común y a la tranquilidad mental, este principio nos obliga a considerar que nuestra protección ha fallado y que tenemos un intruso en casa. Desde luego, trabajaremos para evitar que intrusos ingresen a nuestra organización, pero lo transformador del paradigma es evitar ocupar toda nuestra energía y presupuesto en prevenir, ya que tarde o temprano lograrán entrar. Por eso lo mejor sería tener mecanismos ya diseñados para detectar y gestionar este tipo de atacante que logró entrar en nuestro espacio seguro.

3. Siempre otorga el acceso mínimo necesario:

Otro ejemplo de una regla difícil de aplicar en la práctica y que vemos en muchas organizaciones. A menudo los usuarios tienen acceso a información que no necesitan o la habilidad de realizar tareas para las que no están capacitados. El mejor ejemplo técnico de esta idea es que hay gente que puede instalar aplicaciones en su propio ordenador sin ser un especialista en tecnología o capaz de evaluar con eficacia cuestiones de compatibilidad, seguridad y licencias. Sorprendería al lector ver las cosas que uno encuentra instaladas en los ordenadores de la gente. Ocurre algo parecido con las personas que tienen acceso a discos compartidos con información confidencial o permisos en aplicaciones para hacer mucho más de lo que requiere o justifica su trabajo.

Fundamentalmente y a nivel general, el cambio que propone la arquitectura de Zero Trust es romper con la idea de que podemos mantener un espacio seguro de trabajo, donde podemos confiar en aquellos que se encuentran dentro de él. Consiste básicamente terminar con la idea tradicional de la fortaleza, donde construimos murallas, torres y grandes puertas para protegernos, para pasar a asumir que toda esa infraestructura es relativamente vulnerable y que responde a un mejor sistema de seguridad el gestionar y autorizar accesos cada vez que es requerido y considerando siempre cual es la justificación. Desde fuera esto suena a extrema burocracia, pero con las tecnologías actuales es posible implementar modelos similares minimizando el impacto para los usuarios. A nivel gerencial lo relevante aquí es considerar si una solución de este tipo es beneficiosa para la organización y si las herramientas actualmente disponibles proveen las soluciones que requiere la empresa. Recordemos que aún estamos desarrollando esta tecnología y de momento las alternativas son limitadas, complejas y costosas.

Desde mi punto de vista, es cuestión de tiempo que Zero Trust se convierta en un estándar y todas las empresas lo utilicen, aunque es un proceso que puede durar entre 10 y 15 años, dependiendo de varios factores, entre ellos el incremento o no de conflictos en el ciberespacio y las normativas gubernamentales para operar en cada país respecto a la gestión de información e infraestructura digital.

Como en varias otras ocasiones, aquí el valor del análisis estratégico está en traer a la mesa de discusión la posibilidad de avanzar o no en este tipo de tecnologías y motivar una saludable discusión con los equipos de tecnología para entender cuál es su punto de vista actual y cuál es su enfoque para proteger a la organización en los próximos años.

Nos encontramos en los inicios de Zero Trust, por lo que faltan varios años hasta que los proveedores de tecnologías y equipamiento tengan productos listos para usar, fáciles de implementar y a precios razonables. Hoy esta filosofía está siendo principalmente discutida en las grandes organizaciones y recomendada por los gobiernos para empresas que gestionan infraestructura crítica. Es posible que no todas las empresas puedan implementar esta arquitectura en el corto plazo, pero es recomendable considerar al menos el cambio de paradigma para evaluar la situación de cada organización y ver cómo se puede obtener valor en cada caso.

Personalmente encuentro muy productivo evaluar con los clientes el escenario donde existe una persona en la organización que se ha infiltrado y está enviando información a un competidor, simulando cómo podríamos detectar este tipo de comportamiento y qué métodos tiene disponibles actualmente la organización para identificar o gestionar este tipo de situaciones. Tras identificar las debilidades en los procesos identificados, nos dedicamos a establecer mejoras que podrían mitigar este tipo de riesgos. Gracias a pensar desde el punto de vista de Zero Trust, asumiendo que nos han hackeado, podemos ver el presente y el futuro de las organizaciones con otra óptica y capitalizar la desconfianza moderada y productiva como un activo necesario en cualquier visión estratégica que involucra la ciberseguridad.

Finalmente, otra conversación productiva que mantengo a menudo con ejecutivos, gracias a la visión aportada por Zero Trust, es sobre cuestionar (siempre de forma amigable) por qué el señor X o la señora Y tienen acceso a la información Z y cuál es el valor que aporta al negocio o al trabajo realizado por el señor X o la señora Y que puedan ver o modificar esa información.

Al final, Zero Trust es simplemente un *framework*, un modelo, una arquitectura para ayudarnos a navegar ante la complejidad que implica la ciberseguridad en la actualidad. Parte de esta complejidad radica en lo difícil que en ocasiones es conectar los aspectos profundamente técnicos de la materia con las cuestiones más pragmáticas y realistas de negocios. Directivos y ejecutivos encuentran complejo y aburrido navegar en un mundo lleno de detalles y especificidades técnicas que no justifican su atención ni su tiempo, y equipos técnicos encuentran frustrante que los ejecutivos no consideren estos temas importantes.

Arquitecturas como Zero Trust nos permiten facilitar discusiones sobre principios en los cuales el personal técnico y el estratégico pueden alinearse y compartir puntos de vista, y donde existe suficiente información y contexto para que ambos maximicen su potencial de participar en las discusiones desde su lugar y rol. Es necesario que encontremos enfoques nuevos y funcionales que ayuden a cerrar esta brecha, puesto que la ciberseguridad continuará creciendo y la tecnología continuará agregando capas de complejidad sobre las ya existentes. Solo la colaboración y la coordinación de definiciones estratégicas y un plan táctico bien financiado podrán llevar a la organización a un futuro más seguro.

2.7 Preguntas para reflexionar

Al igual que al final de todos los capítulos, cerraremos este con una serie de preguntas que espero inviten a la reflexión y a la asimilación de los contenidos.

Recordemos que las preguntas se presentan sin un orden particular, concebidas para una organización pero aplicables a individuos, familias o comunidades, y muchas sin respuestas exactas.

1. ¿Quiénes en la organización representan los principales objetivos para un atacante?
2. ¿Cómo se gestiona la estructura de poder en la organización?
3. ¿Cómo responden las personas frente a órdenes convencionales y frente a demandas excepcionales?
4. ¿Quién puede realizar demandas excepcionales o torcer las reglas dentro de la organización?
5. ¿Cómo de capacitado en términos tecnológicos está en general el personal de la organización? ¿Y la cúpula directiva?
6. ¿Qué herramientas tenemos para identificar posibles amenazas internas? ¿Y amenazas externas?
7. ¿Cuáles son nuestros procesos más críticos? ¿Qué impacto tendría perderlos? ¿Qué podríamos hacer para mantener la empresa funcionando hasta recuperarlos?
8. ¿Qué características tiene nuestro equipo de tecnología? ¿Cómo medimos su eficacia? ¿Tenemos personal formado y asignado a ciberseguridad?

9. ¿Hemos invertido recientemente en modernizar nuestros sistemas? ¿Y nuestro equipamiento?

10. ¿Se han considerado recientemente mejoras tecnológicas o de infraestructura en la organización? ¿Qué impacto de ciberseguridad tienen?

11. ¿Hemos considerado la posibilidad de que nuestra organización haya sido hackeada o de que un criminal o un empleado esté trabajando con la competencia?

---

[1] L. A. Séneca, *Letters from a Stoic*, Penguin Books; Reprint edición (30 Julio 1969), 1969.

[2] D. Hume, *An Enquiry Concerning Human Understanding*, Oxford University Press, 1748.

[3] D. Ariely, *Predictably Irrational: The Hidden Forces That Shape Our Decisions*, Harper Collins, 2008.

[4] S. Sinek, *Start With Why: How Great Leaders Inspire Everyone to Take Action*, Penguin Random House, 2009.

[5] A. G. Martinez, *Chaos Monkeys: Obscene Fortune and Random Failure in Silicon Valley*, Harper Collins, 2016.

CAPÍTULO 3
EL VALOR DE LA INFORMACIÓN

3.1 Introducción

Todo análisis que busque profundizar en las características estratégicas de una organización debe comenzar por una seria consideración respecto a dónde se encuentra la producción del valor directo e indirecto que aporta la compañía a la sociedad y a sus interesados internos y externos y qué rol ocupa en el contexto productivo de su tiempo. Existe una perspectiva, que va ganando tracción en los últimos años, que considera a las organizaciones como primordialmente grandes procesadores de información, siendo los datos el nuevo recurso fundamental (la nueva materia prima) que impulsa el avance, la innovación y el desarrollo tecnológico, aumentando así la eficacia y eficiencia del conjunto de individuos e integrando la organización en complejas y dinámicas estructuras sociales, políticas y económicas. En palabras del propio Harari, quizá uno de los más prominentes promotores recientes de esta concepción, "el universo consiste en flujos de datos, y el valor de cada fenómeno o entidad está determinado por su contribución al procesamiento de datos". [1] Llevando este concepto a las microsituaciones de nuestro día a día, podemos apreciar el valor que aporta nuestra información cuando consideramos la gran cantidad de servicios que utilizamos de forma aparentemente gratuita pero que en realidad "pagamos" con nuestra información privada que contribuye a un sistema más eficiente y eficaz en la venta de productos por Internet, por solo citar un ejemplo. El valor (monetario o social) que fallamos en asignar a nuestros datos y nuestra privacidad se encuentra compensado por la complejidad que fallamos en observar en la creación y el mantenimiento de productos y servicios como Google, WhatsApp, Gmail, Facebook, Instagram, TikTok y YouTube, entre tantas otras maravillas "gratuitas".

Veamos que pagamos por cosas tan tontas como bolsas en el supermercado, pagamos por extraer dinero de nuestra propia cuenta bancaria, pagamos por enviar una carta, pagamos para leer el periódico, pagamos para realizar una llamada telefónica, pagamos para tomar un vaso de agua en un bar y en ocasiones pagamos hasta para usar el lavabo; sin embargo, a nadie le resulta extraño que no pagamos por enviar mensajes instantáneos en WhatsApp, por enviar y recibir correos electrónicos en todo el mundo, por ver horas de videos en YouTube sobre cualquier tema concebible, por aplicaciones que utilizamos todo el día... Nos simplifican la vida, nos permiten estar conectados con nuestros seres queridos, estar al tanto de las noticias y acceder a la biblioteca más completa del mundo y, sin embargo, en nuestra cuenta bancaria no se mueve ni un duro para que toda esta magia esté a nuestro servicio.

Si cada uno recibiéramos un Ferrari (o un Aston Martin, si se me permite elegir) como regalo por parte del fabricante para utilizarlo en nuestra vida cotidiana, seguramente muchos aceptarían sin dudar, aunque espero que otros nos pararíamos a considerar por qué nos están regalando un producto tan costoso. Pues resulta que la complejidad de construir un Ferrari es menor que la de diseñar, desarrollar, sostener y continuar mejorando un producto como Google, que utilizan miles de millones de personas cada día, cada hora, cada minuto, para encontrar la información que necesitan. Ferrari dispuso de aproximadamente 4500 empleados en 2021, Google tiene 135 000. Obviamente, si Ferrari debiera satisfacer a la cantidad de clientes que atiende Google solamente en un día, necesitaría varios millones de empleados. No es mi intención intentar comparar estos mundos tan distintos, sino utilizar esta exagerada disparidad para traer al primer plano los dos puntos más relevantes: 1) la casi infinita escalabilidad del desarrollo de software versus las limitaciones en la producción de bienes físicos, y más importante: 2) la diferencia de percepción entre la complejidad y el valor de producir un Ferrari versus la infinita mayor complejidad de desarrollar y mantener un motor de búsqueda como Google, una aplicación de mensajería como WhatsApp o un sitio de videos como YouTube. Cualquiera puede ver el motor de un Ferrari y maravillarse ante su diseño y sus capacidades, pero muy pocos pueden ver y comprender cómo funcionan algunas de las aplicaciones que utilizamos todos los días.

Si me extiendo (quizá más de lo necesario) con esta comparación, podemos rápidamente ver cuál es el combustible que permite a un Ferrari moverse (gasolina), pero ¿cuál es el combustible de todos estos aplicativos que utilizamos? ¡Es la información! En forma de millones y millones de datos que se mueven por las redes de estas plataformas, generadas y sostenidas por los millones y millones de usuarios interactuando cada minuto, con cada botón, con cada palabra, con cada *like* y cada clic. Esto es lo que permite que estos productos existan; este es el combustible que los mantiene en funcionamiento.

Ahora podemos cerrar el círculo y comprender que estos datos son los que aportan el valor a las plataformas, valor que es vendido a las agencias de publicidad para que puedan posicionar productos y servicios frente a nuestros ojos y, finalmente, convertir esa información en dinero tangible. Vemos con este breve recorrido que el verdadero valor se encuentra en recolectar y procesar información, y que estas plataformas solo actúan como *brokers*, simplemente uniendo oferta y demanda, acercando consumidores y vendedores, usuarios que ofertan su información (sin saberlo) y publicistas que demandan información (en forma de posicionamiento de su contenido). Entre ambos se define cuánto valen los datos en un determinado momento.

Kahneman tiene una magnifica frase, "nuestra confortable convicción de que el mundo tiene sentido descansa en una sólida base: nuestra casi ilimitada capacidad para ignorar nuestra ignorancia" [2]. Y es que la complejidad de productos como Google, Gmail o LinkedIn nos es completamente invisible, y aún peor, nos hemos acostumbrado a asumir que este tipo de productos y servicios son gratuitos. Internet se ha desarrollado sobre esta premisa y esto presenta complejidades a nivel de ciberseguridad que solo ahora comienzan a resultar evidentes. Todos esos datos, esas fotos, esos comentarios, esos videos y esas contraseñas utilizadas durante años no han desaparecido, están aún allí, en Internet, dando vueltas, esperando su oportunidad para ser utilizadas.

Para cerrar esta breve introducción, retomemos el ejemplo del Ferrari y consideremos un escenario donde tendría sentido recibir uno de sus supercoches como un regalo de parte del fabricante. Imaginemos que Ferrari quisiera desarrollar un auto que se conduzca solo; para ello tendría que crear un sistema o modelo utilizando inteligencia artificial (IA). Y lo que es más importante: tendría que entrenar al modelo de IA para que sea capaz de transportar gente de forma segura. ¿Como entrenar un modelo para que pueda conducir por cualquier ciudad, por cualquier carretera, por cualquier país y en cualquier condición climática? Solo es posible alimentando el modelo con datos reales o con simulaciones. Si las simulaciones resultaran ser más caras o menos útiles para alcanzar el resultado final que los datos reales, entonces la única forma en que Ferrari podría desarrollar esta capacidad es recolectando información de conductores reales. Quizá esta alternativa, aunque costosa inicialmente, resultara ser el camino más rápido, más económico a largo plazo y más efectivo para alcanzar el objetivo esperado. Siguiendo esta lógica, regalar autos a individuos con la sola premisa de que los conduzcan y permitan a Ferrari recolectar información sobre cómo conducen en las distintas calles y carreteras, en los distintos países y en las distintas condiciones climáticas sería una alternativa no solo viable, sino quizá la mejor alternativa disponible. En este escenario, Ferrari estaría regalando el coche a cambio de algo mucho más valioso: datos para entrenar el modelo de una IA que permita conducir autónomamente. ¿Es esto una locura? Ya no, y podemos ver que el propio Tesla ha tomado un modelo de negocio similar sin la necesidad de regalar sus autos. Tesla actualmente utiliza la información que captura de sus conductores para entrenar sus sistemas de conducción autónoma. Es posible que el modelo de IA resultante pueda valer más que la venta de autos, pues como el propio Elon Musk ha expresado, el modelo puede aplicarse a otros usos para navegar distintos ambientes, y está actualmente siendo probado en robots humanoides llamados Tesla Bots.

Recuerda, el valor está en los datos, y quien controle los datos controlará el futuro. Desde la ciberseguridad no podemos nunca perder el foco de cuál es la materia prima por la que operamos. Quien disponga de la mayor cantidad de información, dispondrá de un multiplicador de poder económico y social, particularmente a medida que nuevas herramientas de IA nos permitan exprimir más y más valor de los datos existentes, generando así mejores modelos predictivos que permitan a directivos (y a sistemas autónomos) tomar mejores decisiones. La ciberseguridad se encontrará en el centro de este proceso, minimizando riesgos para la organización y facilitando la digitalización y la integración segura de nuevos procesos y servicios. Es vital que los directivos perciban el valor estratégico presente y futuro del combustible que impulsará la revolución digital (que ya se encuentra en marcha) y que tomen conciencia de los riesgos y oportunidades que se presentarán.

3.2   Transformación digital y privacidad

Los procesos de transformación digital que se han producido en el último cuarto de siglo han convertido a la mayoría de las organizaciones en procesadores de datos y empresas de tecnología en mayor o menor medida. Particularmente, el sector de servicios, que durante años se mantuvo relativamente más alejado de procesos de automatización y de integración tecnológica, desde hace al menos dos décadas se encuentra fuertemente interpelado por la tecnología para brindar mejores servicios con mayor personalización a un público cada vez más demandante de reservas, gestiones y pagos en formato digital nativo.

Cada compañía ha transitado su propio proceso de digitalización y, dependiendo del negocio, el área geográfica, el desarrollo de competidores y las expectativas de los clientes, se han producido diversos grados de integración que exponen a cada organización a un set único de ciberamenazas. A estas alturas es seguro estimar que la tendencia es clara y avanzamos en dirección a una mayor digitalización, y en muchos aspectos, cuanto más rápido se avance en esta transformación, antes llevaremos nuestras organizaciones a nuevos niveles de productividad y calidad. La tarea aquí es facilitar este proceso y comprender cuáles son los riesgos y las oportunidades que pueden presentarse en el camino.

El amplio espectro de acciones que realizamos cada día, tanto a nivel de gestión organizacional como simplemente de orden personal, se encuentran en su mayoría mediadas por un dispositivo electrónico, y con mayor frecuencia un dispositivo conectado a Internet. Esta característica hace imperativo dedicarnos a comprender el potencial impacto de la información que nuestros dispositivos contienen de nosotros, la información que generamos en los dispositivos y, finalmente, cómo medimos y comprendemos el valor de dicha información en el marco de la ciberseguridad y la gestión estratégica. Lo que hoy son productos innovadores o de lujo, serán las necesidades básicas de las próximas décadas, y si hay algo que parece ser un factor común a nuevos productos y servicios es la mayor necesidad de captura y procesamiento de información. Como destacamos al comienzo del capítulo, en ciberseguridad nos interesa la asimetría que existe entre nuestra percepción personal de la información que generamos en comparación con cómo esta información puede utilizarse por terceros para extraer valor monetario, para modificar nuestro comportamiento, para afectar a nuestras decisiones o directamente en contra de nuestros intereses como parte de un ciberataque.

Comencemos por algunas ideas generales sobre qué tipo de conocimiento se puede adquirir sobre los individuos simplemente basándonos en interacciones promedio con diversos dispositivos:

1. **Dónde estamos:** Nuestros teléfonos son capaces de capturar nuestra posición física con gran precisión gracias al uso de GPS, pero esa no es la única forma de asignarnos una ubicación. Cualquier dispositivo conectado a wifi presenta también una ubicación de unos varios metros de precisión (el rango del wifi), ya que la mayoría de las redes wifi se encuentran mapeadas a una ubicación; por lo tanto, solo con estar conectado al wifi se puede inferir la ubicación con unos 10-20 metros de precisión. Similar cálculo puede realizarse con dispositivos Bluetooth, cuando su ubicación es fija, por ejemplo, dentro de un comercio. Conectarse a Internet sin VPN también transmite una ubicación, ya que las direcciones asignadas por el proveedor tienen un componente regional, por lo que es posible identificar al

menos el área geográfica. Las fotografías que tomamos tienen dos componentes de ubicación; por un lado, muchas guardan las coordenadas GPS del lugar donde se obtuvo la foto, pero, además, la tecnología actual y el talento humano nos permiten acertar con gran precisión dónde se tomó la fotografía solo con identificar detalles del fondo, como edificios, árboles, vehículos, etc.

2. **Qué decimos:** Las comunicaciones son la expresión del pensamiento y en nuestro hablar (y escribir) se manifiesta mucho de lo que pensamos. Cada vez que enviamos un mensaje, hay como mínimo tres espacios donde potencialmente es analizado. Tomemos como ejemplo un simple correo electrónico de Gmail. Cuando escribimos el mensaje, Google, el navegador y el sistema operativo están leyendo e interpretando qué queremos decir para ayudarnos con la ortografía, la gramática y el autocompletado. Cuando lo enviamos, ese mensaje pasa por muchos equipos que lo van acercando a su destino final, y cada equipo se queda con una copia de todos los metadatos (los datos del mensaje: fecha, hora, longitud, destinatario, etc.) y tiene el potencial de quedarse una copia del contenido del mensaje (si no está encriptado). Finalmente, una vez que llega a su destino, el mensaje será nuevamente revisado para ver si tiene virus o contenido malicioso, ilegal o spam y, por último, será revisado por el dispositivo final que presenta el mensaje al usuario. Como vemos, miles de interesados y potenciales intermediarios en cada comunicación hacen que los mensajes que enviamos

en formato digital deban considerarse como seudoprivados o parcialmente visibles por terceros.

3. **Qué hacemos:** Desde relojes inteligentes hasta cámaras de seguridad por toda la casa y la ciudad, la habilidad de diversos equipos de monitorizar nuestras actividades al detalle y en tiempo real es realmente sorprendente. Pocos autores de ciencia ficción pudieron predecir la combinación de la miniaturización de sensores, como en el caso del Apple Watch, con la tremenda capacidad de cómputo para interpretar y procesar la información. Veremos que, en muchos casos, la magia del dispositivo no ocurre en la captura en sí, sino en el procesamiento. Lo increíble no es que tenemos cámaras por toda la ciudad, lo increíble es que tenemos sistemas basados en Machine Learning y IA que permiten, con vídeos en tiempo real, identificar a las personas, reconocer sus caras, su forma de caminar, sus intenciones, los objetos que llevan, estimar sus emociones, saber si tienen fiebre y predecir con increíble precisión qué actividad puntual están haciendo. La capacidad de interpretación de datos, entre ellos los obtenidos en formato de vídeo, no debe subestimarse, pues en gran parte nuestro cerebro opera analizando *vídeo* en tiempo real y los modelos de IA están acercando (y en algunas instancias superando) las capacidades analíticas de las personas para interpretar y reaccionar ante un evento visual. Mientras que los humanos tenemos pantallas cada vez más pequeñas y más cerca de nuestros ojos (primero televisiones, luego teléfonos móviles y pronto quizá lentes de realidad virtual), los modelos de IA que

interpretan vídeo se vuelven más rápidos, con cámaras que ven más nítidamente, a mayor distancia, en un mayor espectro lumínico y con mayor precisión. La clave no solo estará en la detección, sino en la predicción.

4. **Qué pensamos:** Si bien este punto resulta más polémico, personalmente considero que se puede disponer de esta información combinando algunos de nuestros dispositivos, por ejemplo:

   a. **Qué buscamos:** Cualquiera que pueda ver nuestro historial de búsquedas de Google (sumando asistentes virtuales como Alexa) puede tener un mapa bastante preciso de cuáles son las ideas, tendencias, temas, pensamientos y curiosidades que pasan por nuestra mente. Lo cierto es que en Internet buscamos de todo: información asociada a algún síntoma o enfermedad, consejos laborales o amorosos, problemas legales… Las búsquedas van desde cómo bajar de peso hasta cuál es el significado de la vida; desde terapias naturales hasta cuál es el mejor vehículo de 2022; desde consejos para ser más productivo hasta cuál es el mejor software para editar vídeo… Todo nuestro pensamiento queda registrado en la información que buscamos consumir.

   b. **Qué miramos:** Plataformas como Netflix, Hulu, HBO Max y tantas otras que surgen regularmente tienen también información sobre qué tipo de películas miramos, cuánto tiempo pasamos buscando una película o una serie, qué tipo de series nos interesan, en qué momento de una escena adelantamos para no ver algo que nos molesta, etc. Todos estos comportamientos son analizados para determinar la mejor recomendación de la siguiente película o serie, lo que influye también en la producción de los próximos productos audiovisuales, pues se toman estos datos para hacer un producto lo más adictivo y masivo posible, sabiendo exactamente cuántas explosiones, qué nivel de sangre, cuántos romances, qué perfil de actores, etc. ayudan a viralizar contenido de la plataforma. Esta información se usa para producir contenido más *adictivo*. En segundo lugar, tenemos el vasto universo de YouTube y plataformas similares, donde la capacidad analítica y la precisión de los perfiles es aún mucho mayor. Estas plataformas saben qué temáticas nos interesan, en qué horario del día y hacia dónde va nuestra tendencia. Pueden ir probando nuevas temáticas, mostrándonos cuestiones de moda o interés general que pueden generarnos curiosidad o indignación. Un historial de vídeos en YouTube ciertamente representa la historia de una persona, su evolución y recorrido personal, sus intereses y su estado emocional. Similar mención podemos hacer de plataformas de vídeo en formato más reducido pero también adictivo, como TikTok, Snapchat o Instagram.

c. **Qué leemos:** En el caso de quienes son lectores en Kindle u otros dispositivos similares, toda la información asociada a qué leemos, cuándo leemos, qué destacamos y qué temas nos interesan representa información útil para comprender quiénes somos y qué pensamos. En el caso de aquellos que leen en papel, toda la investigación online sobre libros y autores provee similar información, aunque menos precisa.

d. **Qué escuchamos:** Plataformas como Spotify facilitan la centralización y el registro de la música y los podcasts que escuchamos. Desde luego, esta información puede utilizarse para perfilar los intereses de una persona y para comprender su estado emocional y su evolución en el tiempo. Recordemos que no es solo relevante conocer qué intereses tiene una persona hoy, sino su evolución en el tiempo, su progresión, cómo ha entrado y salido de temáticas, por ejemplo, viendo la progresión en los tiempos de escucha de diversos podcasts, las búsquedas y las listas a las que está suscripto. Estos factores pueden correlacionarse con otros eventos fuera de estas plataformas para tener un perfil aún más detallado del pensamiento de una persona en particular.

e. **Qué nos distrae:** Plataformas como Instagram, Facebook, Twitter, Reddit, Snapchat, TikTok y tantas otras redes sociales y espacios de esparcimiento representan un porcentaje tan alto en la cantidad de horas de los días de algunas personas que quizá ya no basta con decir que distraen, sino que parece que el trabajo distrae de las redes sociales. Aquí hay toneladas de datos valiosos para analizar a las personas a partir de sus intereses, tanto de forma indirecta, con el tiempo que pasan en cada tema, como de forma directa, cuando dan un "me gusta". Todos estos pequeños datos suman para hacer un perfil extremadamente preciso. Tan preciso es que Facebook, por ejemplo, tuvo el escándalo de Cambridge Analítica, que reveló como utilizaban los datos de las personas para perfilar anuncios políticos diseñados para sus intereses. Las redes sociales son un riesgo particularmente alto dada la cantidad de información disponible públicamente.

f. **Qué nos conecta:** Plataformas de redes sociales, pero también de mensajería, el registro de nuestras comunicaciones, con quién hablamos, cuánto tiempo, en qué horario, qué nos enviamos... Esta es la información que identificamos con el nombre de metadatos, pues no incluye el contenido en sí del mensaje, sino toda la información relativa a la comunicación. Sorprendentemente, el análisis de metadatos permite establecer un muy buen perfil de los vínculos de un individuo y su red de contactos sin conocer los contenidos de los mensajes. La relevancia de esta consideración es que estudiar los perfiles de aquellos con los que tenemos mayores vínculos o pasamos mayor tiempo permite desarrollar un avanzado perfil sobre nosotros mismos; por lo tanto, aunque nuestra información sea extremadamente privada, si la de nuestros vínculos o contactos más estrechos no lo es, también se puede utilizar esa información para perfilarnos.

5. **Qué compramos:** La existencia de sitios como Amazon o procesadores de pago como Visa, MasterCard y PayPal no dejan margen a la posibilidad de realizar transacciones de forma anónima sin aportar voluntaria o involuntariamente nuestra información con respecto a qué, cómo, cuándo y dónde compramos. Plataformas como Amazon se han convertido en motores de cálculo de deseo, pues de igual forma que Google sabe qué pensamos, Amazon sabe qué queremos. Nuevamente, aquí el valor del perfil no está solamente en la compra puntual, sino en la evolución temporal de las tendencias de compra. Nos movemos hacia compras más saludables, hemos dejado de comer carne, comenzamos a comprar productos para bebés o sin gluten o sin azúcar... Todos estos detalles no escapan a las enormes capacidades analíticas de estas plataformas. Durante un tiempo fue posible realizar operaciones anónimas pagando en efectivo o con criptomonedas. Hoy, las transacciones en efectivo están restringidas a los 1000 euros, como las extracciones del cajero automático de más de 1000 euros, que exigen a la entidad bancaria llamar al cliente y solicitar una justificación para retirar el efectivo. Y en cuanto a las criptomonedas, en su mayoría han (de momento) fracasado como alternativa orientada a la privacidad; es posible realizar

transacciones anónimas, pero estos pequeños espacios de privacidad se irán reduciendo paso a paso, igual que sucedió con el dinero en efectivo.

Lejos de enfocarnos en un tratado sobre el fin de la privacidad (quizá tema para un próximo libro), los puntos mencionados simplemente muestran superficialmente cómo es posible perfilar individuos basándonos en la monitorización de sus movimientos en los distintos aplicativos que utilizan. Vale destacar que actualmente esta información entre diversas plataformas no se combina para generar perfiles completos de usuarios, aunque es una ilusión creer que no puede hacerse en el futuro si existiera la voluntad o la necesidad. También es válido asumir que las agencias de inteligencia si cuentan con estas capacidades.

Esta información lamentablemente será utilizada en contra de las personas, como bien demuestra la historia de la civilización, incluso la propia historia del siglo XX, que a veces nos resulta tan lejana. Recuerda que fue hace menos de 100 años que Stalin, en el llamado Terror Rojo, invitaba al aparato represor del estado (NKVD, luego convertida en KGB) a perseguir a miembros de distintas comunidades [3]. Hace menos de 50 años desde que las dictaduras militares perseguían individuos en América Latina, menos de 20 años desde que ISIS perseguía a sus opositores... y es hoy en día que en lugares como Corea del Norte aún se persigue a personas por lo que piensan, hacen o dicen. Esta información que recolectamos en nuestros dispositivos es un reflejo de lo que pensamos y de lo que hacemos, y puede acabar siendo utilizada para controlar o para identificar personas contrarias al régimen de turno. Las fuerzas de Stalin usaban guías telefónicas para identificar personas cuyos apellidos se relacionaban a diversas comunidades perseguidas; hoy resulta trivial adquirir esta información online. Durante el nazismo, la comunidad judía era obligada a llevar una estrella amarilla para identificarlos, humillarlos y limitar su acceso a diversos servicios o partes de la ciudad; hoy sería sencillo implementar similares controles y limitaciones digitales a cualquier comunidad o grupo de individuos, con la posibilidad de resultar menos evidente para el resto de la población. Incluso hoy disponemos de avanzados mecanismos para identificar individuos que se comportan de forma similar; pudiendo reciclar los mismos métodos que se aplican en la publicidad online para encontrar consumidores con intereses o patrones de conducta similares.

Limitar o condicionar compras de pasajes, acceso a actividades, materias primas, energía o Internet pueden realizarse directamente a nivel bancario (bloqueando simplemente el pago con tarjeta o transferencia a una lista de individuos provista por las autoridades). Lo interesante de este método: no requiere la complicidad de ningún empleado o colaborador en las empresas proveedoras de bienes y servicios, quienes solo verán que la operación de compra aparece rechazada y nada podrían hacer el respecto. La desaparición progresiva del dinero en efectivo es condición necesaria para que el ejemplo provisto tenga el efecto esperado; a menor efectivo disponible, mayores riesgos de este tipo de abusos.

Si bien hoy este escenario parece lejano e imposible en Europa y en el mundo desarrollado, no debemos dejar de considerar que fue en estas tierras donde fuertes persecuciones fueron llevadas adelante apenas dos generaciones atrás. Aún vive gente que atravesó el terror de la segunda mitad de siglo XX en diversas zonas de Europa, Asia y América Latina, por solo citar unos ejemplos. Imaginar qué usos le hubieran dado a la información que disponemos ahora algunos personajes siniestros del siglo XX es una forma segura de perder el sueño por las noches. Comprender estos mecanismos también es comprender la ciberseguridad, tanto sea para proteger esta información de terceros como para gestionar quién accede a ella. Las organizaciones, como los mayores custodios descentralizados de información personal de los individuos, se encuentran en el epicentro de la ciberseguridad y los directivos deben al menos comprender el valor de la información que gestionan, desde el punto de vista material, social y político. Por ejemplo, en caso de una guerra, las organizaciones pueden ser objetivo de ciberataques para obtener información que ayude a identificar individuos u objetivos de valor militar o estratégico.

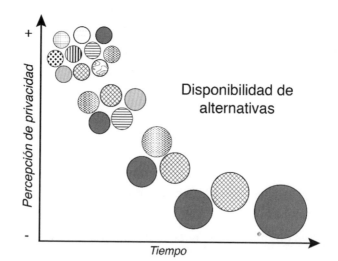

Lo relevante aquí es ampliar las consideraciones de lo posible para facilitar una evaluación de riesgos de ciberseguridad más alineada con la historia política y social, y menos con las características predominantes de la modernidad. Particularmente, la disminución de la percepción de privacidad facilita la identificación de los individuos en un número cada vez menor de grupos e ideas aceptables. En consecuencia, comienzan a escalar los costes de ocupar posiciones intermedias, las cuales son menos toleradas por una creciente cantidad de personas que van tomando posturas más radicales, empujando a los indecisos a ocupar las pocas alternativas existentes.

Retomando la visión organizacional, el siguiente paso es la extracción del valor que poseen los datos obtenidos. Esto requiere de un amplio procesamiento, de la combinación de millones y millones de esos pequeños datos, de diversos modelos matemáticos que permitan sistematizar los datos y de brillantes científicos y analistas que interpreten la información encontrada y generen resultados accionables para las organizaciones. Herramientas y conceptos como Big Data, Inteligencia Artificial y Machine Learning son algunas de las opciones con las que contamos actualmente para exprimir el mayor retorno sobre el coste de adquisición, almacenamiento y procesamiento de esos datos, y esta es una disciplina que está evolucionando a pasos agigantados. Tarde o temprano las empresas que busquen sobrevivir a la próxima crisis deberán encontrar formas de maximizar sus beneficios, aumentar la productividad, automatizar procesos y, fundamentalmente, encontrar modelos más óptimos de funcionamiento que los actualmente aceptados. En consecuencia, podemos suponer que aquellas organizaciones que hayan recolectado la mayor cantidad de información quizá sean las más recompensadas por las nuevas tecnologías, particularmente con AI para el entrenamiento de modelos.

Si bien hay una responsabilidad por parte del público de consumir productos orientados a la privacidad, también existe por parte de las organizaciones una necesidad de capturar y procesar esta información para mantenerse competitivas, por lo que requieren más datos, más procesamiento y más análisis, lo que genera modelos predictivos más precisos, más avanzados. No se busca detener el progreso, ni creo que sea posible parar la gigante masa de incentivos que hemos construido para perseguir la mayor captura de información; por el contrario, podemos argumentar con certeza que hay una correlación entre la innovación, la productividad, la eficiencia y la necesidad de continuar monitoreando. En palabras del propio Peter Drucker, "Lo que no se mide, no se puede mejorar" y, por lo tanto, es entonces labor de los directivos el encontrar el balance necesario entre la captura de datos, sus riesgos y sus oportunidades. Es su responsabilidad la protección de estos datos, que en gran medida pertenecen a terceros y cuya custodia ha sido entregada a la organización (de forma consciente o inconsciente). Lógicamente los esfuerzos en ciberseguridad deben guardar proporcionalidad con el valor de los datos almacenados, pero tome en cuenta el ejecutivo que en el cálculo de ese valor, debe considerar también el valor que tienen esos datos para los usuarios, y no solo para la organización.

Me permito cerrar aportando una pequeña luz de esperanza e informo de que hoy contamos con la tecnología y los mecanismos necesarios para capturar la misma cantidad de información sobre las personas pero de forma anonimizada, lo que permitiría a los individuos proteger su identidad. En el mejor de los casos, nuevas regulaciones o la propia concientización de la ciudadanía nos empujarán en la dirección propuesta; en el peor de los casos, esto llegará como consecuencia de información que haya caído en las manos equivocadas y que pruebe que este experimento de transparencia, fundada en la necesidad de mejorar las ventas, presentaba riegos asimétricos.

3.3   Amenazas de ciberseguridad

Comencemos con un ligero cambio de perspectiva: en lugar de enfocarnos en las vulnerabilidades de nuestros sistemas y organizaciones, procedamos a realizar una evaluación desde el punto de vista del atacante. Intentemos brevemente considerar a nivel estratégico qué tipo de individuos, organizaciones e intereses pueden estar detrás de adquirir nuestra valiosa información, y adicionalmente qué tipo de uso le pueden dar. Quizá la mejor forma de visualizar este tipo de ejercicio es mediante la construcción de un mapa simbólico, donde la organización se encuentra en el medio y de allí irradian los diversos caminos que llevan a la organización, similar a como todos los caminos llevan a Roma. Estas rutas podemos verlas como metodologías por las cuales un atacante puede llegar a la organización, y los distintos terrenos que atraviesa son las áreas de información por las que debe pasar para ir acercándose a su destino.

Como el camino a Santiago de Compostela, existen numerosas opciones para llegar al destino final, algunas obvias y públicas, otras solo conocidas por quienes conocen la zona (disponen de información interna o privilegiada). Al igual que las siete puertas que dan acceso a la antigua ciudad de Compostela, nuestra organización también tiene grandes puertas de acceso por donde esperamos que ingresen los empleados, proveedores, usuarios e invitados, pero con el paso de los años, la pandemia, los cambios de personal, los cambios de software y tantos otros procesos naturales en la evolución de la organización, nuevos accesos han ido apareciendo, en ocasiones lo suficientemente grandes como para que ingresen atacantes por allí. El siguiente mapa es una pequeña representación genérica de cómo invito a las organizaciones a conceptualizar posibles ataques, considerando más la posibilidad de un *camino* a recorrer por el atacante que simplemente una forma concreta de atacar. De este modo podemos representar mucho mejor la dinámica del atacante, su flexibilidad, y ver de manera más global, más estratégica, por donde están los caminos más claros que llegan hasta nuestra organización.

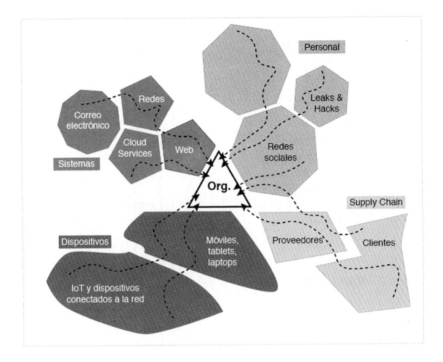

Cada organización haría bien en redactar su propio mapa de posibles atacantes o personas/organizaciones de interés, así como de potenciales formas de llegar a ser atacada. Su mapa puede ser muy diferente al ejemplo genérico aquí presentado, lo importante es más el ejercicio que el resultado concreto. Notaremos que, en el ejemplo anterior, los caminos representados con una línea punteada son caminos a seguir; los podemos conceptualizar también como la información que va adquiriendo el atacante hasta llegar a tener suficientes elementos para efectivamente hacer un daño concreto a la organización o a sus individuos.

Empecemos con dos categorías que suelen orientarnos a la hora de identificar adversarios, particularmente útiles si lo vemos como un juego de suma cero, donde la ganancia de uno corresponde a la pérdida del otro, aunque veremos que no siempre es el caso:

1. **Buscan una ganancia (extracción):** Podemos establecer que este es el tipo más común; se trata de profesionales que se dedican al crimen y buscan obtener una ganancia, ya sea por motivación propia o subcontratados por otra organización con objetivos concretos. Aquí podemos mencionar las categorías más comunes de ataque, como:

   a. Extorsiones mediante *ramsonware*.

   b. Robo y venta de información confidencial.

c. Robo de dinero, directamente o mediante transferencias falsas, estafas, facturas falsas, etc.

d. Secuestro y utilización de nuestros equipos para fines criminales. Muy común cuando un criminal tiene acceso a nuestros sistemas y determina que no hay ningún valor para extraer (por ejemplo, por ser una empresa muy pequeña) pero utiliza nuestro ordenador o nuestro sitio web para realizar ataques desde allí u ocultar sus huellas.

2. **Buscan una pérdida (impacto / afectación):** Este tipo de perfiles está más asociado al activismo o a las operaciones de inteligencia que a criminales en el sentido tradicional del término. Aquí consideramos atacantes cuyo objetivo es reducir nuestra capacidad productiva, nuestra reputación, nuestra habilidad de continuar en el negocio o nuestras posibilidades de ejercer nuestro trabajo. Entre estos podemos incluir:

a. Destrucción o sabotaje de equipamiento industrial necesario para la producción o distribución de bienes o servicios. En particular, la creciente interconexión de dispositivos industriales a las redes, con motivos de automatización o monitorización, expone las operaciones, en particular cuando parte del equipamiento que se utiliza es antiguo (lo que llamamos *legacy* en la industria) y emplea versiones anticuadas u obsoletas de sistemas operativos que son inseguros.

b. Daño a la reputación: Esto puede manifestarse de muchas maneras, por ejemplo mediante la publicación de documentación o correos internos de la compañía, como ocurrió con el *hack* a Sony; con cambios de diseño o contenido en el sitio web corporativo para enviar un mensaje a la comunidad; haciendo público el ataque para mostrar la vulnerabilidad de la organización o afectar el valor de sus acciones, o exponiendo parte de la intimidad de directivos, miembros del cuerpo ejecutivo o personalidades asociadas a la organización, entre tantas otras alternativas. Si bien la experiencia muestra que la mayoría de las organizaciones se recupera del daño transcurridos entre 6 y 18 meses, es recomendable considerar este tipo de riesgo y tomar las medidas pertinentes. Consideremos también que estos ataques pueden tener como objetivo a los clientes y no a la firma en sí, como ocurrió en el caso de Mossack Fonseca y los Panama Papers, donde la firma fue hackeada y más de 11.5 millones de documentos fueron publicados con el simple objeto de exponer a sus miembros. En la otra dirección podemos encontrar ataques como el ocurrido a Ashley Madisson, el famoso sitio para personas casadas que querían engañar a sus parejas: se publicaron más 60 GB de datos personales de usuarios y se sospecha que muchos fueron extorsionados con esta información (países como

Arabia Saudita tienen pena de muerte para el delito de adulterio). También está el ataque a Sony por parte de Corea del Norte previo al cancelado estreno de una película sobre su líder.

Nos detenemos especialmente en algunas formas de activismo o *hacktivismo* porque se espera que esta corriente crezca exponencialmente a medida que las nuevas generaciones adquieran talentos nativamente tecnológicos y las posibilidades de militancia en las calles presenten mayores riesgos y ofrezcan menores resultados. Hace unos años, cortar una calle generaba un caos circulatorio; hoy, las protestas deben ser masivas para generar algún tipo de impacto, protestas al estilo francés de movimientos de millones de personas o de daños significativos a la propiedad pública y privada. Sumado a esto debemos considerar la notable tecnologización de las fuerzas de seguridad de todos los países en materia de antidisturbios y antimanifestaciones. Policías entrenados para dichas tareas, con equipamiento adecuado y con un avanzado departamento técnico, son capaces de monitorizar con precisión a quienes participan en las manifestaciones, identificar sus teléfonos móviles, obtener fotos y vídeos de sus líderes, monitorizar su comportamiento online y generar perfiles de los manifestantes con asombrosa eficacia. Tecnologías desarrolladas originalmente para los servicios de inteligencia y los campos de batalla son hoy fácilmente puestas a disposición de fuerzas antidisturbios en la mayoría de las capitales del mundo. Incluso en países que podemos considerar menos desarrollados técnicamente hay un elevado uso de tecnologías de monitorización y prevención de manifestaciones y movimientos civiles o políticos.

Desde el punto de vista de la ciberseguridad, las herramientas tecnológicas asociadas a la vigilancia y al control permiten sobreponerse a la asimetría numérica entre manifestantes y policías. Una mejor tecnología permite a un estado más pequeño hacer frente a un mucho mayor número de disidentes que se oponen a una propuesta o regulación en particular. Narrativas tendientes a fomentar el miedo en la población también contribuyen a equilibrar esta asimetría numérica y facilitar la implementación de nuevas medidas de control y vigilancia. Con el tiempo esta dinámica volverá obsoleta la manifestación clásica y las confrontaciones pasarán al ciberespacio, donde los números en ambas partes serán, en principio, menos relevantes. No debería sorprender al lector el hecho de que serán las organizaciones que lideran las que se encuentren en el medio de los conflictos como potenciales objetivos del descontento popular, como ya ha ocurrido en procesos históricos previos que vieron varias contiendas sociales desarrollarse dentro de las fábricas y las empresas.

Así como es posible que el futuro de la guerra se dé en escenarios digitales o en lo que conocemos como el ciberespacio, también es esperado que en este espacio se presenten las batallas ideológicas de los próximos años. Me permito argumentar que ya podemos ver parte de esta contienda cuando consideramos lo que sucede en plataformas como Twitter, YouTube o Facebook y cómo diversos países y grupos de interés operan como usuarios avanzados. Estas compañías privadas, que se encuentran a medio camino entre ser medios de comunicación y plataformas de contenido generado por usuarios, tienen el poder de saber qué información es promovida y qué contenido es cancelado. Todos deberíamos meditar sobre quién toma estas decisiones, porque son quienes dictan la agenda de cuanto acontece en la actualidad, y son en parte los que promueven directa o indirectamente la aparición y proliferación de grupos de *hacktivistas*, facilitando así la expansión de sus narrativas, tanto sea si las cancelan y se mueven a espacios más radicales como si las promueven buscando generar interacciones y manteniendo al público en su plataforma.

Retomando nuestro análisis inicial, podemos proveer al lector de algunas ideas respecto a cómo valoriza un atacante la información y de qué forma esta puede ser utilizada para fines criminales:

1. Robo de identidad, que puede utilizarse para cometer otros crímenes, que van desde solicitar préstamos bancarios hasta utilizar la identidad robada para generar documentos falsos y cruzar una frontera, adquirir un vehículo o comprar artículos online de forma anónima sin levantar sospecha (como materiales con los que fabricar explosivos).

2. Fraudes varios, particularmente los asociados a compras y tarjetas de crédito para adquirir bienes en Internet o bien clonar las tarjetas para usarlas en cajeros automáticos.

3. Lavado de dinero. Como en los casos anteriores, la información de una persona, de su negocio o de su identidad puede ser utilizada por criminales para lavar dinero sin que el individuo en cuestión esté al tanto, asignándole un cargo o bienes a su nombre.

4. Financiación de terrorismo, en relación con los puntos anteriores. Las identidades falsas se utilizan para financiar u orquestar actividades ilegales, en ocasiones asociadas al terrorismo.

5. Extorsión e intimidación. Los criminales pueden usar la información obtenida para chantajear a la víctima y solicitar favores o dinero a cambio de no publicar la información comprometedora.

6. Acceso a infraestructura. Dependiendo del perfil de la información robada, esta puede facilitar el acceso a infraestructura crítica, a lugares de alta seguridad o a espacios protegidos, como puede ser el caso de robar la identidad de un empleado en una presa hidroeléctrica o de un guardia en una cárcel.

7. Como canal para otros ataques. En ocasiones la información o los activos obtenidos solo sirven para orquestar ataques más grandes, utilizando lo robado como intermediario, protegiendo a los verdaderos criminales bajo una capa adicional proporcionada por un inocente.

8. Para establecer perfiles de personas e intervenir en elecciones, en procesos democráticos o en diversos espacios de opinión pública al utilizar los datos obtenidos para influenciar más eficazmente a los individuos.

9. Para perseguir personas. La información personal respecto a religión, género, asociaciones políticas e ideológicas, nacionalidad, etc. puede utilizarse por parte de criminales

para realizar acciones direccionadas a victimizar ciertos grupos específicos.

10. Para intimidar. La información robada puede tener un impacto en las víctimas, pero también en el resto de la sociedad, que ve lo vulnerable de su situación y limita su acción. Por ejemplo, periodistas o disidentes son víctimas indirectas de *hackeos* por parte de criminales o servicios de inteligencia, pues ven en estas vulnerabilidades un riesgo mayor al ejercer su profesión o manifestar sus ideas.

Considerando que las amenazas tradicionales de ciberseguridad están más asociadas a lo operativo, al oportunismo del atacante y a la vulnerabilidad de la organización y que generalmente están más presentes en la mente de los equipos técnicos, he enfocado esta sección a los aspectos más estratégicos y especulativos que normalmente no forman parte del imaginario del directivo.

3.4   Valoración de los datos

Sigamos ahora la trayectoria de cómo un dato, una pequeña pieza de información, cobra valor, para quién lo hace y bajo qué circunstancias ese valor puede ser extraído para fines maliciosos. Comencemos por ver en el hacker o atacante a un coleccionista de datos, un recolector de información sobre las personas o sobre la organización, un clasificador, un investigador privado. Este atacante puede pasar semanas o meses juntando pequeñas migajas que espera combinar para encontrar una forma de ejecutar su ataque o conseguir la información adicional que necesita para ejecutarlo.

Internet está plagado de lugares donde encontrar información sobre personas y organizaciones; parte de esta información es muy sencilla de obtener y otra parte resulta más compleja, en ocasiones ilegal. Por ejemplo, podemos considerar el siguiente diagrama en forma de iceberg como guía simplificada de los pasos y la dificultad de acceder a los distintos tipos de información que podría recorrer un atacante:

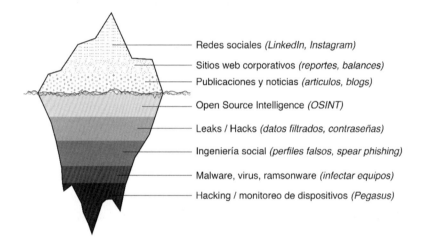

La recopilación de información se encuentra en el centro de un ataque exitoso. Se buscan los objetivos primarios y los eslabones más débiles en la cadena que permiten llegar a ellos, considerando también el nivel de esfuerzo y de riesgo que implica para el criminal acceder a esa información. Al contrario de lo que el imaginario popular piensa, el hacker, en lugar de robar un usuario y contraseña desarrollando un malware o virus, puede simplemente esperar en el Starbucks donde algún empleado lleve su ordenador y ver qué contraseña utiliza o interceptar sus comunicaciones si decide utilizar el WiFi del establecimiento. Aún más sencillo y menos riesgoso es convencer al empleado con alguna historia, desde la comodidad del sillón de casa, para que ingrese su contraseña en un sitio controlado por el criminal, con alguna excusa como confirmar la entrega de un paquete, confirmar el pago de algún servicio importante (agua, Internet, electricidad) o confirmar una operación sospechosa en su cuenta bancaria, entre tantas otras creativas opciones, siempre acompañadas de urgencia, una clara consecuencia (positiva o negativa) y de un breve horizonte de tiempo para realizar la acción solicitada en la forma específica que fue provista por el atacante (link o archivo recibido).

Podemos pensar al hacker como lo opuesto a un cerrajero: el hacker no intenta abrir una cerradura, busca pasar al otro lado de la puerta. Por ende, abrir la cerradura es su última consideración, antes buscará alguna ventana sin cerrojo, algún defecto en la colocación de la puerta o sus bisagras, alguna caja en el edificio con copias de llaves... O buscará una excusa para convencer a un vecino de abrir la puerta o simplemente se presentará vestido como un reparador de la empresa de gas en busca de una fuga advertida por un vecino. Las mismas reglas se aplican en el mundo virtual.

La información adquirida de diferentes fuentes se combina cual piezas de rompecabezas mediante el talento y la paciencia del atacante, que recopila todo lo disponible en la web, en persona, por teléfono y cualquier otro medio que ayude a sumar piezas. Todo lo que hemos comentado hasta ahora en este capítulo forma parte del arsenal del hacker para nutrirse de información sobre sus potenciales víctimas.

Cuantas más piezas se adquieren, más se completa el mapa, mayor valor adquiere la información que se posee y más optimo es el plan de ejecución que se puede diseñar. Los datos dispersos por Internet sobre nosotros o sobre la organización tienen la característica de presentar una muy buena representación de nuestra situación de ciberseguridad para quien se tome el trabajo de realizar una labor investigativa seria.

A mayor cantidad de información sobre nuestra persona u organización dispersa por la web, mayores las posibilidades del atacante de encontrar formas de atacarnos. Con un crecimiento no lineal, cada pequeño nuevo dato contribuye fuertemente al total de la información acumulada, para formar una imagen más detallada, más precisa, más útil y más accionable. Estas pequeñas piezas de información desperdigadas por Internet, en forma de fotos que tomamos con colegas años atrás, detalles en el fondo de fotos de allegados nuestros, publicaciones, discursos, presentaciones, menciones de otros colaboradores y tantas otras minucias que se acumulan con los años, se volverán municiones letales en el arsenal del hacker para preparar y ejecutar su ataque.

Desarrollar un modelo detallado de como un hacker o investigador adquiere información sobre una potencial víctima es un tratado en sí mismo y lamentablemente no podemos aquí abordar el tema en detalle. Invito al lector, si está interesado en la materia, a comenzar por profundizar en lo que se conoce como Open Source Intelligence (OSINT), el proceso por el cual información que está públicamente disponible puede ser recolectada, procesada y analizada. La OSINT es un arte en sí mismo y se parece más a lo que haría Sherlock Holmes en Internet que a una investigación tradicional. La OSINT utiliza los muchos de buscadores, catálogos y bases de datos dispersos por Internet y nos presenta alternativas y metodologías para explorar todo lo que puede saberse de una persona u organización. La OSINT como técnica investigativa a menudo se combina con herramientas de grafos como Maltego (utilizada por agencias de inteligencia y de policía, pero que cuenta con una versión gratuita limitada para el público en general), que permite crear mapas y conectar los diversos puntos de interés (datos) en una investigación, incorporando información física y digital, similar a lo que muestran las películas que realiza el FBI en un tablero con fotos y cordones rojos que unen las caras de los sospechosos.

Un ejemplo que nos puede ayudar a comprender el tremendo valor que tiene nuestra información y cuánto de ella está disponible públicamente en Internet es el caso de un crimen que se cometió en los Estados Unidos y que no había sido resuelto por las autoridades (lo que se conoce como un *cold case*). Durante la investigación policial los investigadores fueron capaces de recolectar ADN en la escena del crimen, pero no fueron capaces de identificar ningún sospechoso con el ADN encontrado, por lo tanto, el caso fue abandonado. Relevante a este caso es que desde que los exámenes de mapeo genéticos se han vuelto más populares, existen sitios en Internet que permiten subir los resultados de nuestra información genética para ayudar a encontrar familiares o parientes perdidos. Uno de estos sitios es GEDmatch, que existe desde hace unos 12 años y ya tiene 1.4 millones de miembros que han subido su ADN a esta base de datos pública. No pasó demasiado tiempo desde el crecimiento de esta base de datos hasta que la policía comenzó a utilizarla para contrastar ADN de casos no resueltos, y aquí es donde comienza lo interesante de nuestra historia: resulta que no es necesario que el criminal haya subido su ADN a la plataforma, sino que basta con que cualquier familiar lejano del criminal haya subido su mapa genético a la plataforma para que la policía identifique un porcentaje de probabilidad de tener un parentesco con el criminal. Aquí, entonces, cambia el juego de probabilidades, ya que la policía puede identificar qué familiares de la persona identificada estaban en las cercanías del crimen, reabrir el caso y en un notable número de casos atrapar al criminal.

Evitando entrar en una evaluación moral de la situación sobre lo positivo de haber atrapado al criminal, lo que podemos evaluar desde el ámbito de la ciberseguridad es cómo se utilizó información pública (OSINT) que un usuario subió de forma voluntaria, que permitió afectar a un individuo sin su consentimiento ni su participación. Lógicamente, este es un ejemplo extremo, sin embargo, análogas acciones ocurren frecuentemente cuando colegas, familiares, amigos, hijos y allegados, suben fotos, información, comentarios y otras pequeñas migajas de información que consideran inocentes y personales pero cuyo existir puede tener un impacto significativo en un tercero. Otro ejemplo que quizá el lector desconoce es la técnica (casi un deporte en algunas comunidades de Internet) que se popularizó con el juego *Geoguessr*, básicamente una plataforma para adivinar en qué lugar del mundo se está viendo una sola foto de Google Street View. Lo que comenzó como un juego se ha convertido en un talento y hay gente capaz de acertar en muchas ocasiones con exactitud dónde fue tomada una foto solo juzgando el fondo, los árboles, el terreno, las construcciones, etc. Como podrán imaginar, en primer lugar, esto permite identificar dónde estamos en una gran mayoría de fotos (incluso las que no subimos nosotros), y por otro lado, no presentará ninguna dificultad para un modelo de Inteligencia Artificial desarrollar estas capacidades y predecir dónde fue tomada una foto. Consideremos por un momento que fue en octubre del 2010 cuando Facebook lanzó la funcionalidad de reconocer rostros en las imágenes que subimos; hace 13 años ya existían modelos que nos recomendaban los posibles nombres de quienes aparecían en una foto recién subida. Solo podemos imaginar (o tener pesadillas) sobre las capacidades actuales de los sistemas de reconocimiento en imágenes, vídeo, sonido y otros marcadores biológicos o sociales. Nuestra forma de caminar, nuestra forma de escribir en el teclado, nuestra voz, nuestro accionar al navegar en Internet, nuestra forma de mover el mouse, nuestros horarios, incluso el tamaño de nuestro monitor o modelo del ordenador, todos son potenciales marcadores que pueden utilizarse (con mayor o menor precisión) para identificarnos. Cuando combinamos varias de estas fuentes circunstanciales, obtenemos una alta probabilidad de identificar a un individuo, tal como ha sucedido en el pasado con varios hackers que fueron detenidos en parte con estas evidencias. Es técnicamente posible anonimizar y encriptar correctamente contenido (fotos, correos, textos), pero es extremadamente difícil proteger a los usuarios de ser identificados basándose en su comportamiento.

3.5 Presencia online y persona digital

Los representantes de la organización se verían fuertemente beneficiados al considerar estratégicamente su presencia online, la de sus allegados, la de su familia y la de la organización en general. La modernidad implica una presencia cada vez mayor en Internet, pero aquí buscamos invitar a considerar un equilibrio, esto es, promover los beneficios de tener una marca personal, una voz y una identidad digital a la vez que se valoran los riesgos de cómo esta información puede utilizarse en contra de individuos o en contra de la organización. Recordar siempre que la ciberseguridad debe estar al servicio de las personas y no promover miedos o limitar el crecimiento o el desarrollo de individuos u organizaciones.

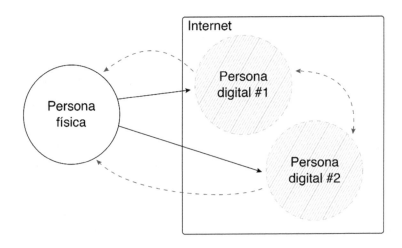

Introduciremos un concepto útil como marco teórico para evaluar nuestra presencia online al que llamaremos "persona digital", que es simplemente la representación del individuo en el ciberespacio. Cuando pensamos en cómo somos, quiénes somos y qué es lo que nos hace únicos también podemos extender estas preguntas (aunque a veces no tenemos respuestas en el mundo real) al espacio virtual. La persona digital, entonces, se convierte en esta proyección que generamos, esta huella que dejamos en las redes con cada una de nuestras acciones, desde fotos, artículos, notas en la prensa, participación en foros, conversaciones en redes sociales y todo lo que hemos realizado en Internet. Esta visualización de nosotros mismos en el ámbito digital puede ser única o múltiple, dependiendo del historial e interés del individuo.

Algunos individuos tienen múltiples personas digitales que son fáciles de correlacionar; otros han realizado una mejor tarea de separación y no son tan simples de identificar. Las razones por las cuales individuos tienen que generar varias personas digitales abundan y pueden ser personales, profesionales y hasta amorosas, pero desde el punto de vista de la ciberseguridad, disponer de personas alternativas para operar online es una ventaja que puede distanciar al atacante de su víctima. Podemos ver que estas personas digitales pueden tener fines inocentes y positivos, como celebridades o personalidades populares buscando participar en juegos online o *influencers* creando cuentas para interactuar con su propio contenido. Internet está repleto de personas generadas específicamente para un propósito, y como bien identifica la caricatura publicada en 1993 en *The New Yorker* por Peter Steiner, "en Internet, nadie sabe que eres un perro", que hacer referencia al anonimato predominante en la etapa temprana de Internet. En esta etapa más avanzada de la tecnología, es importante que el directivo se lleve la idea de que puede generar múltiples perfiles para mejorar su privacidad, pero principalmente debe desarrollar la habilidad mental de dudar de las personas que encuentra de forma virtual, pues nunca podemos saber quién está detrás del teclado.

Esta modalidad y flexibilidad la dominan con amplia ventaja los periodistas, los agentes de seguridad e inteligencia, los hackers, los acosadores, los criminales, los trolls y tantos otros personajes que abundan en la red buscando información, víctimas o diversión de forma anónima. Lo importante a considerar en este punto es cuál es la posibilidad de que un atacante sea capaz de correlacionar o unificar tus personalidades digitales, que puede ir desde haber utilizado un mismo correo electrónico, nombre de usuario o foto de perfil hasta conexiones desde el mismo ordenador o desde la misma ubicación geográfica.

La persona digital debería invitarnos a considerar cómo nos vemos desde el exterior, desde el ciberespacio. Qué información pública existe de nuestra persona y cómo se conecta con nuestra persona real. ¿Qué vectores o canales estamos exponiendo para ser atacados? Si disponemos de perfiles que consideramos anónimos o paralelos, ¿qué posibilidades hay de conectarlos con nuestra persona real? Desde el punto de vista de una persona viviendo en otro continente que tiene acceso a Internet y se ha obsesionado con nosotros, ¿qué información o herramientas le estamos brindando para acercarse a nosotros, al menos digitalmente? Si los resultados de esta investigación inicial son preocupantes, ayuda realizar estos ejercicios con un profesional con experiencia en este tipo de análisis, que como expresamos anteriormente se conocen como OSINT (Open Source Intelligence). Es aterrador ver cuánto se puede saber de nosotros desde Internet, particularmente cuando consideramos que esa información está disponible todo el día, a toda hora, desde cualquier lugar del mundo.

Recordemos que parte de la utilidad de identificar estas personas digitales se basa en la posibilidad del atacante de generar ideas o formas de conectar con la persona para convencerla de abrir un correo electrónico, descargar un archivo o facilitar más información, y puede ser tan sencillo como una persona que contacta con nosotros por LinkedIn para ofrecernos una oferta de trabajo con un paquete de remuneración extraordinario, para luego pedirnos que completemos algún formulario o descarguemos un archivo que se encuentra infectado, o alguien que contacte con un hijo nuestro en un juego online como Fortnite y haga que se baje un archivo que permita al atacante penetrar en nuestra red doméstica de WiFi para luego llegar a nuestro ordenador.

La persona digital es simplemente un marco teórico para ayudar al directivo a ver de forma más clara lo que encontrará un atacante. El directivo cuenta con la ventaja de conocer todas sus personas digitales, mientras que el atacante tendrá que descubrirlas y conectarlas. La importancia de este marco conceptual también nos puede ayudar cuando analizamos nuestra presencia online en términos de información que pueda resultar perjudicial o potencialmente ser usada en nuestra contra por los medios de comunicación u otro elemento que saque de contexto antiguos comentarios, fotos, videos o algún otro tipo de material comprometedor, ya sea por su posible daño de imagen como por su uso para extorsión. A mayor exposición pública, mayor necesidad de limpieza y orden en nuestros datos online y, particularmente, en la persona digital que proyectamos, no solo en el presente, sino la/las que construimos en el pasado.

3.6   Preguntas para reflexionar

Al igual que al final de cada capítulo, nos encontramos con la siguiente serie de preguntas que espero inviten a la reflexión, a la discusión interna y a la asimilación de los contenidos:

1. ¿Quiénes podrían estar interesados en la información que posee o genera la organización?
2. ¿Qué tipo de valor se le puede asignar a esta información para un potencial atacante?
3. ¿Es alguno de nuestros clientes o proveedores un objetivo atractivo? ¿Somos nosotros un buen canal para atacar a ese objetivo?
4. ¿Qué actividades o inversiones concretas hemos realizado en los últimos 12 meses para proteger la información de nuestra organización o de nuestros clientes, proveedores, etc.?
5. ¿Contamos con algún mecanismo para identificar filtraciones de datos?
6. ¿Cuándo fue la última vez que revisamos la información que almacenamos de nuestros clientes, proveedores y empleados? ¿Realmente seguimos necesitando toda esa información?
7. ¿Hemos considerado cómo la información que tenemos puede utilizarse en nuestra contra? ¿Y en contra de nuestros proveedores o clientes?

8. ¿Hemos considerado qué protecciones tenemos para asegurarnos de no perder nuestra información más valiosa? ¿Cada cuánto hacemos copias de seguridad? ¿Quién las gestiona? ¿Dónde y cómo se almacenan? ¿De qué forma están protegidas de una crisis en la organización?

9. ¿Sabemos qué se puede saber de nosotros y nuestra organización desde Internet? ¿Hemos validado cuánto de eso es cierto? ¿Cómo puede utilizarse en nuestra contra?

10. ¿Hemos investigado la existencia de algún perfil nuestro clonado? ¿De alguna empresa con un nombre similar?

---

[1] Y. N. Harari, *Homo Deus: A Brief History of Tomorrow*, HarperCollins Publishers, 2016.

[2] D. Kahneman, *Thinking, Fast and Slow*, Farrar, Straus and Giroux, 2011.

[3] T. Snyder, *Bloodlands: Europe Between Hitler and Stalin*, Basic Books, 2012.

[4] TechCrunch, «techcrunch.com», 15-12-2010. [En línea]. Disponible en: https://techcrunch.com/2010/12/15/facebook-uses-face-recognition-to-help-tag-photos. [Último acceso: 04 01 2023].

CAPÍTULO 4

CICLO DE VIDA DE UN CIBERATAQUE

4.1   Introducción

Es momento de avanzar hacia probablemente uno de los aspectos más desafiantes de la ciberseguridad y consolidar gran parte de la teoría que hemos visto en lo que daremos a llamar el ciclo de vida de un ciberataque. Aquellos pocos momentos que dura un ciberataque permanecerán para siempre grabados en la memoria de sus participantes y, dependiendo de la gravedad del mismo, dejarán las más profundas consecuencias en la organización y en los individuos que se vieron directa e indirectamente afectados. Es por ello necesario comprender como responder frente a un ataque y como gestionar la situación buscando minimizar el impacto, a la vez que se coordina una pronta y efectiva respuesta. Como el propio Viktor Frankl menciona: "una reacción anormal a una situación anormal es el comportamiento normal" y es de esperarse que un moderado nivel de caos se suceda durante un ciberataque [1]. La gerencia es clave para guiar la empresa a una salida organizada, aun cuando su conocimiento técnico sea limitado o nulo. Cuando todo parece estar en llamas, es cuando más se busca a los que realmente saben y a quienes pueden tomar las decisiones necesarias para avanzar hacia una resolución.

En el marco de esta discusión vamos a considerar un ciberataque como la incursión por parte de un adversario en nuestra red, ya sea con motivos destructivos o económicos, y a su consecuente ejecución de algún tipo de daño concreto al individuo o la organización. Menciono está definición porque quizá escapa a la mayoría de lectores que en Internet todos los servidores están constantemente bajo ataques de miles de *bots* (*robots*) que de una manera u otra intentan obtener información sobre nuestros equipos, servicios, versiones, vulnerabilidades y cualquier dato que pueda resultar útil tanto para buscadores como para atacantes. Internet está "vivo" en un sentido similar a como está vivo un organismo; basta con instalar un equipo o dar de alta un nuevo servicio para que miles de pequeños *bots,* cual células del sistema inmunológico, se acerquen a inspeccionar el nuevo objeto extraño. Algunas solo buscan saber de qué se trata, otras intentarán acceder probando contraseñas conocidas y vulnerabilidades obvias y otras buscarán ataques más sofisticados, quizá elevando una notificación al hacker si identifican una vulnerabilidad que puede ser explotada.

Al final del día, al igual que Google recorre Internet indexando sitios web, igual lo recorren miles de pequeños programas buscando información relevante para atacantes, identificando oportunidades. Debe considerarse que tal como expresaba Mark Twain, "he conocido muchos problemas, pero la mayoría nunca ocurrieron". De igual forma, Internet está lleno de amenazas para nuestros equipos, pero la mayoría nunca se materializa. Por otro lado, son tantos los posibles ataques que, aun dada su baja probabilidad, con el tiempo alguno de esos ataques logrará penetrar nuestra seguridad.

Naturalmente, el proceso de automatización del atacante guarda semejanza con un buen embudo de ventas, pues sistematiza la captura de *leads* que luego son evaluadas y clasificadas para ver si es justificable continuar con el ataque, quizá considerando criterios como:

1. ¿Tiene la víctima un modelo de seguridad sencillo y fácil de atacar?

2. ¿Presenta este ataque un potencial de ganancia significativo, considerando cuál es el nivel de capital que puede manejar la organización?

3. ¿Presenta este ataque una oportunidad de tomar el control de activos valiosos? Ya que tomar el control o ejecutar un *ramsonware* de un sistema poco crítico y del cual la organización tiene un *backup* no presenta grandes posibilidades de éxito.

4. ¿Requiere este ataque una fuerte investigación sobre la organización?

5. ¿Es posible realizar este ataque sin ser descubierto? ¿Cuál es la jurisdicción donde se encuentra el negocio? ¿Cuáles son las posibilidades de ser perseguido o capturado?

6. ¿Puedo simular que este ataque surgió de otro lugar distinto al que me encuentro? ¿Existe alguna forma de desligarme del ataque?

7. ¿Cuáles son las probabilidades de que este equipo vulnerable sea una trampa? Comúnmente conocidos como *honeypots* o "frascos con miel", son equipos diseñados para ser vulnerables que instalamos en nuestras redes con el fin de ver y monitorear quién ingresa en la organización.

8. ¿Posee esta organización información valiosa que puedo vender a competidores o en el mercado negro, como datos personales o comerciales?

9. ¿Me permitirá este ataque utilizar los equipos conquistados para realizar otro ataque más grande? Por ejemplo, tomando el control del correo electrónico de la organización para comunicarme con un cliente o proveedor y atacarlo desde allí.

Desde luego no todos los atacantes son tan sofisticados y juiciosos a la hora de considerar un ataque, pero estos criterios representan algunas consideraciones a tener en cuenta desde el punto de vista estratégico para considerar como de atractivos somos como objetivos. Cabe destacar también que estos criterios son válidos principalmente para ataques oportunistas; si la organización ha sido seleccionada como víctima, ya sea por cuestiones económicas, políticas, ideológicas o técnicas, entonces todos los puntos anteriores se vuelven consideraciones secundarias, pues el objetivo ya se ha fijado y solo queda evaluar el cómo atacar.

Si se considera con seriedad que la organización ha sido identificada como un posible blanco por un grupo avanzado de hackers o un estado enemigo, corresponde considerar el uso de un modelo de análisis más avanzado, como CARVER, diseñado por los franceses en la Segunda Guerra Mundial y aún en amplio uso militar para seleccionar y defender objetivos estratégicos. Sus siglas en español significan Criticidad, Accesibilidad, Recuperabilidad, Vulnerabilidad, Efecto y Reconocimiento. En sencillas palabras, este análisis busca comparar posibles objetivos, generando una matriz comparativa entre diferentes alternativas y asignando puntajes a los siguientes criterios:

- **C** - Criticidad: Sistemas esenciales e infraestructura crítica, cuellos de botella que pueden poner en riesgo gran parte de las operaciones.

- **A** - Accesibilidad: ¿Cómo de sencillo es acceder a bienes o sistemas en particular?, ¿cuál es su particular exposición?

- **R** - Recuperabilidad: Esfuerzo requerido para recuperarse frente a un ataque, tanto en tiempo, dinero u otros recursos necesarios para restablecer operaciones.

- **V** - Vulnerabilidad: ¿Cómo de vulnerables son nuestros sistemas, comparativamente y qué debilidades conocemos que pueden ser explotadas por el enemigo?

- **E** - Efecto: Magnitud de las consecuencias que resultarían del ataque. Que impacto tendría en la organización y sus operaciones.

- **R** - Reconocimiento: ¿Cómo de probable es que los adversarios reconozcan este objetivo como valioso o particularmente estratégico?

Idealmente este tipo de análisis nos permitirá comparar posibles objetivos dentro de la organización y asignar recursos específicos para su defensa utilizando un criterio analítico y moderadamente objetivo. También es un interesante ejercicio estratégico de defensa para realizar por ejecutivos en *workshops* y seminarios, donde pueden surgir valiosas discusiones y variados puntos de vista que pueden favorecer la estrategia integral de la organización.

4.2   Previo al ciberataque

Idealmente, una organización está preparada y cuenta con un poco de suerte; en históricas palabras de Aristóteles: "suerte es cuando la flecha se clava en la persona a tu lado" y en un mundo tan oportunista como el del cibercrimen, diversos factores pueden influir en los resultados. Es valioso comenzar con esta perspectiva porque la idea de sumar el sentimiento de culpa a una víctima de un ciberataque no aporta valor a la discusión y es, en mi opinión, parte del problema. Las organizaciones tienen sin duda un mandato de destinar los recursos necesarios para proteger la empresa y a los individuos directa o indirectamente vinculados, pero la realidad del talento criminal y de las miles de oportunidades que existen para el hacker es actualmente abrumadora para muchas organizaciones. Directivos leyendo este libro estarán dando los primeros pasos para ampliar sus consideraciones de ciberseguridad, aumentando su perspectiva sobre lo que implican algunos riesgos asociados a la tecnología, pero es necesario también que destinen los recursos pertinentes para que muchas de estas consideraciones no queden solo en el mundo de las ideas. Tiempo, dinero y liderazgo estratégico son los recursos mínimos para comenzar cualquier mejora de ciberseguridad. Previo a cualquier incidente, recomendamos que las organizaciones tomen como absoluto mínimo las siguientes medidas preventivas:

1) Reducir superficie de ataque

2) Invertir en prevención y capacitación

3) Plan de ciberseguridad que incluya políticas para proteger la organización

4) Plan de acción en caso de ataque

5) Plan de continuidad de negocio o regreso a la normalidad

Como muchas empresas no han seguido este camino, mi filosofía con clientes es hacer terapia de choque y trabajar con escenarios o simulaciones que acerquen la realidad del crimen a sus empresas. He denominado estos ejercicios *Hacking War Games* en homenaje a los famosos juegos de guerra (*War Games*) que son parte de cualquier círculo militar en el mundo moderno y antiguo. En estos juegos se busca presentar situaciones reales donde se persigue que los jugadores sean expuestos a diversas situaciones que replican escenarios posibles; en el caso de ciberataques planteamos escenarios como la captura del servidor de correos, un empleado enfadado, un empleado trabajando para un competidor vendiendo secretos, un activista llevando documentos a la prensa, un ataque de *ramsonware*, etc. Estas simulaciones presentadas en forma de partida, con jugadores realizando movimientos secuenciales en respuesta al movimiento del otro jugador (similar al ajedrez), obliga a los ejecutivos a confrontar la realidad de vivir un ataque por dentro y considerar las reales restricciones que presentan estas situaciones en su capacidad de gobierno y ejecución, sus comunicaciones con sus pares, proveedores, clientes, empleados y su habilidad para conocer la situación real y la magnitud del problema. La razón de estas simulaciones también es entender la dimensión de estas posibles amenazas, pues como bien resumía Lucrecio hace más de 2000 años: "el necio cree que la montaña más alta en el mundo equivale a la más alta que ha visto", y considerando que un gran porcentaje de los ciberataques no son debidamente reportados o no terminan en la prensa, es esperable que la mayoría tenga una visión relativamente reducida de los grandes problemas de ciberseguridad. [2]

Un inconveniente de la visión tradicional de ciberseguridad es la inversión en exceso en levantar murallas, en proteger nuestro castillo; sin embargo, poco nos detenemos a pensar qué vamos a hacer si los bárbaros logran pasar las puertas, saltar las murallas o si ya están dentro. Esto se refleja no solo en la seguridad digital, sino también en la seguridad física. Cuando comparamos las múltiples formas de alarmas disponibles enfocadas en detectar individuos ingresando en propiedades, no nos detenemos a considerar cuántas casas cuentan con habitaciones de pánico o medidas de seguridad internas, como puertas intermedias reforzadas, botones de pánico o procedimientos claros en caso de una invasión (salidas de emergencia, un móvil extra con batería, listas de contactos y otros artículos de defensa). Objetivamente, invertimos mucho más en prevención que en la gestión de incidentes. Naturalmente este modelo tiene más sentido en el mundo físico que en el mundo digital, ya solo por la obviedad con la que se detectan la mayoría de las invasiones físicas (versus la dificultad de detectar atacantes en nuestras redes). Tanta es la diferencia que una intrusión sin ser detectada en la antigüedad termina en una de las más grandes historias épicas, en palabras de Virgilio:

> "¡Qué locura tan grande, pobres ciudadanos! ¿Del enemigo pensáis que se ha ido? ¿O creéis que los dánaos pueden hacer regalos sin trampa? ¿Así conocemos a Ulises? O encerrados en esta madera ocultos están los aqueos, o contra nuestras murallas se ha levantado esta máquina para espiar nuestras casas y caer sobre la ciudad desde lo alto, o algún otro engaño se esconde: teucros, no os fieis del caballo." [3]

Recuerdo leer la historia de un grupo de marineros que fueron atacados por piratas en lo que se conoce como el cuerno de África dentro de un buque mercante. El barco había sido ampliamente preparado por empresas de seguridad para evitar un ataque, con cañones de agua, dispositivos sonoros de disuasión y otras medidas para desalentar el secuestro del barco, incluso armas de fuego montadas a los lados del buque. Una fortaleza flotante. Todo marchaba bien con los mecanismos de defensa hasta que se encontraron con un grupo de piratas lo suficientemente desesperados o temerarios para lograr subir al barco. La tripulación solo había sido preparada para evitar un abordaje; en cuanto los piratas lograron llegar a cubierta, nadie sabía qué hacer, cómo reaccionar, cómo gestionar la situación y cómo negociar y el pánico desbordó la situación, lo que trágicamente terminó con la muerte de uno de los tripulantes.

Aparentemente, nadie se había detenido a considerar que la seguridad no acaba en la prevención. Si los piratas logran entrar también debemos tener un claro plan para mitigar riesgos y que minimice los daños a la organización, a los bienes y a las personas.

Si destacamos esta dinámica es porque en tiempos de caos y en medio de un ciberataque no solo es relevante contar con el apoyo técnico de expertos, sino que es clave contar con un liderazgo que permita coordinar los esfuerzos de los individuos y navegue el barco con firmeza en medio de la tempestad. Los directivos harán bien en considerar estos escenarios antes de que sucedan, al menos para tener unos lineamientos básicos sobre como operar en situaciones de emergencia.

En los últimos años se ha dado una lenta pero sostenida transformación de la concepción tradicional de la ciberseguridad en las grandes organizaciones. Una nueva forma de percibir y gestionar amenazas que acompaña la nueva naturaleza más persistente de posibles ataques y atacantes. En un mundo que aumenta la frecuencia de conflictos tecnológicos en el ciberespacio y donde organizaciones dependen del correcto funcionamiento e interconexión con otras organizaciones para operar, ya no es posible continuar haciendo más altas las murallas y esconderse detrás, el ingreso y egreso de información es demasiado grande para filtrar a todos los enemigos en las puertas del castillo.

Está nueva visión de la ciberseguridad se encuentra plasmada en conceptos como Zero Trust (confianza cero), que considera prudente asumir que hemos sido invadidos y que dentro de nuestro castillo ya está el enemigo esperando la oportunidad para atacar.

La idea de la sospecha interna y la amenaza dentro de nuestras líneas de defensa nos obliga a romper con el paradigma anterior y a reflexionar sobre qué estamos haciendo para protegernos.

Todo sistema es vulnerable ante un atacante motivado, habilidoso y bien financiado. Situación que cobra mayor realismo cuando extendemos nuestras consideraciones no solo a hackers aislados, sino a grupos organizados de cibercriminales, servicios de inteligencia de naciones extranjeras y grupos de activistas que operan en un punto intermedio difícil de definir. Todos ellos extremadamente habilidosos, reclutando a los mejores expertos en cada área, financiados, motivados y listos para cumplir con su misión.

4.3   Ciberataque promedio

Como hemos establecido previamente, la gran mayoría de los ciberataques son bastante similares, básicos y relativamente obvios, basados en el oportunismo y en la explotación de vulnerabilidades o errores de configuración. En el otro extremo, mucho menos frecuente, se encuentran los sofisticados ataques de hackers que pueden pasar meses en nuestras redes, robando información, comprendiendo cómo funcionan nuestros procesos y comprometiendo credenciales, entre tantas otras actividades nefarias.

Según las muchas investigaciones forenses y lo que sabemos de un vasto repositorio de ataques previos, existe en la mayoría de los casos una significativa brecha entre el momento que un atacante entra en nuestra red hasta el momento en que es detectado, ya sea por un sistema de monitorización o porque el hacker decidió escalar su ataque y afectar algún proceso de la organización. Atacantes infiltrados pueden pasar desapercibidos desde algunas semanas hasta varios meses, siendo el promedio actual aproximadamente de 6 meses (aunque dado el alto porcentaje de ciberataques que no son informados o investigados en detalle, dudaría de que este promedio sea representativo). Contamos además con relativa poca información sobre ataques que se producen en pequeñas y medianas empresas, puesto que son las menos propensas a denunciar o a investigar a fondo estos ataques. Los limitados recursos de los servicios de policía especializados obligan a solo desplegarlos en casos con repercusión mediática o graves, lo que deja poca información concreta sobre los miles y miles de pequeños ciberataques que experimentan el público y las pequeñas empresas en general. Similar al escaso despliegue que se realiza al robar una bicicleta o un móvil, poco trabajo es dedicado a la persecución de estos criminales que en abrumadora mayoría viven en el exterior y del oportunismo del pequeño delito.

Sumado al tiempo que un atacante permanece dentro de las redes de la organización, será prudente también considerar las semanas o meses de investigación que puede emplear un atacante en recabar información de la compañía o de las personas que la componen, clasificarla y actuar. Este es un tiempo de exploración, de ver qué información se encuentra expuesta de la persona o la organización de forma pública mediante perfiles en redes sociales, información corporativa, sitios web y muchas otras fuentes disponibles en lo que se considera OSINT (Open Source Inteligence o inteligencia de código abierto). Hemos ampliado este proceso en capítulos anteriores, donde destacamos el valor de la investigación como parte necesaria para un ciberataque exitoso, aunque también es justo destacar que en ocasiones las propias escasas o nulas medidas de seguridad de la empresa hacen posible ingresar en sus sistemas sin siquiera conocer más que su sitio web o correo electrónico.

Cada organización presenta un valor diferente para cada criminal, y diversos tipos de criminales estarán observando la organización. No se pueden ni se deben mitigar todos los riesgos, pero tampoco se puede delegar toda la tarea en equipos operativos o tácticos. Es labor estratégica definir potenciales enemigos.

Por ejemplo, en esta etapa el criminal puede buscar entre los millones de combinaciones de usuarios y contraseñas filtradas para ver si alguna pertenece a la organización o a la víctima, y de allí obtener qué contraseña usaba en ese momento. Dependiendo de la persona, puede que esa contraseña se haya cambiado con los años o no, puede que algunos servicios a los que la persona está suscrita todavía utilicen esa contraseña o puede que la contraseña sea en sí misma un patrón que la persona todavía usa, como su nombre y el año en curso, o el nombre de una mascota y su fecha de nacimiento, o su año de nacimiento y el nombre del servicio. No solo abunda el uso de estas contraseñas, sino que cada vez que menciono alguno de estos ejemplos en mis presentaciones en directo, veo gente del público reírse, ponerse colorada o mirar hacia abajo porque saben claramente que aún las usan para sus más importantes aplicaciones.

Estas investigaciones que realizan los criminales también proporcionan información útil para la ingeniería social y para buscar alguna excusa para que el usuario descargue algún archivo o haga clic en algún link malicioso. A partir de los intereses personales o simplemente viendo fotos publicadas el atacante puede sacar miles de "excusas" para contactar con una persona. Puede ser personal de un hotel donde se hospedó, puede ser personal de la marca del vehículo que utiliza, puede ser personal de reparación o mantenimiento de aire acondicionado o equipamiento, pueden contactarlo para inscribirse en un torneo de su deporte favorito o con entradas para su banda de interés, etc. Existen infinitas excusas que pueden ser utilizadas por habilidosos atacantes para lograr sus objetivos. Desde luego esto no se aplica solo al individuo, lo mismo puede suceder a nivel organizacional, con invitaciones a eventos exclusivos, presentaciones a concursos, propuestas para sumarse a licitaciones o preventas, negociaciones con nuevos proveedores con mejores precios, propuestas para ser parte de una investigación de mercado o formar parte de un plan de beneficios impositivos, etc.

A este proceso que describimos se lo conoce como reconocimiento y, naturalmente, es la etapa inicial de cualquier ataque. En ocasiones, cuando las organizaciones se encuentran altamente vulnerables, el hacker puede sacar ventaja de esta ventana de oportunidad y luego considerar cómo extraer un valor de la situación, como cuando un atacante encuentra credenciales para entrar en alguna empresa o descubre una vulnerabilidad en sus sistemas mediante sistemas de búsqueda automatizados. Los hackers también pueden intercambiar, comprar o vender estos accesos en mercados negros a otros hackers para ser explotados. Diferentes expertos pueden dividirse el trabajo o contratar especialistas en tareas puntuales, o incluso vender accesos a compañías a otros hackers que se especializan en la obtención de información o en el *ramsonware*.

Un ataque no necesariamente requiere un hacker exclusivamente dedicado, y varios hackers pueden estar trabajando en varios ataques en simultáneo. El ataque es mucho más preparación que ejecución, por lo tanto varios objetivos pueden ser preparados en paralelo, mientras se espera a tener más información, al momento ideal para atacar o a haber conseguido equipamiento de alguna víctima previa para realizar el ataque. Esta es una práctica relativamente común, en la que los atacantes buscarán proteger su identidad utilizando los ordenadores previamente secuestrados (de forma virtual) a otras víctimas, y que pone en valor la necesidad de proteger nuestros ordenadores aunque no tengamos nada de valor en ellos, pues pueden ser utilizados con otros fines sin nuestro conocimiento. A menudo los equipos pertenecientes a pequeñas empresas son hackeados para ser utilizados en otros ataques y cubrir las huellas del criminal. Esta tendencia, sin embargo, se ha ido reemplazando por simplemente instalar *ramsonware* para obtener dinero rápido (aunque limitado) de negocios familiares o pequeñas y medianas empresas.

Desde un marco teórico más tradicional, veamos los pasos típicos a seguir en ciberataques que se enseñan en cualquier formación, tanto para defensores como para atacantes:

Fase 1 – Reconocimiento: Esta etapa se caracteriza por la identificación de información relevante sobre la víctima. Como mencionamos anteriormente, existen varias modalidades de captura de información: la que existe públicamente, en organismos de gobierno, aquella que generamos en redes sociales, la que publica la organización, aquella que se filtra en ataques anteriores a otros sitios... Esto, sumado al uso de ingeniería social y otras herramientas de automatización, permitirá investigar qué tipo de equipamiento usa la organización y si posee vulnerabilidades que pueden ser aprovechadas. Como un detective que sigue a su objetivo, recolectando pequeñas piezas que le permitan construir una historia y una entrada al mundo de la víctima.

Fase 2 – Armamento y planificación: Con la información del paso anterior se procede a diseñar un plan de ataque. Se tomarán en consideración los objetivos del ciberataque, pero también las oportunidades que se pueden presentar, la mejor estrategia de entrada y salida, la selección de las víctimas individuales y la organización general del ataque. También se definirá aquí el medio por el cual el ataque será ejecutado y se pueden incluso realizar pruebas de concepto (adquiriendo equipamiento o sistemas similares al que usa la víctima) o ejecuciones parciales para validar vulnerabilidades en los sistemas objetivos. Si el ataque requiere la creación de programas, virus, malware o cualquier otro tipo de herramienta, esta es la etapa donde estas piezas serán desarrolladas, adquiridas o subcontratadas.

Fase 3 – Ejecución del ataque: Momento de pasar a la acción y arriesgarse a ser identificado o detectado. Se procede a seguir el plan establecido y se intenta acceder a la red de la organización o a comprometer algún equipo, dependiendo de cuál sea el objetivo de la misión. Naturalmente, esta etapa es la más arriesgada, ya que pondrá a prueba los sistemas de protección de la organización, sus procesos y la capacidad de su personal de responder correcta o incorrectamente ante la ingeniería social, puesto que esta etapa puede incluir la apertura de un archivo, la inserción de un USB, la descarga de un fichero o alguna otra acción por algún individuo en la organización para facilitar el acceso. Esta etapa también separa a los atacantes talentosos de la mayoría, puesto que requiere habilidad, flexibilidad y creatividad para ajustar el plan y la ejecución en tiempo real basándose en las respuestas que el atacante encuentra por parte de los individuos y la organización. La selección del momento de atacar es clave también, pues se han de buscar momentos en los que la organización se encuentre vulnerable o sus principales miembros estén de vacaciones o realizando actividades que dificulten su involucramiento en la detección o solución del problema.

Fase 4 – Explotar la brecha de seguridad: Una vez dentro de la red organizacional, los atacantes deben moverse dentro de la misma hasta alcanzar su objetivo final. Generalmente, la puerta de entrada a una red, como puede ser el ordenador de un empleado que abrió un link o un servidor vulnerable, no necesariamente permite alcanzar el objetivo original; por lo tanto, los atacantes deben trabajar en ocasiones durante meses para lentamente moverse dentro de la red. Esto se conoce como "movimiento lateral" e implica que el atacante incremente su habilidad de hacer daño, explorando la estructura organizacional, identificando dónde se encuentra la información valiosa y definiendo también un proceso de salida que permita limpiar sus pasos. Un ejemplo de creatividad: supongamos que un atacante ha logrado acceder al ordenador de un empleado de baja jerarquía en términos de permisos dentro de la red (imaginemos que alguien en la recepción aceptó un dispositivo USB para imprimir un CV para una entrevista). Con dicho ordenador y tan limitado usuario, es poco el daño que se puede hacer, por lo que el atacante hará que el ordenador funcione mal o muy lentamente para que el personal de recepción llame al servicio técnico. Cuando este se conecte al equipo para ver qué sucede, le robará sus credenciales mediante un software que capture todo lo que se escribe en el ordenador; por lo tanto, el atacante pasará de tener el "poder" de un recepcionista al "poder" de un usuario de soporte técnico.

Fase 5 – Comando y control: En este punto, los atacantes tienen completo o avanzado dominio de nuestra infraestructura y red, y han instalado sistemas de comando y control a distancia para poder monitorizar la organización, ejecutar tareas y procesos a discreción, manipular nuestros sistemas y equipos y tantas otras tareas que normalmente asociamos a los equipos de tecnología. Básicamente se han convertido en nuestro equipo de tecnología en las sombras, y en teoría pueden hacer lo mismo que podría hacer nuestro propio personal. Si llevamos la analogía al robo de una casa, esto es similar a tener una copia de las llaves, el código de la alarma, acceso a las cámaras de seguridad y el contacto de todos los vecinos para avisarles de que no se preocupen si escuchan ruidos.

Fase 6 – Cumplir objetivos: Finalmente, con la red a su servicio, los atacantes procederán a cumplir con sus objetivos primarios, como llevarse una copia de nuestras fórmulas secretas, contratos de precios con proveedores y clientes, pronósticos de ventas, información preliminar de balances para las empresas que cotizan en la bolsa y tantos otros datos que pueden ser de valor para los atacantes. Si el objetivo era afectar la imagen de la organización, aquí es cuando veremos el sitio corporativo afectado, o las cuentas de redes sociales publicando información incorrecta, o cualquier otro ejemplo de daño reputacional que podamos imaginar. Si el objetivo era estratégico-disruptivo, como puede ser en una planta potabilizadora de agua, una central hidroeléctrica, una planta nuclear o una refinería, aquí será el punto donde los sistemas comenzarán a fallar, quizá solo afectando el software, quizá también modificando el software para que las aspas de una turbina giren más rápido de su tolerancia y se destruyan, dejando la planta incapaz de operar durante semanas o meses.

Fase 7 – Limpieza y retorno: En función del atacante y el tipo de ataque, este paso puede tener diferentes resultados. En general se espera que el hacker busque borrar sus huellas, pero no es raro encontrar que deje huellas intencionales que apuntan a otras organizaciones, por causas políticas o económicas. Un atacante (por ejemplo) estaría incentivado a dejar evidencia de que el ataque fue perpetrado por Corea del Norte, dejando pequeñas pistas que pueden llevar a estas conclusiones; por un lado, demorará las investigaciones de los especialistas forenses y fuerzas de seguridad, pero por otro lado, proporcionará una historia sólida y una narrativa para la prensa si el ataque fue lo suficientemente grande o popular como para requerir explicaciones a los ojos del público. Considerando la complejidad de los escenarios políticos de la actualidad, es de esperar que veamos un incremento en este tipo de actuaciones asociadas a los responsables del ataque, ya que pueden usarse para justificar diferentes medidas y sanciones. El dilema en esta situación para algunos gobiernos radica en que probablemente tienen herramientas para identificar con moderado grado de precisión de dónde surgió el ataque, pero prefieren no revelar cómo llegaron a esa conclusión, probablemente porque implicaría preocupaciones entre el público y medidas de otros países para mitigar la monitorización y el análisis de las comunicaciones internaciones. La ventaja competitiva en términos de análisis de comunicaciones es más valiosa cuando los adversarios la desconocen, por lo que se buscará mantener esta posición el mayor tiempo posible. En consecuencia, es probable que terminen generando una narrativa basada en información endeble obtenida de los equipos atacados. Finalmente, en ocasiones los atacantes dejan instaladas puertas de acceso trasero para poder retornar a la red en caso de necesitarlo en el futuro. Solamente la posibilidad de esta situación obliga a los expertos a revisar exhaustivamente toda la red tras un ataque, para asegurarse de que los atacantes no pueden regresar y de que no dejaron ninguna puerta de acceso.

Estos puntos son los que *debería* seguir un atacante, pero también sabemos que las facilidades de experimentar y conseguir entrar en las redes de organizaciones pueden modificar estos pasos significativamente. Infinidad de libros, videos y tutoriales online presentan suficiente contenido para convertir a una persona con mínimos conocimientos técnicos en un hacker moderadamente efectivo en unos meses. Esto se debe a dos variables, por un lado la poca seguridad existente en las empresas y, por otro, la creación de herramientas de hacking cada vez más avanzadas y automatizadas. Herramientas que requieren poco talento (y un poco de suerte) para poder ser utilizadas. Herramientas que también se combinan con avanzados programas utilizados por hackers y agencias de inteligencia que con el tiempo van apareciendo en los foros, como fue el caso de las herramientas de hacking de la NSA (National Secuirty Agency; Agencia de Seguridad Nacional de Estados Unidos), que fueron ofrecidas al público por el grupo criminal The Shadow Brokers, lo que permitió que cualquier criminal o adolescente tuviera acceso a estas avanzadas tecnologías.

Esta aparición fue más que meramente código publicado, fue, efectivamente, hacer disponibles al público armas (*cyber weapons*) desarrolladas por Equation Group, uno de los grupos de elite de la NSA ,encargado del desarrollo de armamento ofensivo en el ciberespacio (léase herramientas de hacking para penetrar o comprometer sistemas enemigos). A partir de su publicación, este código estuvo disponible para que cualquiera lo incorporara en su propio arsenal de hacking, y no paso mucho tiempo hasta que nuevas variantes de virus y de *ramsonware* utilizaran estos mecanismos para hacer sus aplicativos más peligrosos. Nuevos traficantes de *cyber weapons* existen en diversos foros en la Deep Web, donde intercambian código y donde se compran y venden vulnerabilidades para incorporar en sus productos. Los nuevos señores de la guerra digital pueden pasar sus armas por cualquier frontera sin ser detectados y pueden incluso ofrecer sus servicios a comisión de los ingresos obtenidos en los ataques.

Considerar el hacking como una nueva forma de guerrilla, y el ciberespacio como un nuevo teatro de operaciones de conflictos internacionales, presenta nuevas consideraciones estratégicas para las organizaciones, especialmente aquellas que pueden ser objetivos estratégicos. En el ciberespacio el concepto de una línea clara que separa amigos de enemigos desaparece, particularmente considerando las interconexiones que existen entre las redes de los diversos países, que comunican empresas, bancos, gobiernos, recursos, productos, servicios y personas. El rol del soldado tradicional y el impacto de sus números en el campo de batalla pasa a un segundo plano frente al potencial uso de nuevas tecnologías que pueden dejar una ciudad a oscuras sin necesidad de bombardear una central eléctrica. Tal es la preocupación sobre el monitoreo y este tipo de armamento cibernético desarrollado por gobiernos que países como Rusia y China buscan recuperar su soberanía digital generando sus propias versiones de "Internet" donde tienen control de su territorio digital y donde pueden gestionar las interdependencias con recursos extranjeros. Es por ello que operar en China o Rusia (por solo citar los ejemplos más destacados) requiere que los datos permanezcan en sus países y que las tecnologías que se usen para encriptar estos datos sean las aprobadas por sus gobiernos.

Es posible anticipar que la Inteligencia Artificial tendrá un impacto en ambos bandos de este conflicto, con hackers utilizando las capacidades de la IA para entrenar modelos capaces de realizar ataques de ingeniería social, de fingir conversaciones o de producir modelos que ayuden a identificar vulnerabilidades en sistemas, Mientras que quienes defienden comenzarán a utilizar IA para identificar comportamientos asociados con atacantes y los detectaran de forma temprana en la red. Me inclino a pensar que la ventaja neta la obtendrán los atacantes por un largo tiempo, dada la posibilidad que tienen de optimizar modelos para diversos ataques. Y resulta interesante considerar qué actitud tomarán los diversos gobiernos una vez que veamos el uso de IA para fines maliciosos en amplios ámbitos, desde el *bullying* (agresiones online) al *grooming* (acoso a menores), desde la generación de contenido falso *(deep fakes)* hasta el *phishing* (correos para engañar a los usuarios). No sorprenderá ver el aumento del uso de IA como arma en los conflictos virtuales futuros, y su expansión al uso de equipamiento autónomo de combate en el campo de batalla tradicional. Miles de drones controlados remotamente por pocos operadores apoyados con IA y que cuestan apenas unos pocos euros por unidad pueden acabar con infraestructura crítica, barcos, aviones o vigilar kilómetros de fronteras y zonas urbanas buscando y notificando cualquier cambio de comportamiento o novedad que merezca la intervención de un operador humano.

Los hackers también cuentan con una ventaja natural basada en la avanzada edad de algunos usuarios de Internet, a quienes la web y el uso de dispositivos móviles les presenta amenazas menos perceptibles. También los muy jóvenes son víctimas fáciles de atacantes, quienes pueden interactuar mediante videojuegos o diversas aplicaciones de chat para invitar a los menores a hacer clic en un link o descargar un archivo. Para el atacante ambos extremos etarios de la sociedad pueden presentar oportunidades para ataques de ingeniería social. Si a esto le sumamos el amplio porcentaje de ciudadanos que realmente no tienen ni la menor idea de cómo funciona la tecnología de Internet, su ordenador, su móvil o las criptomonedas y que quieren hacerse ricos fácilmente, conseguir descuentos, entradas exclusivas o ganar la lotería, vemos que las oportunidades de éxito están inclinadas fuertemente en favor de los atacantes.

El buen atacante aprovechará cualquier ventaja que se presente; esto incluye eventos o noticias de actualidad, como una nueva legislación o cambios de política en alguna plataforma, lo que hará que envíe correos a los usuarios solicitando quizá *renovar o confirmar* sus credenciales. También se aprovechará de los eventos personales que promocionemos en redes sociales, como bodas, viajes, congresos... O bien de nuestro interés por ganar o ahorrar dinero, sea en forma de entradas gratis, descuentos para productos o servicios, accesos VIP y tantos otros trucos que vayan surgiendo. Generalmente estas invitaciones vendrán acompañadas de algún tipo de "urgencia" para actuar y serán enviadas en momentos o situaciones que dificulten su validación, como fines de semana, feriados o vacaciones. Pese a los avances en la tecnología, el correo electrónico sigue siendo el canal preferido por atacantes para comenzar sus ataques. Variantes en diversos aplicativos de mensajería son similarmente utilizados y, en el fondo, siempre es más fácil y económico engañar a una persona que hackear redes y ordenadores.

4.4   Simulando un ciberataque

Si aún no ha sido víctima de un ciberataque y con la esperanza de que la información presentada en esta sección pueda ayudarle a prepararse mentalmente para una futura confrontación, procederemos a describir algunas de las características que utilizo en mis simulaciones y presentaciones para transmitir parte de la experiencia. Desde luego, esto es un modelo de ataque y no se aplica a todas las organizaciones, pero los aspectos principales suelen mantenerse similares en distintos escenarios. El directivo de una organización bajo ciberataque estará expuesto a los siguientes elementos, que pueden comenzar de dos formas: lenta o abruptamente. Esto representará indirectamente el talento del hacker, sus objetivos y las habilidades de la organización.

Inicio del ciberataque (lento): Lo primero que sucederá es que se recibirá un mensaje de algún usuario que haya identificado algo fuera de lo común, algo lo suficientemente extraño para llamar la atención de aquel que realiza su trabajo de forma rutinaria y que encuentra rápidamente pequeñas desviaciones en los procesos. Quizá sea una nueva orden que no se sabe quién la creó, un sistema que parece haberse desalineado de las expectativas o un correo sospechoso sobre algún cambio en el sistema. En ocasiones puede comenzar de forma externa, con algún cliente o proveedor que nos consulta respecto a una factura sospechosa que recibió, un cambio de cuenta bancaria o un acto administrativo o financiero que resulta fuera de lugar.

Está información puede que simplemente se mencione internamente como una anomalía; si nadie responde a este incidente, con el tiempo es probable que continúe creciendo a medida que el atacante se da cuenta de que no ha sido detectado. Por lo tanto, está anomalía tenderá a repetirse o continuará afectando a distintos sistemas o procesos. Dependiendo del perfil del atacante y sus objetivos esta situación puede extenderse por varios meses. Recordemos que el atacante puede no estar interesado solamente en extraer dinero, sino también podría haber patentes que se pueden vender a la competencia, bases de datos con información de clientes que pueden ser usadas para futuros ataques o simplemente quiere utilizar la organización como vehículo para atacar a otra empresa relacionada.

Al final, el caudal de pequeñas anomalías llegará, dependiendo del tamaño de la organización, a los oídos de la gerencia, donde se requiere un rol activo en incentivar una investigación más seria del problema. Las señales de infiltración son bastante obvias cuando se sabe dónde buscar, y es posible recibir una confirmación positiva en pocas horas. Responder preguntas respecto a cómo el atacante ingresó, hace cuanto tiempo que está en nuestra red, cuáles son sus capacidades actuales de operar en nuestra infraestructura y cuál es el impacto total, entre otras, puede llevar varios días o semanas, pero con una rápida investigación se puede llegar a la conclusión fehaciente de encontrarse bajo ataque.

Inicio del ciberataque (abrupto): Por el contrario, si fuese un ataque de *ramsonware* o uno que busca el sabotaje generalizado de la organización, la identificación sería inmediata y obvia, y dependiendo de la pericia del equipo se podría detener o demorar. O el ataque podría ser total a toda la red. Muchos factores técnicos influyen en el daño que se causará, pero desde la perspectiva del directivo, simplemente será notificado una vez que el daño está hecho y pocas opciones quedan abiertas para mitigar su impacto en sí (posiblemente ya producido). El foco se pondrá en la restauración de la normalidad operativa.

El directivo posiblemente reciba esta notificación en un momento de baja presencia de personal, como puede ser un fin de semana, un periodo vacacional o días festivos. Momentos particularmente apreciados por los atacantes debido a la reducida capacidad de reacción de la organización. En ocasiones, los ejecutivos se enterarán por terceros antes que por los propios empleados, pues algún proveedor o cliente comenzará a notar algo extraño y avisará a la organización, situación relativamente frecuente en pequeñas y medianas empresas que no disponen de sistemas de monitoreo o control. Por citar un simple ejemplo: ¿cómo de seguido visita la empresa su propio sitio web o valida que funciona correctamente?

El caos: Aquí radica el aspecto más difícil de transmitir y generalizar pero cuyas tendencias son relativamente universales entre organizaciones. Por un lado, empresas pequeñas y medianas no tendrán desarrollado un plan de acción y contingencia, por lo que a partir de la detección del incidente todo será improvisado por el director de la compañía, y posiblemente en las primeras horas vía llamadas telefónicas. El caos comunicacional está garantizado en la mayoría de las organizaciones, con una fuerte demanda de información por parte de todos los interesados (empleados, clientes, proveedores) y una ausencia de claridad por parte de los especialistas, que no se animan a proveer certezas.

Mientras que a nivel estratégico el ciberataque puede no ser lo peor que le ha sucedido a la organización, a nivel operacional es la mayor crisis que el equipo de tecnología atravesará, y este se encontrará verdaderamente desbordado por la situación. Considerando la limitada documentación de muchas redes, procesos y servidores, los equipos de IT difícilmente puedan responder a las preguntas importantes en el corto plazo y solicitarán más tiempo para investigar a fondo, descartar nuevos ataques, limpiar los sistemas y restaurar los equipos. Sea cual sea la estimación recibida, doblar o triplicar esa estimación es una apuesta segura en este momento.

Es aquí donde la dirección debe tomar distancia de la operación. Lo que es un problema técnico debe considerarse como tal, y el foco de la dirección debe estar puesto en los aspectos estratégicos del ataque, principalmente en esta etapa temprana en la comunicación interna y externa, y en la organización y priorización de tareas. Los equipos de IT encontrarán estos tiempos más desesperantes y pasarán largas horas (y días) intentando solucionar los diversos problemas, pero lo que el ejecutivo necesitará antes que *soluciones*, son respuestas y estimaciones. A nivel estratégico puede no ser tan relevante restaurar los equipos 6 o 12 horas después, pero puede ser clave para el futuro de la organización qué y cómo informamos a nuestros clientes de lo que está ocurriendo y cuándo creemos que podremos continuar operando.

Empresas más grandes formarán lo que se conoce como un *War Room*, básicamente una sala de reunión que se dispone solamente para debatir, acumular información y comunicar temas asociados al ataque. Recomiendo aquí que el directivo tome distancia del minuto a minuto del ataque y deje a los equipos técnicos un poco de aire para que puedan explorar varias alternativas, aunque ciertamente lo invito a crear una agenda de reuniones pautadas (varias veces al día si es necesario) para informarse del progreso en los diversos temas y comunicar las decisiones a todo el grupo de forma clara y directa. Es importante también que el ejecutivo pueda plasmar una serie de preguntas claras y limitadas a los equipos técnicos, y que las mismas sean revisadas en cada reunión de *status*. Si el conflicto se extiende en el tiempo, es recomendable que se estandarice algún tipo de reporte que contenga información relevante para el directivo y, de ser posible, indicadores cuantitativos de progreso.

Una práctica recomendable en estas situaciones es la de incorporar un experto externo a la organización para que colabore y haga de vínculo entre los equipos técnicos y la gerencia. Algunos ejecutivos de tecnología pueden ser excelentes líderes en tiempos de paz, pero las crisis de ciberseguridad requieren de personal con experiencia en este tipo de situaciones, especialmente si no se ve progreso positivo en las primeras horas. Si el directivo percibe que esta puede ser una posibilidad, recomiendo no dudar demasiado y contratar un consultor con experiencia en la materia lo antes posible.

Habiendo visto el desarrollo de ciberataques en organizaciones de diversos tamaños, se aprecia como los desafíos comunicacionales son un factor común más frecuente que los desafíos técnicos. Con el tiempo (generalmente durante las primeras 3-6 horas) el equipo técnico comprenderá los problemas presentados por el atacante y encontrará soluciones concretas (quizá fallando en su primer y segundo intento, pero generalmente acertando dentro de las primeras tres propuestas). Por otro lado, el caos comunicacional y la rigidez o flexibilidad de jerarquías ante estas situaciones pueden presentar problemas que se extienden después del ataque, con personalidades más senior que se han visto desbordadas o mostraron un profundo desconocimiento de la infraestructura que gestionan y con talento más junior que ha propuesto y gestionado la solución adecuada, o a la inversa con directivos sin conocimiento técnico pero de excelente gestión interpersonal y de crisis, que escuchan atentamente a los expertos y facilitan la implementación de soluciones. En estos caos organizacionales también se puede apreciar con claridad ante quiénes responden los equipos y quiénes obtienen mejores resultados empoderando y apoyando a los empleados que están en el frente intentando mantener la infraestructura de la organización a flote (versus los ocupados en gestionar la política organizacional y las estructuras). Si los directivos más senior consideran que la crisis no está correctamente gestionada por la jerarquía tradicional, siempre es posible apuntar un grupo especifico de gente y empoderarlo para que lidere la solución por fuera de la estructura, eligiendo a los mejores roles para esta tarea puntual pero teniendo en cuenta que el asunto presentará algunos desafíos políticos y administrativos más adelante.

Algunos directivos ven estos ataques como un ejemplo del completo fracaso en la gestión de los equipos de tecnología o ciberseguridad, aunque personalmente recomiendo no tomar esta dirección argumentativa durante el ataque, pues motivará conversaciones menos transparentes sobre cómo solucionar los principales problemas y dificultará la rápida toma de decisiones. Si se duda sobre la capacidad de un directivo de tecnología o ciberseguridad, es mejor buscar ayuda externa y empoderar un grupo enfocado en solucionar el problema. Recordemos que es posible que la gestión de tecnología sea deficiente, pero también es posible que las partidas de presupuesto no hayan sido asignadas cuando se solicitaron, por lo tanto invito a mantener el foco en resolver la crisis y luego realizar un análisis pertinente de las lecciones aprendidas.

Recomiendo al directivo ser permeable ante la información que puede llegar por fuera de las vías tradicionales organizacionales y aceptar que algunas crisis requieren escalar propuestas y soluciones poco tradicionales o que políticamente pueden resultar inconvenientes para algunos involucrados en la selección de las mejores opciones. Acercamientos a algún representante más técnico pueden facilitar puntos de vista que no son fácilmente transmitidos en reportes o por mandos altos o intermedios, aunque es esencial tomar distancia de la sensación de urgencia y caos que generalmente ronda al personal operativo técnico.

Vemos que la dirección de la organización estará más enfocada en el *afuera* que en el *adentro*, atendiendo quizás a consultas de proveedores, clientes, la prensa, las fuerzas de seguridad y otros interesados que quieren una respuesta directa de la máxima autoridad. En este sentido, armar un pequeño equipo de Relaciones Públicas especifico frente a la crisis facilita puntos de contacto a los que remitir a los interesados y mantiene unificado el mensaje que se exterioriza.

Veamos entonces algunos ejemplos de decisiones que pueden llegar al escritorio del CEO para su rápida consideración frente a un ciberataque:

1 - Desconectar la empresa: En función del negocio en el que opere la compañía, esta es una decisión compleja y con posibles repercusiones graves. Es tal vez la opción más difícil y, a la vez, la más común que se le va a presentar al ejecutivo durante un ciberataque.

Este corte obedece a la incertidumbre del momento, a darles tiempo a los equipos de tecnología para que puedan evaluar la situación y (con suerte) comprender qué es lo que está sucediendo antes de exponerse a nuevos riesgos. Es importante saber que desde el punto de vista tecnológico es extremadamente difícil intentar gestionar un ciberataque, dado todo lo que desconocemos sobre lo que está ocurriendo, la cambiante dinámica del ataque en sí y la presión de los ejecutivos en busca de respuestas concretas a preguntas válidas pero difíciles de responder en un lenguaje claro con la certeza esperada.

Si el equipo de tecnología de la organización no está a la altura de las circunstancias, la mejor decisión puede ser congelar el tiempo deteniendo los servicios de la compañía, contactar con una empresa que gestione este tipo de incidentes y solicitar una recomendación respecto a los pasos a seguir.

Si bien en principio la idea de separar a la empresa de Internet y dar de baja la red se propone como una excepción de muy corto plazo que solo durará unas horas, la experiencia nos muestra que este proceso se puede extender a varios días, y que dudosamente será breve y sencillo como anticipa el equipo de IT. Esto se debe en gran parte a la dificultad de identificar las vulnerabilidades, las consecuencias del ataque, la falta de confianza que se tiene en la red, las copias de seguridad que pueden estar infectadas, las puertas traseras o bombas de tiempo que haya dejado el atacante al salir, etc. Sumad a esta extensión aún más tiempo si damos intervención a la policía (recomendable), si traemos consultores externos o si buscamos realizar una investigación forense. Si existe la posibilidad de desconectar solo partes específicas de la red, esto es una práctica recomendada y facilita las tareas de aislamiento y contención.

2 – Comunicar la crisis externamente: Llega el momento de considerar cómo y a quién vamos a comunicar la noticia. Aún no tenemos claro qué está sucediendo, cuánto va a durar, qué sistemas se están viendo comprometidos o qué impacto puede tener; sin embargo, el rol de directivo obliga a considerar la externalización del incidente y evaluar sus consecuencias. Aquí puede ser importante alinearse con nuestros proveedores o clientes más cercanos, ya que quizá ellos también estén siendo víctima del mismo ciberataque, quizá nosotros somos el canal por el cual ellos van a ser atacados, quizá nosotros fuimos atacados por la impericia de alguno de ellos o quizá el afectar nuestras comunicaciones es parte de la estrategia del ciberataque a otra organización, con atacantes que necesitan hacerse pasar por nosotros. En muchos casos basta simplemente con informar brevemente a nuestros interesados más cercanos de que ha ocurrido un ataque y de que la investigación está en curso. Generalmente es recomendable limitar la cantidad de detalles aportados al comienzo del mismo, cuando la información es escaza y poco precisa. Recomiendo considerar ofrecer un *status* de la situación una vez al día a los interesados, para que ellos también puedan ajustar sus planificaciones y mitigar sus riesgos.

Si la empresa cuenta con una plantilla grande de personal realizando tareas que dependen de los ordenadores o los sistemas afectados (*call centers,* fábricas, etc.), recomiendo dar por perdido el día o turno y enviar a la gente a sus casas u a otras tareas que puedan realizarse *offline,* para evitar sumar la presión de tener que lidiar con cientos de personas que no tienen nada para hacer y pueden contribuir a hacer más compleja la solución de los problemas. Por ejemplo, es útil durante un ciberataque que nadie toque nada, así podemos identificar cualquier cambio como consecuencia del accionar del atacante. Si tenemos cientos de personas interactuando inútilmente con nuestros equipos, podemos dificultar la tarea de los expertos con falsos positivos. Entiendo que esto puede resultar en una tremenda pérdida económica para la organización, pero rara vez he visto un ciberataque que se resuelve en un turno de fábrica o en un día laboral (dependiendo del caso).

En organizaciones más grandes, los directivos estarán enfocados en notas de prensa y en el impacto del ataque en la identidad y el prestigio de la marca y la empresa. Trabajarán también con fuerzas de seguridad y departamentos legales para diseñar una estrategia que permita mitigar el impacto reputacional y comercial. Cuando la organización dispone de los roles necesarios para gestionar efectivamente la crisis, el directivo puede separarse del caos técnico para enfocarse en navegar la crisis minimizando el impacto y preparando un plan para recuperar las operaciones y la confianza de terceros.

3 – Comunicar la crisis internamente: La comunicación interna también es clave en un ciberataque y sería relevante que esté planeada de antemano. Internamente todos estarán ocupados haciendo algo "importante" y sentirán la obligación de comunicar reiteradamente que no podrán cumplir con su trabajo o sus planes debido a este ciberataque. Esta es una reacción normal, y el directivo debe prepararse para recibir comentarios sobre problemas extremadamente irrelevantes pero que representan algo importante para quien lo comunica. Recomiendo mantener la paciencia y designar algún individuo como filtro para gestionar comunicaciones no críticas asociadas al incidente en curso. Es esperable también contar con personal que considera que no se está haciendo lo suficiente por solucionar los problemas, personal que no confía en las capacidades del departamento de IT para resolver el problema y personal que entra completamente en crisis. Como mencionamos previamente, los ciberataques también sirven para identificar a algunos empleados clave cuya conducta destaca, tanto sea por lo técnico, por lo comunicacional, por su capacidad de coordinar o alinear grandes grupos de gente o bien por saber cuándo es momento de escalar problemas y saltarse líneas de mando para que la información llegue a tiempo y de la forma correcta a quien debe tomar decisiones. Desde el lado opuesto, los ciberataques pueden exponer con claridad a mandos medios y altos que presentan un total desconocimiento sobre cómo funciona la organización, su infraestructura, y sus procesos y visibilizan conflictos y falta de confianza en sus equipos de trabajo para generar soluciones concretas.

En los primeros momentos de un ataque no debemos descartar el involucramiento del personal de la organización en el mismo, y por lo tanto debemos ser cuidadosos con la información que comunicamos internamente hasta que tengamos mayor claridad de lo ocurrido. La gente debe tener claridad sobre las consecuencias en su área puntual de trabajo, pero no es necesario informarle de los pasos a seguir o de las estrategias implementadas para solucionar la crisis o mitigar su impacto. Generar un pequeño círculo de colaboradores puede ayudar a contener información crítica durante las primeras horas. La generación de dos espacios de discusión interna —el *War Room*, donde se discute el problema desde el punto de vista más operativo, y el *Board Room*, donde los directivos discuten las implicaciones estratégicas del evento— fomenta la separación de los temas y facilita la toma de decisiones. Esta separación también facilita el invitar a diversos expertos a cada sala para que aporten nuevos puntos de vista según sea requerido, tanto por lo operativo como por lo estratégico. Es importante asegurarse de que existe más de un interlocutor entre ambas *rooms,* para facilitar el flujo de información y prevenir sesgos en los datos y las alternativas presentadas.

4 – Implementación de soluciones parciales: En toda crisis de ciberseguridad surgen momentos donde comienzan a presentarse soluciones parciales al problema de fondo. Esto es parte del proceso natural y obedece a la necesidad de comenzar a mitigar el problema. En la mayoría de los casos estas soluciones iniciales son meros parches, pero serán presentadas al ejecutivo para tomar las decisiones pertinentes. Aquí es importante que el directivo exija el análisis de las consecuencias esperadas de esta acción y un pequeño detalle de los pros y contras de llevar esta acción adelante. Idealmente, se pedirá también un comparativo con otras alternativas (si las hay) y el porqué de hacer esto en lugar de no hacer nada y esperar a tener más información. Comento esta situación porque existe durante estas crisis una fuerte presión por hacer *algo,* particularmente por parte de los equipos técnicos, que sienten la necesidad de mostrar progreso. En ocasiones el mejor camino es continuar investigando para encontrar una solución mejor o definitiva. Cada caso debe ser evaluado en su propio mérito, pero como es un fenómeno tan común, es importante que se tenga presente.

5 – Cambio radical en el entendimiento del ciberataque: En algunos casos se presenta este momento de quiebre, donde después de algunas horas se llega a una conclusión radicalmente diferente a nuestra estimación inicial. El ejecutivo debe estar preparado para esta situación y en parte esta es la razón por la que recomiendo prudencia a la hora de comunicar detalles externamente. Además, presenta un dilema para los técnicos y mandos medios que deben comunicar que estaban equivocados en su diagnóstico, lo que quizá afectará a su percepción de competencia en el futuro. Invito al directivo a considerar esta situación como normal y parte relativamente frecuente de crisis en el ciberespacio, donde se presentan serias dificultades para comprender los orígenes de comportamientos en medio del caos y la presión. La mejor respuesta ante estas situaciones es una comunicación comprensiva y efectiva con todo el personal presente en el *War Room*, generando un espacio de discusión abierto donde las personas puedan brevemente participar y expresar sus puntos de vista, pues no debemos descartar que podría no haber consenso sobre la nueva concepción del ataque y es importante abrir el debate a opiniones minoritarias. Si el ejecutivo percibe que la situación no está bajo control, es otra señal para contactar con personal externo con más experiencia en la gestión de crisis.

6 - Notificación a las autoridades: En varios países es una obligación legal notificar a las autoridades y a los afectados por el ciberataque. Entiendo que algunas empresas prefieran gestionar estos problemas de forma interna; sin embargo, la recomendación es siempre ponderar las ventajas y los riesgos de involucrar a las fuerzas de seguridad y definir el mejor curso de acción. La experiencia muestra que en los países más desarrollados el personal de policía informática está correctamente capacitado para aportar una solución al ataque, aunque la distribución de talento técnico no es pareja en todos los países y en todas las jurisdicciones.

7 - Pago de una extorsión: Es posible que el directivo se enfrente a la posibilidad de tener que pagar un rescate por sus equipos como consecuencia de un *ransomware* o de la extorsión sobre la publicación de información confidencial. Desde luego, aquí no podemos hacer ninguna recomendación e invitamos al ejecutivo a considerar las implicaciones legales en su jurisdicción de este tipo de actuación y a considerar la seriedad de los criminales para cumplir con su palabra. Según mi experiencia, los criminales están incentivados a entregar el control de los equipos cuando se paga el rescate, pues este es su modelo de negocio y la percepción de que no cumplirán afectaría a todo el mercado del *ransomware*. Sin embargo, no se debe nunca confiar plenamente en las palabras del criminal y recomiendo asesorarse con expertos técnicos, legales y financieros.

8 – Resolución del conflicto: La experiencia indica que al final el ciberataque será resuelto, y que después de las primeras 24-48 horas de caos, experimentación e investigación, la situación se suele encontrar mayoritariamente bajo control, lo que permite recuperar la mayoría de las operaciones críticas de la organización. Podemos comprender que algunos servicios estarán desconectados hasta que se realicen mayores evaluaciones, pero que alternativas existen y están disponibles para que los usuarios puedan continuar con su trabajo. La locura de las primeras 48 horas deja paso a la lenta y laboriosa tarea de recomponer todos los sistemas y recuperar la organización. Curiosamente, muchas organizaciones descubren en esta etapa (o en alguna de las anteriores) que sus políticas de *backups* (copias de respaldo) no eran correctas. Encontrarán por primera vez la intención real de restaurar estas copias en años, solo para enfrentarse a la larga lista de problemas que vienen asociados con estos procesos; en algunos casos incluso será más efectivo reconstruir de cero la infraestructura que intentar restaurar antiguas copias mal gestionadas.

9 – Después del conflicto: Tareas de limpieza, revisión y reorganización se llevarán a cabo durante las semanas posteriores al ciberataque, quizá en compañía de fuerzas de seguridad, quizá con consultores externos, quizá simplemente por el equipo de IT, que intentará restaurar todos los sistemas a su estado anterior. Este momento presenta oportunidades para aquellos que se lucieron en la gestión de la crisis y presenta riesgos para aquellos que quedaron expuestos durante los incidentes. Rotaciones de personal son relativamente frecuentes, con individuos de operaciones que consideran que no fueron debidamente recompensados o escuchados durante las largas horas de crisis o personal jerárquico que no gestionó adecuadamente la situación. Dependiendo del impacto y del saldo final para la organización, diferentes medidas serán consideradas, pero en casi todos los casos un incremento en el presupuesto asignado a ciberseguridad resulta la conclusión, con la compra de nuevo equipamiento y contrataciones de personal.

En los mejores casos, un exhaustivo análisis se realiza por un pequeño comité para comprender qué sucedió y cómo mejorar las posibilidades de la organización en el futuro. En su mayoría se incorpora la necesidad de mayor capacitación y concientización en ciberseguridad para el personal de la organización. Idealmente, se recomienda también la creación de planes de ciberseguridad, de comunicaciones y de continuidad del negocio, tres áreas que suelen verse impactadas por un incidente de este tipo.

Es poco probable que el impacto del ciberataque tenga consecuencias devastadoras para la organización, y hemos visto como empresas de renombre fueron hackeadas, por ejemplo: Sony, Equifax, Yahoo!, iCloud, Dropbox, Uber, LinkedIn, Facebook, Marriot,

MySpace, Twitter, Adobe, eBay, Canva, Badoo, Home Depot, EasyJet y Zoom, la mayoría de casos con millones o decenas de millones de cuentas expuestas en cada ataque y, sin embargo, la confianza y los precios de las acciones de estas empresas han retornado poco tiempo después a niveles normales.

Generalmente, el resultado de estos incidentes es una mejora significativa en los procesos de la organización, particularmente los asociados a IT y a ciberseguridad. Incidentes de estas características ponen presión en la organización y facilitan identificar dónde se encuentran las oportunidades de mejora, a la vez que la crisis libera los fondos y las decisiones necesarios para actuar en estos campos y mejorar la resiliencia de la organización.

En palabras del propio Marco Aurelio:

> "Te escucho decir: '¡Qué mala suerte que me pase esto a mí!' ¡Para nada! En su lugar, diga: 'Qué suerte que lo sucedido no ha podido quebrarme y no tengo miedo de lo que está por suceder'. El mismo golpe podría haber pegado en cualquiera, pero no muchos lo habrían absorbido sin capitular ni quejarse." [4]

4.5   Preguntas para reflexionar

A continuación se presentan algunas preguntas que invitan a la reflexión, la discusión interna y la asimilación de contenidos:

1. ¿Tiene la organización algún tipo de plan o preparación en caso de un ciberataque?

2. ¿Saben los empleados y mandos jerárquicos cómo reaccionar ante un ciberataque?

3. ¿Se ha considerado qué tipos de ciberataques son más probables que se produzcan en la organización? ¿Qué tipo de intereses son más probables que estén detrás del ataque?

4. ¿Se sabe a quién contactar y cómo en caso de un ciberataque? ¿Existen canales seguros para comunicarse durante un ataque? ¿Se sabe a qué fuerza de seguridad o con quién se contará durante un incidente?

5. ¿Qué es lo primero que hay que proteger durante un ciberataque? ¿Qué debe ser resguardado a toda costa?

6. ¿Tenemos alguna forma de saber si se está realizando un reconocimiento en nuestra organización?

7. ¿Hemos considerado inversiones en detección de intrusos? ¿Tendríamos alguna forma de saber si alguien ha entrado en nuestra red? ¿Alguna forma de saber lo que hizo un atacante dentro de nuestra red?

8. ¿Tenemos establecido un protocolo de comunicación en caso de crisis? ¿Qué diremos a nuestros accionistas, clientes y proveedores? ¿A quiénes se les comunicará primero? ¿Quiénes deben participar en la búsqueda de una solución?

[1] V. Frankl, Man's Search For Meaning: The classic tribute to hope from the Holocaust, Beacon Press, 2006.

[2] N. N. Taleb, Antifragile: Things That Gain From Disorder, Random House, 2012.

[3] Virgilio, Eneida,Libro II., Editora Nacional.

[4] M. v. Ackeren, The Emperor's Handbook: A New Translation of the Meditations, St. Martin's Press, 2002.

CAPÍTULO 5
CAMINO A LA DIGITALIZACIÓN DE ACTIVOS

5.1 Introducción

La evolución del mercado ha sido marcada por una serie de transformaciones tecnológicas que han llevado a un cambio en la forma en que las empresas operan y en cómo los consumidores interactúan con ellas. Con la transición de los productos físicos a los servicios en línea, la nube y las criptomonedas, se han presentado nuevos desafíos en materia de ciberseguridad.

La nube ha permitido a las empresas almacenar y procesar datos a gran escala, pero también ha aumentado el riesgo de ciberataques y las complicaciones asociadas a la gestión de la información. Las criptomonedas y otras variedades de activos digitales que han surgido han aumentado los riesgos de fraude y robo, ya que los usuarios suelen tener dificultades para proteger sus claves o para comprender los nuevos paradigmas de seguridad que implican estos desarrollos. Sin embargo, esto no debería alejarnos de explorar estas herramientas con potencial transformador, en parte siguiendo dos inspiradoras ideas del gran Karl Popper: "Todo nuestro conocimiento crece solo a través de corregir nuestros errores" y "la verdadera ignorancia no es la ausencia de conocimiento, sino el reusarse a adquirirlo".

La privacidad también ha sido un problema creciente en el mercado, ya que los datos personales de los consumidores se han vuelto más valiosos para las empresas. Los reguladores y las organizaciones de defensa de la privacidad han trabajado para establecer normas para la recopilación y el uso de datos personales, pero aún queda mucho por hacer para garantizar la privacidad de los consumidores. Recordemos que la privacidad implica mucho más que simplemente nuestros datos personales, ya Cicerón decía que "La privacidad es el derecho a tener un espacio propio, tanto físico como mental, donde uno pueda ser libre de ser uno mismo", y este concepto tan sencillo ha mutado en Políticas de Privacidad con decenas de páginas que aceptamos sin leer cada vez que utilizamos un producto o visitamos un sitio web.

5.2   Camino a la digitalización

Podemos comenzar considerando la transformación tecnológica que facilitó la conversión de productos físicos y virtuales a servicios y subscripciones, cambiando así para siempre el vínculo entre el usuario y el proveedor, reescribiendo la dinámica de seguridad y la de gestión de información. Los consumidores están cada vez más interesados en obtener soluciones y experiencias en lugar de simplemente poseer bienes materiales o virtuales, mientras que las organizaciones buscan nuevas formas de generar ingresos regulares y aumentar la lealtad del cliente. Esta corriente originalmente liderada por empresas del sector tecnológico se ha ido trasladando hacia otras áreas más tradicionales de la economía, llevando consigo un modelo más flexible pero también más dependiente de la infraestructura centralizada.

El pago recurrente mensual por parte de los consumidores se ha convertido en el sueño de todo gerente financiero y en un símbolo de esta transformación. Empresas como Microsoft, Google, Salesforce o Adobe proporcionan famosos casos de éxito en esta dinámica comúnmente llamada *Software as a Service* (SaaS por sus siglas en ingles). En esencia, ofrecen la idea de solo pagar por lo que usamos, aunque implícitamente condicionan el acceso del usuario a su propia información almacenada en los servidores del proveedor. Veremos que este acceso puede presentar diversas limitaciones, no solo en lo respectivo al pago mes a mes del servicio, sino en aspectos de seguridad, política y economía.

En 1901, King Camp Gillette lanzó la primera navaja de afeitar desechable y patentó este modelo de negocio, en el cual se vende un producto a un precio bajo (como una navaja de afeitar o una impresora) y luego se venden repuestos (como las hojas o cartuchos de tinta) a precios más altos, obligando al consumidor a comprar con periodicidad para mantener la utilidad del producto. Ya en la actualidad podemos ver como la tecnología ha permitido refinar estos modelos y digitalizarlos completamente, con servicios como Netflix, Forbes, Spotify, o más tradicionales, como Nespresso, Epson, HP, Polaroid. Todos ellos requieren una suscripción y el pago regular para continuar accediendo a sus plataformas.

Sin duda, este modelo de negocio ofrece significativas ventajas para consumidores y empresas; sin embargo, siendo nuestro foco la ciberseguridad, veamos algunas consideraciones relevantes en el análisis, particularmente aplicables a productos nativamente digitales como software:

- Los servicios recurrentes requieren siempre de algún tipo de validación por parte del usuario para acceder o utilizar la plataforma. El usuario solo puede utilizar el producto mientras se encuentre activa su suscripción (mientras pague), lo que dificulta ampliamente la piratería y los accesos no autorizados. Se pasa de un uso local (*offline*) del producto, es decir, contenido en el ordenador, a un uso *online*, de manera que debe ser validado externamente para acceder (requiriendo acceso a Internet para completar la validación).

- El usuario debe registrarse para acceder al servicio y proveer su información al fabricante, que pasa a tener un vínculo directo con el usuario. Previamente era posible comprar software, música y películas simplemente en el supermercado, instalar el producto que venía en CD o DVD, insertar el número de licencia y tenerlo funcionando sin requerir de Internet o validación adicional. Simplemente funcionaba. Esto también permitía que cualquiera que pudiera pagar (o piratear) el software lo pudiera utilizar; era similar a comprar una tostadora o una radio.

- Este nuevo modelo permite al fabricante aplicar una variedad de criterios en la activación o denegación del servicio, puesto que la información de registro le otorga la posibilidad de implementar nuevas reglas de negocio. Por ejemplo, decidir no permitir a un usuario utilizar su producto basándose en el país donde se encuentra o en la información personal del individuo. Básicamente, el fabricante se reserva el derecho de admisión al uso de su servicio, una facultad que era imposible de ejercer cuando el software o el contenido se compraba como producto.

- Particularmente complejo en términos de seguridad es que el proveedor se reserva el derecho de cancelar nuestro acceso a sus servicios por una variedad de criterios (listados en los términos y condiciones que aceptamos sin leer). Esto quiere decir que, si la situación política, económica, ideológica o social se modifica, podemos perder acceso a nuestros sistemas en primer lugar, pero más grave aún, podemos perder acceso a nuestra información.

- Muchas plataformas utilizan formatos propietarios que solo pueden ser utilizados con sus aplicativos. En muchos casos almacenan nuestros archivos en su nube, con lo que la pérdida de acceso impediría recuperar esos archivos. Uno considera lejanos estos escenarios, pero basta remontarse a los acontecimientos de 2022 y la guerra entre Rusia y Ucrania para considerar que empresas en el Oeste han dejado de utilizar software ruso (como el antivirus Kaspersky) y empresas rusas que contaban con software producido en países como Estados Unidos o Europa han tenido que encontrar softwares alternativos porque muchos de esos contratos han sido cancelados como consecuencia de sanciones internacionales. Esto, naturalmente, no solo afecta a la industria, sino también a los ciudadanos y empresas de sus territorios que se ven afectados por los movimientos políticos.

• No es casualidad que muchos países en riesgo de ser sancionados trabajen fuertemente en desarrollar su independencia tecnológica. De similar forma a como el dólar y el euro pueden ser utilizados para sancionar países, limitar el acceso al software y al mantenimiento de equipamiento tecnológico también es parte de la munición que se utiliza en los conflictos internacionales, especialmente en industria e infraestructura crítica.

• Estos servicios presentan ciclos de vida más cortos y permiten al fabricante un mayor control sobre la entrega de nuevas versiones. Esto tiene como positivo el incorporar nuevas funcionalidades con mayor frecuencia, incluyendo un plazo muy corto para parches de seguridad respecto a nuevas vulnerabilidades, pero tiene como negativo que los productos salen al mercado sin estar *completamente* terminados. La empresa cuenta con la posibilidad de actualizaciones rápidas y obligatorias para corregir los errores pendientes, pero reduce en general la calidad y estabilidad del software. Esta situación termina creando en ocasiones los incentivos incorrectos, ya que los equipos de desarrollo se ven más libres de entregar software incompleto y con problemas de calidad que no podrían entregar si debieran asumir que ya no podrán modificar el producto. En la industria de los videojuegos esto se ha vuelto prácticamente un estándar aceptado por los consumidores y se sabe que la empresa lanza el juego y pocas semanas después entregará un gran paquete que corrige los miles de bugs que dejaron sin terminar. Si bien esto puede considerarse como apenas una inconveniencia, presenta amplias dificultades de ciberseguridad en mucho del software que utilizamos, pues esos bugs también pueden ser vulnerabilidades aún no detectadas por el fabricante, lo que llamamos Zero Days, que pueden tener serias consecuencias para los usuarios.

- Vemos curiosamente que varios hackers han explotado la posibilidad de enviar actualizaciones automáticas para realizar ciberataques. Después de hackear una empresa de software y modificar su código de forma maliciosa, este es enviado a todos los usuarios como parte de la actualización, afectando a miles o millones de usuarios en un solo movimiento. Un atacante que busca penetrar una industria o grupo demográfico en particular puede identificar qué productos utiliza este tipo de consumidores para seleccionar aquellas plataformas que maximicen su alcance, desde software específico para el diseño de circuitos integrados hasta apps de centros de esquí, hoteles de lujo o gestores de patrimonio.

- Los modelos de servicios también otorgan al fabricante una capacidad de monitoreo muy avanzada sobre el uso que le damos a su producto. Esta información, que bien utilizada ayudará a los desarrolladores a mejorar el producto, también exhibe riesgos de seguridad. En algunos aplicativos esto se presenta simplemente como reportes de fallos y sobre cuántas veces utilizamos una función determinada, pero en algunos casos implica que el proveedor analice el contenido de nuestros archivos. Por ejemplo, consideremos que Gmail requiere leer (de forma automática) nuestros correos electrónicos para presentarnos funcionalidades como filtros de correo no deseado, sugerir correcciones o autocompletado en los textos o bien simplemente para ofrecernos publicidad relevante. O los tantos servicios online que guardan nuestros ficheros en la nube sin ningún tipo de protección, permitiendo que cualquier empleado aburrido o mal intencionado revise su contenido. Este último caso es relativamente frecuente con respecto a exparejas, familiares, compañeros de trabajo o jefes cuando utilizan estas plataformas.

- A nivel administrativo, los servicios ofrecen una amplia gama de ventajas: facilitan los ajustes de precios por inflación o por la incorporación de nuevas funcionalidades, permiten reducir los tiempos de salida al mercado y adaptarse rápidamente a los cambios en los gustos de los usuarios y a los movimientos de la competencia, permiten una planificación financiera más previsible, permiten medir con mayor sensibilidad la respuesta de los consumidores a los cambios en el producto y, probablemente lo más importante, permiten tener al cliente directamente conectado con la organización, lo que evita la intermediación de otras empresas y facilita la venta de futuros servicios, que pueden ir desde consultoría hasta soporte especializado.

Llevando el impacto de la transformación de los productos en servicios al aspecto más humano y cotidiano, vemos una transición en la que aumenta la cantidad de servicios que nos rodean pero en la que disminuye el patrimonio real de los individuos. Con mayor frecuencia, muchos de los productos que utilizamos tienen una obsolescencia planificada que reduce su vida útil significativamente. Consideremos brevemente que si un electrodoméstico o un automóvil, que antes duraban 10 años, ahora duran entre dos y tres años, si cambiamos nuestros teléfonos móviles y televisores cada dos o tres años y si cambiamos nuestra lavadora u ordenador también cada dos o tres años, quizá estemos frente a un modelo de servicio encubierto. Bienes diseñados para incentivar el constante recambio son indirectamente servicios. Si en promedio el calentador de agua lo debo reemplazar cada tres años, lo que tengo no es una propiedad efectiva permanente, simplemente tengo un servicio que debo renovar cada dos o tres años si quiero continuar disponiendo de agua caliente. Si a esto le sumamos el incremento de productos inteligentes que requieren que nos registremos y descarguemos aplicativos para utilizarlos, como la lavadora o la aspiradora, podemos ver que los modelos comienzan a converger.

Estimo que no estamos lejos de ver fabricantes ofreciendo este tipo de modelos de forma directa con electrodomésticos u otros bienes duraderos, garantizando una renovación y mantenimiento constante. Lógicamente, esta modalidad implicará un monitoreo a distancia del equipo para identificar cualquier inconveniente y notificar al servicio técnico pertinente, a la vez que presentará amplias ventajas para quienes utilicen varios productos del mismo fabricante interconectados entre sí, gestionados por un asistente virtual, como Siri o Alexa, y aprendiendo nuestras rutinas y preferencias con objeto de prestar un servicio personalizado a cada miembro de la familia.

Desde el punto de vista de la ciberseguridad, la forzada innovación lleva a los fabricantes de electrodomésticos y dispositivos varios a generar también ciclos de productos más cortos, a diseñar productos que estadísticamente tiendan a fallar pasado el periodo de garantía y, principalmente, a incorporar nuevas funcionalidades para justificar el recambio o la variación de precios. En ciberseguridad esto nos inquieta porque muchos fabricantes han optado por el camino de hacer sus refrigeradores, lavarropas, aspiradoras y automóviles más "inteligentes" *(smart)*. Empresas que tienen talento desarrollando motores y matrices para fabricar lavadoras ahora se ven forzadas a lidiar con desarrollar aplicativos que se conectan a nuestro WiFi para que podamos configurar la temperatura del tostador o saber cuántos kilos de ropa hemos puesto en la lavadora.

Los resultados de estos ensayos no han sido positivos y estos dispositivos suelen presentar escalofriantes vulnerabilidades de seguridad para quienes los instalan en su hogar. Ha sucedido en diversas ocasiones que millones de estos dispositivos han sido infectados y luego utilizados como *zombies* por criminales para realizar diversos ataques, por ejemplo, los conocidos como Denegación de Servicio (DDoS). Por si fuera poco, mediante vulnerabilidades o configuraciones inseguras, atacantes han logrado ingresar en redes privadas hogareñas o en los dispositivos, por ejemplo para ver el vídeo de cámaras de seguridad dentro de la casa o monitores de bebés en los cuartos de los niños.

5.3   Servicios y la nube

La siguiente etapa de la transformación digital que debemos considerar es el movimiento de productos y servicios hacia la nube o *cloud*. Conceptualmente puede resultar algo misterioso para quien no tiene interés en los aspectos técnicos, pero aquí estoy para desmitificar: no hay nada de mágico en la nube y podemos verlo como simplemente la diferencia entre decidir conducir tu propio automóvil hasta la oficina o pedir un taxi. En ambos casos el traslado se realiza por medio de un vehículo, que puede ser incluso de la misma marca y modelo; en ambos casos se puede viajar del origen al destino y en ambos casos incluso tomaría el mismo tiempo. Pero veamos que lo interesante está en las diferencias: el taxi lo solicitas solo si necesitas viajar, por ende, solo pagas por lo que utilizas, mientras que tu propio vehículo lo debes pagar y mantener lo utilices o no. El taxi incluye su propio conductor profesional y especializado en recorrer la ciudad, quien pasa muchas más horas frente al volante que tú, quien (deberíamos asumir) conduce mejor que tú y, particularmente, te permite enfocar tu tiempo de viaje en otras actividades que no sean conducir. Además, puedes pedir tantos taxis como necesites, ya no estás limitado por el tamaño de tu cochera. Puedes pedir un taxi que se adapte a tus necesidades puntuales del momento y puedes pedirlo con anticipación o en un apuro. Verás que el taxi es una forma de variabilizar el coste de transporte: pagas más caro cada viaje, pero solo pagas por lo que utilizas. Muchas de estas premisas (y tantos otros detalles técnicos que dejaremos de lado) son las que permitieron a este modelo explotar en popularidad en los últimos 15 años. Verás rápidamente que el modelo también le es conveniente a la empresa de taxis, pues se puede especializar en comprar los autos que maximicen su rendimiento, en contratar a los mejores choferes (quizá esta metáfora se está saliendo de control) y en distribuir el coste entre sus muchos clientes.

Hemos establecido entonces (de forma simplificada) que, en efecto, lo que está en la nube bien podría ser operado desde tu oficina o tu casa. En definitiva, son operadores de tecnología que permiten subcontratar aspectos complejos del negocio (como la gestión de infraestructura tecnológica) para que la empresa se pueda enfocar en áreas más estratégicas. ¿Pero qué sucede si esos procesos son críticos para el negocio? ¿O la información que utilizan esos procesos es crítica, confidencial o invaluable? Aquí entonces comenzamos a realizar las preguntas claves de ciberseguridad.

En el pasado, las organizaciones se esforzaban por gestionar y procesar toda su información en sus propias instalaciones, manteniendo un alto nivel de control sobre ella. Ahora, las empresas se enfrentan a un escenario muy diferente en cuanto a la gestión de riesgos, ya que sus datos están distribuidos entre diversos proveedores de infraestructura en diferentes lugares del mundo, ya sea de forma directa o indirecta.

Lo que para una empresa es la nube, para otra empresa es su equipamiento tecnológico y su departamento de IT. La clave de la ciberseguridad está migrando alrededor de ver quién tiene el poder sobre la infraestructura, porque la infraestructura en muchos casos es la condición fundacional del servicio, y por consiguiente un blanco muy interesante a nivel estratégico frente a conflictos nacionales e internacionales. Consideremos también cómo la infraestructura va adaptándose a las funcionalidades de nuevos productos y servicios, intensificando las demandas en equipamiento, velocidad y flexibilidad. Veamos como ejemplo lo que sucede con la disminución en el consumo de televisión y su reemplazo por plataformas como YouTube, lentamente moviéndose a alternativas como Twitch donde los espectadores se comunican e interactúan en tiempo real con el presentador, o cómo los videojuegos multijugador permiten a miles de usuarios compartir una experiencia comunitaria en un mismo escenario. Similares capacidades no tardaran en llegar a las empresas.

En busca de la simplificación más efectiva, menos técnica y, por lo tanto, profundamente limitada, podemos considerar cualquier servicio como un mínimo de tres partes: aplicación (código), información (bases de datos) e infraestructura (redes, ordenadores, etc.). Cada una de estas partes es fundamental para el funcionamiento del servicio, ya que la infraestructura es la base para ejecutar el código, el código es el motor que permite que el servicio funcione y la información es la que permite al servicio brindar valor al usuario.

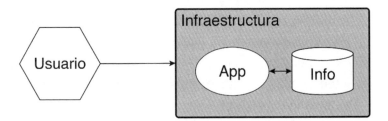

- La aplicación implica el código fuente que escriben los desarrolladores. Define básicamente qué es lo que la aplicación hará cuando hacemos clic en cada botón y es en muchos casos la parte más costosa de construir pero la que más puede escalar. Una vez escrito el código se puede instalar infinitas veces. Es el software o conjunto de instrucciones que hace posible que el servicio funcione. Es la parte "inteligente" que permite que el servicio realice tareas específicas y brinde valor al usuario final. *Es el conductor del coche.*

- La infraestructura, donde *corre* el código de la aplicación, son básicamente los ordenadores y servidores donde se instala la aplicación y otorgan el poder de procesamiento para que la aplicación haga lo que tiene que hacer. La tecnología física y lógica necesaria para que un servicio funcione. *Es el motor del coche.*

- La información aparece generalmente en forma de base de datos donde se almacena toda la información que se requiere para que la aplicación cumpla su función, pero es principalmente donde se guarda toda la información generada por los usuarios, donde están los correos, las fotos, los comentarios, los documentos, todo lo que tiene valor para el usuario. Esto incluye la información que intencionalmente subió el usuario y la que fue generada automáticamente por el sistema, por ejemplo, desde dónde ingreso el usuario, en qué horario, qué actividades realizó dentro la aplicación, etc. Es la parte que permite personalizar y brindar un valor único al usuario final. *Es el*

GPS, el registro de conducir y la maleta con papeles
importantes del pasajero.

Considerando lo expuesto, uno pensaría que la infraestructura en manos de un proveedor no es un problema particularmente grave, sin embargo, quien tiene la infraestructura (por lo general) también tiene los datos. Lamentablemente, no siempre podemos predecir las interdependencias geopolíticas, económicas y tecnológicas que pueden presentarse en el futuro cercano y nuestro proveedor puede quedar del lado equivocado de un conflicto, una sanción o encontrarse utilizando una tecnología vulnerable. Consideremos algunos escenarios hipotéticos, aunque marcadamente pesimistas, tomando como referencia un proveedor de aplicativos para editar y compartir documentos, el paquete de Office 365:

1. Microsoft recibe una orden en su jurisdicción (Estados Unidos) de facilitar acceso a documentos relativos al tema X por una cuestión de seguridad nacional prioritaria, por lo que entrega cualquier documento (no encriptado) en su poder que contenga la palabra XYZ independientemente de quien sea el propietario. Como nuestros documentos se encuentran almacenados en los servidores de Microsoft, y los servidores están bajo su control y en territorio estadounidense, el proveedor deberá obedecer a la solicitud.

2. Microsoft recibe una lista de entidades o individuos a los que no puede continuar proveyendo sus servicios. Puede ser por diversas razones, como seguridad nacional, porque han sobrepasado su cuota de carbono, porque no están

cumpliendo alguna regulación, por cuestiones impositivas, de monitorización general, por sospecha de lavado de dinero o presunto apoyo al terrorismo o porque decidan utilizar modelos específicos de encriptación que no están aprobados por las autoridades, entre tantas ideas (distópicas) que podemos concebir. Microsoft simplemente cerrará al acceso a la aplicación para estos usuarios, potencialmente impidiéndoles continuar accediendo a los documentos que crearon.

3. Preparándose para un posible escenario de conflicto, una potencia extranjera ha identificado a Microsoft como un elemento central en la estructura de comunicación de su objetivo. Preventivamente decide enviar personal para ser contratado por la empresa en diversas posiciones operativas sin que la organización sospeche nada. En el caso de suceder el conflicto, estos agentes pueden instalar *ramsonware* haciendo inaccesible parte de la información almacenada en sus servidores. Información que lógicamente incluye nuestros datos, a los que ya no podremos acceder y que afectarán a las operaciones de varias organizaciones.

4. Habiendo sido identificado como un potencial objetivo de valor estratégico y simbólico por un grupo de avanzados *hacktivistas,* Microsoft es blanco de un ataque coordinado que destruye un significativo número de equipos críticos. La mayoría de la información no se perderá, pero llevará meses restaurar la infraestructura a su estado anterior y restablecer todos los servicios. El proceso se demora por la

particular necesidad de las fuerzas de seguridad y equipos forenses de comprender qué paso e identificar a los culpables antes de restaurar todos los servicios.

5. Se descubre mediante documentos filtrados a la prensa que la plataforma de Microsoft facilitaba a criminales el lavado de dinero, el pago de sobornos, el terrorismo, el tráfico de personas o algún escandalo sensacionalista del momento con amplia repercusión mediática negativa. Microsoft es presionado a tomar medidas especiales con respecto al uso de su plataforma, por ejemplo, activar un modelo de Inteligencia Artificial que revise los documentos de los individuos y las empresas en búsqueda de información considerada "criminal" y, en caso de encontrar alguna coincidencia, entregar la información de forma automática a las autoridades pertinentes para su investigación. Los términos y condiciones de uso son rápidamente actualizados y enviados a los usuarios, quienes no podrán continuar usando la aplicación o accediendo a los documentos si no los aceptan. La aceptación de los nuevos términos implica la revisión del material ya existente en la plataforma, incluyendo la notificación automática a las autoridades. Los usuarios deben elegir entre perder sus documentos o aceptar las nuevas condiciones.

6. Debido a una falla en la configuración de seguridad, empleados en el departamento de calidad de Microsoft descubren que pueden acceder a los documentos confidenciales de clientes almacenados en la nube. En lugar de reportarlo, deciden utilizar este acceso para obtener

información confidencial de las organizaciones y venderlas en el mercado negro de la Deep Web a competidores. Al final los culpables son identificados y el problema de configuración corregido, pero grandes (e inciertos) volúmenes de información ya han sido comprados y vendidos entre competidores.

7. Una universidad o empresa alcanza una versión estable y funcional de un ordenador quántico u otra tecnología revolucionaria capaz de romper la seguridad existente en ordenadores tradicionales. Las potenciales implicaciones de seguridad nacional obligan al gobierno a mantener en secreto los resultados a fin de mantener una ventaja estratégica frente a un conflicto futuro. Microsoft es llamado a participar en el experimento dado el valor estratégico de su plataforma en la gestión de documentos confidenciales y su potencial uso para monitorear los documentos secretos de objetivos particulares.

Vemos entonces con estos escenarios (extremos pero posibles) que existen riegos asociados con el uso de servicios en la nube, particularmente cuando se incrementa la conflictividad política, social o económica. Los ejemplos aquí descritos lógicamente no están limitados a Microsoft (mis disculpas, Satya Narayana Nadella, actual CEO de MSF), simplemente fue elegido por ser extremadamente popular y estratégico. Con facilidad podemos extender estos conceptos a Gmail, Apple, Amazon, Slack y tantos otros servicios que utilizamos con frecuencia. Estos escenarios que eran impensables para el público en general apenas cinco años antes, han cambiado su componente probabilístico con la experiencia de la guerra en Ucrania y la pandemia de la COVID-19. Ambas nos dejan algunas rápidas consideraciones a tomar en cuenta:

1. Lo importante de la resiliencia en el acceso a Internet durante situaciones de crisis.

2. Las vulnerabilidades existentes en la cadena de suministros de energía y otras materias primas esenciales.

3. Los impactos directos e indirectos de sanciones económicas para los procesos logísticos globales.

4. La fragilidad económica representada como fluctuaciones de precios y procesos inflacionarios.

5. La efectividad del trabajo remoto y la transformación de la movilidad del capital humano.

6. La digitalización efectiva de procesos administrativos en todos los niveles, tanto gubernamentales como empresariales.

7. La dificultad de acceder a información verificable durante situaciones de crisis.

8. La facilidad en la implementación de restricciones a la movilidad y al comercio.

9. La uniformidad en la toma de decisiones globales y la coordinación centralizada de respuesta ante incidentes.

10. La rapidez en la propagación del miedo, el desabastecimiento y la incertidumbre.

Finalmente, para equilibrar este argumento es relevante atender a una condición que puede presentarse en la mente de muchos empresarios y consumidores, ¿están mis datos más seguros en la nube o dentro de mi organización? Aquí se enfrenta la teoría a la práctica y debo decir que mi experiencia indica que la mayoría de las organizaciones (particularmente las pequeñas y medianas) hacen un trabajo de ciberseguridad muy limitado, por lo tanto, sus datos están (probablemente) más seguros en la nube que bajo su propia tutela.

Si bien la nube presenta los riesgos expresados anteriormente (y tantos otros no listados), muchas organizaciones apenas tienen un modesto equipo de IT que a duras penas puede mantener los servicios funcionando y que no ha recibido presupuesto en los últimos dos años para invertir en equipamiento, mucho menos en ciberseguridad. Cuando esta es la situación, lo mejor sería al menos consultar con un especialista en ciberseguridad que ayude a diseñar un plan a medida de las necesidades y el presupuesto de la organización. Aun con un modesto presupuesto se puede mejorar la ciberseguridad de una organización, lo más importante es tomar conciencia de los riesgos y decidir actuar antes de convertirse en víctima.

Un tipo de ataque en particular sobre el cual es interesante reflexionar es lo que se conoce como ataque de cadena de suministros (*Supply Chain*), en el que un proveedor (de software o de servicios) de nuestra organización es infiltrado y se utiliza su plataforma para atacar y acceder a los equipos de sus clientes. Este tipo de ataques son particularmente difíciles de detectar puesto que, dependiendo del tipo de servicio que nos ofrece el proveedor, este puede ocupar un rol central en nuestra infraestructura y, naturalmente, nuestro vínculo de confianza con el proveedor nos hace vulnerables a instalar sus actualizaciones de software, seguir sus recomendaciones de seguridad o simplemente colaborar con una solicitud por mail, todas ellas situaciones que pueden poner a nuestra organización en riesgo si el proveedor ha sido comprometido. Este ataque no se limita a productos en la nube, pero el modelo de la nube facilita indirectamente su proliferación, pues no hace falta infiltrar la alta seguridad de la organización objetivo, sino que basta con conquistar la seguridad media o baja de algún proveedor menor de software, como puede ser el sistema que se utiliza para cargar las horas del personal, para solicitar el envío de paquetes postales o para solicitar artículos de papelería. Con cada proveedor contento de tener su propia aplicación, se multiplican los vectores de ataque.

Tal es la proliferación de estos riesgos que está creciendo en importancia el análisis de lo que se conoce como *Digital Supply Chain* (Cadena Digital de Suministros), que se refiere al conjunto de procesos y sistemas que permiten a una empresa planificar, comprar, producir, distribuir y vender productos o servicios utilizando tecnologías digitales. Esto incluye la automatización de procesos, la recopilación de datos y la utilización de plataformas digitales para la gestión de inventarios, la planificación de la producción, la gestión de pedidos y, principalmente, la interconexión entre las diversas organizaciones que requieren intercambiar la información que hace posible su funcionamiento.

Comercialmente podemos considerar las ventajas de estas integraciones entre proveedores y clientes: mayor eficiencia, mejor monitoreo y toma de decisiones, mayor flexibilidad y rápidas respuestas a cambios de demanda, entre otras. Por el lado de la ciberseguridad nos compete ocuparnos de riesgos como robo de información confidencial, interrupciones de servicio, sabotajes, contagio de malware, responsabilidades compartidas frente a incumplimientos o desperfectos técnicos y hackers moviéndose dentro de la cadena de suministros, entre tantos otros posibles inconvenientes. Es concebible que alguno de estos riesgos sea mitigado por el uso de tecnologías basadas en *blockchain*, lo que facilita la transparencia y trazabilidad de operaciones entre las partes, pero aún no se ha visto gran progreso en esta dirección.

Los riesgos de ciberseguridad presentes en las miles de aplicaciones que operan en las organizaciones obligarán a una tarea de inventariado para comprender y evaluar sus componentes internos, detallado por ejemplo que librerías utiliza cada aplicativo. Particularmente aquellas librerías, módulos o componentes que son de uso popular y, por lo tanto, más probables de ser comprometidos en busca de generar un efecto cascada en las incontables aplicaciones que lo utilizan. La razón detrás de esta necesidad resultó evidente a finales del 2021 con el caso de Log4j, una vulnerabilidad en una librería muy utilizada para registrar eventos y detectar errores. Toda aplicación que utilizara Log4j estaba expuesta a esta vulnerabilidad y el desafío de miles de organizaciones fue identificar qué aplicativos estaban haciendo uso de esta librería, tanto entre los desarrollos propios como en los sistemas de proveedores instalados en sus oficinas. Las interconexiones de nuestros sistemas con clientes y proveedores facilitan la existencia de complejas dinámicas que resultan difíciles de monitorear y proteger, lo que presenta una ventaja para potenciales adversarios y maximiza el impacto de sus ataques a través de modelos de contagio difíciles de predecir y contener.

Como cierre profundicemos brevemente en cómo almacenar nuestra información en la infraestructura de otros nos aleja de una plena soberanía digital. Los antiguos sumerios tenían tablillas de arcilla y barro que fueron creadas hace 5000 años y todavía hoy podemos leer su contenido. A la vez tengo disquetes (*floppy disks*) y cintas de audio (casetes) en mi despacho que tienen apenas 25 años y ya no puedo leer su contenido. Al menos, por estar en mis manos, puedo eventualmente adquirir equipo especializado y (con suerte) lograr recuperar la información. Comparemos esta situación con los casos donde personas fueron recientemente víctimas del robo físico de su iPhone y de su PIN de seguridad, no solo perdiendo su teléfono, sino todas las fotos y la información que por años acumularon en su cuenta de iCloud. Cada vez generamos más información pero disponemos de menor soberanía sobre la misma, a la vez que la depositamos en formatos cada vez más frágiles y menos resilientes al paso del tiempo y el progreso tecnológico. Quién tiene acceso mediato y quién dispone acceso inmediato a los datos puede ser un factor fundamental en las futuras discusiones sobre la propiedad, el usufructo y los derechos asociados a una de las materias primas más valiosas de la modernidad: la información.

5.4   Comprendiendo la *blockchain*

La siguiente etapa a evaluar con respecto a la evolución digital es una que recién está comenzando pero que en su naturaleza obedece a un viejo movimiento pendular de la tecnología (y de las sociedades) con respecto a la dinámica cíclica de centralización y descentralización de los componentes de poder, procesamiento, confianza y toma de decisiones. Al igual que los ciclos que identificamos en los procesos sociales, encontramos también ciclos en los desarrollos tecnológicos y la presente corriente de tecnologías asociadas a la *blockchain* y los fenómenos globales parecen indicar que nos acercamos a un nuevo cambio de paradigma o dirección.

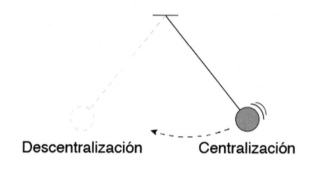

Descentralización   Centralización

Las concepciones sobre descentralización versus centralización no son originales de procesos tecnológicos, sino que se encuentran implícitamente arraigadas en muchos conceptos que manejamos cotidianamente. La naturaleza, por ejemplo, ha descentralizado nuestro ADN para que exista una copia del mismo en cada célula del organismo, capaz de cumplir una función (o varias) sin una dirección específica centralizada. El modelo económico capitalista es de naturaleza principalmente descentralizada, pues permite a millones de individuos actuar de forma independiente, idealmente disponiendo de millones de cerebros ocupados en resolver los problemas de oferta y demanda, precios, distribución y recursos, en lugar de coordinar todo con un grupo reducido de selectos cerebros como, por ejemplo, ocurre en el comunismo o en otros modelos de gobiernos centralizados.

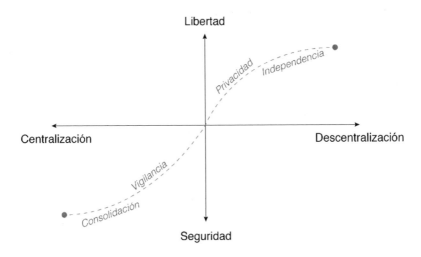

Discusiones como la disyuntiva entre libertad y seguridad, que indefectiblemente atraviesan la ciberseguridad, también tienen sus vinculaciones con estos conceptos, pues el foco en la libertad tiende a llevar a un modelo social más descentralizado, mientras que la prioridad en seguridad puede garantizarse con mayor efectividad cuanto más centralizado sea el modelo. El profesor Antonio Escohotado en su libro *Los enemigos del comercio* desarrolla estos conceptos, y podemos ver que este marco conceptual aplica también a la arquitectura que diseñamos para la seguridad de los sistemas y sus interdependencias, debiendo elegir qué objetivos usaremos para optimizar nuestro modelo. Vemos que en definitiva estas fluctuaciones de prioridades obedecen a ciclos sociales, políticos, económicos y tecnológicos, definiendo al comienzo de cada transformación los valores predominantes de su etapa. Los cortos ciclos de la tecnología nos permiten ver estos movimientos pendulares con claridad, mientras que los ciclos más largos (quizá durando varias generaciones) de procesos sociales o políticos, resultan más complejos de comprender sin el necesario estudio del marco histórico.

Cantidad de unidades de procesamiento independientes aplicadas a resolver modelos (cerebros, servidores, nodos)

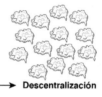

Centralización ◄───────────────────────► **Descentralización**

Centralización	Descentralización
Velocidad	Flexibilidad
Seguridad	Resiliencia
Control	Variabilidad
Estabilidad	Innovación
Eficiencia	Transparencia
Simplicidad	Complejidad

A nivel tecnológico también se ha representado este péndulo a medida que varía la proporción en la distribución del poder de cómputo y la necesidad de velocidad. Se mueve de poderosos servidores a poderosos ordenadores o dispositivos móviles, para luego invertir la tendencia unos años después, cuando la necesidad de cálculo o velocidad supera lo que nuestros dispositivos pueden procesar de forma local. Las tendencias globales de seguridad, de economía de escala y de política internacional también afectan a estas transformaciones: los periodos de calma llevan a más integración y centralización y los periodos más agitados se caracterizan por un mayor componente de localidad y distribución que garantice una mayor resiliencia en caso de fallas o imprevistos. Es necesario evaluar estos procesos, no solo en el marco de la tecnología, sino dentro del gran esquema complejo e interconectado que es nuestra sociedad actual, ponderando estratégicamente los impactos de los acontecimientos que se van sucediendo y aquellos cuya expectativa de ocurrir va en aumento.

Es mi deber informar también al lector de que en la actualidad una importante mayoría de los proyectos asociados a *blochchain* son una potencial estafa, un mal negocio o una solución mediocre buscando un problema que resolver. Me atrevo a estimar que la mayoría de lo que consideramos proyectos "crypto", "web3" o "blockchain" no sobrevivirán a lo que me gusta llamar *El Gran Filtro*, momento en el que se acabe la experimentación y comience la validación real de proyectos para demostrar su verdadero valor económico y tecnológico.

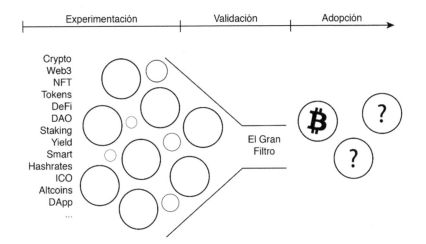

Al igual que durante procesos anteriores, solo un ínfimo porcentaje de participantes del mundo *blockchain* sobrevivirá a la próxima recesión; sin embargo, podemos establecer que la tecnología que han aportado ha llegado para quedarse y sobrevivirá en formas que no podemos anticipar. Nassim Taleb postula una interesante idea: "no todo lo que sucede sucede por una razón, pero todo lo que sobrevive, sobrevive por una razón". [1] Veremos en las próximas paginas si podemos intentar definir algunas de las posibles razones por las que esta tecnología sobrevivirá y veremos qué impacto pueden tener en la sociedad y en las organizaciones en el marco de la ciberseguridad.

Siendo un tema tan novedoso y poco comprendido, ocuparemos algunas líneas en presentar los fundamentos básicos detrás de estas nuevas tecnologías. Comencemos por definir que es una *blockchain*: básicamente es una serie de datos donde la información es almacenada de forma secuencial (en bloques) en lugar de en listas de filas y columnas (como podemos imaginar en una planilla de Excel). La particularidad es que cada bloque que se incorpora contiene una referencia al bloque anterior, haciendo imposible modificar su contenido una vez creado el nuevo bloque.

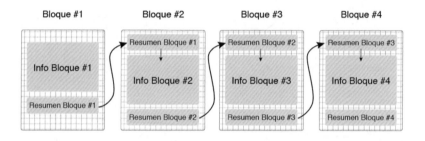

Lo novedoso de este modelo es que, al igual que el tiempo o la entropía, tiene una direccionalidad única: hacia adelante. Así como no podemos volver hacia atrás en el tiempo y cambiar lo ocurrido, tampoco podemos volver atrás en los bloques y modificar su contenido. Este método es mucho más ineficiente que cualquier base de datos existente, y su único beneficio se presenta cuando su *performance* se encuentra supeditada al valor que aporta en términos de integridad, confianza y seguridad. De momento, los casos de uso son muy limitados, por ejemplo, se usa en transacciones económicas, elecciones, información pública, cadenas de suministro, etc.

La segunda característica que podemos encontrar en la *blockchain* es la facultad de descentralizar copias de su información, para que ningún *nodo* (ordenador) tenga control sobre la misma. De esta forma, no solo evitamos poder modificar su contenido, sino que, al existir miles de copias dando vueltas por el mundo, siendo sincronizadas en tiempo real, tampoco tenemos un lugar concreto donde intervenir o restringir su uso. La *blockchain* pasa a estar en todos lados, como el Internet original; es imposible de detener, imposible de bloquear, está públicamente disponible y, como novedad, es imposible modificar su contenido. Podemos sumar nueva información, pero no cambiar o borrar la existente.

La descentralización se ha utilizado con éxito en muchas ocasiones anteriores con bases de datos tradicionales para mantener información disponible en la web: desde aplicativos, películas, canciones y libros piratas cuyo contenido es distribuido entre miles o millones de usuarios que tienen copias en sus ordenadores (como fue el caso de Napster, eMule, Torrents, Kazaa, etc.) hasta sitios como Wikileaks, replicados en servidores alrededor del mundo para garantizar que su información no pueda ser suprimida. En este sentido, la *blockchain* simplemente construye sobre este concepto, aportando diferentes formas y criterios de consenso entre los nodos distribuidos para definir una "única" verdad universal de lo ocurrido dentro de la *blockchain*, similar a como existe una "única" línea temporal donde todos existimos (según nuestro presente entendimiento de la física).

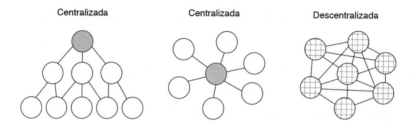

El objetivo de la *blockchain* es ir un paso más allá de la descentralización tradicional y garantizar la continuidad de una única "historia" válida de los datos y de los eventos ocurridos.

Comprenderemos que para la mayoría de los usos que existen de gestión de información toda esta complejidad adicional no es necesaria y, de hecho, es indeseable. Sin embargo, en algunos pocos escenarios, la garantía de una "única" verdad es requisito absoluto para el funcionamiento de determinados sistemas, como las votaciones o las operaciones económicas.

El último y más relevante aspecto de la *blockchain*: la capacidad de permitir a individuos y entidades interactuar entre sí, sin necesidad de contar con una entidad central que administre la información y represente la "verdad" de dicha información en un determinado momento.

Al distribuir la información entre miles de nodos, ambas partes pueden verificar efectivamente el resultado de una transacción y pueden (por ejemplo) rápidamente ver de forma transparente quién es el nuevo dueño de un bien que fue transferido, garantizando una única línea temporal y un único dueño por bien.

Quizá el lector considere que toda esta complejidad adicional no es necesaria, pues los actuales métodos de gestionar información, por ejemplo con los registros de propiedad, han funcionado excepcionalmente bien en los últimos 200 años y representan uno de los pilares de nuestros sistemas legales, que han garantizado por generaciones la obtención de uno de los derechos más importantes: el derecho a la propiedad. Sin embargo, invito al lector a considerar los nuevos modelos de propiedad que están surgiendo en el mundo digital y como estos registros tradicionales son incapaces de proteger de forma eficiente las nuevas formas de propiedad que se están desarrollando en el mundo virtual, donde más y más personas pasan la mayoría de su tiempo. Consideremos ejemplos como diseñar ropas o disfraces para personajes de videojuegos *(skins)*, la creación de arte digital, conjuntos de datos utilizados para entrenar modelos de inteligencia artificial, artículos, notas, tweets, mensajes, fotos, videos, diseños de objetos para imprimir en impresoras 3D y tantas miles de piezas de información que son efectivamente intangibles, que solo viven y tienen valor en el ciberespacio, que cambian de manos en fracciones de segundo. También considere el lector la escalabilidad de estas tecnologías para gestionar pagos y micropagos, pudiendo pagar por segundo de canción escuchada, por palabra de libro leída o a empleados trabajando remotamente por día, minuto u hora de trabajo, prácticamente en tiempo real. Toda la complejidad asociada con los pagos que impide la granularidad del contenido y el trabajo puede ser automatizada y resuelta en tiempo real con mínimas comisiones y completa transparencia.

Quienes tienen niños seguramente han notado el incremento en los pagos que los jóvenes realizan dentro de los videojuegos para adquirir nuevas ropas, funcionalidades adicionales, armas más poderosas, etc., todo dentro del ecosistema de un juego en particular (Fortnite, por ejemplo). Esto generalmente viene acompañado de un mercado que se genera dentro del videojuego o de su comunidad pero cuyo valor termina siendo restringido únicamente a la plataforma donde fue adquirido. Euros y dólares ingresan en estas plataformas, pero difícilmente saldrán.

A medida que muchas de estas plataformas migran a modelos más interactivos donde los usuarios construyen bienes dentro de sus mundos virtuales, como disfraces, edificios, esculturas... ¿Qué pasa con todo ese valor generado? ¿Dónde se registra la propiedad de todo ese valor proporcionado por los usuarios? ¿Quién es el dueño de una obra de arte realizada en Minecraft? ¿Tiene el creador algún derecho a ser incorporado en un registro como el autor de la obra y gozar de los beneficios económicos directos o indirectos? ¿Qué ocurre con todos los bienes acumulados dentro de la plataforma cuando la empresa quiebra o se decide cancelar el videojuego?

Muchas de estas preguntas aún no tienen respuesta, pero sin duda formarán parte de las consideraciones de ciberseguridad de las próximas generaciones, por ejemplo, cómo evitar la piratería de este nuevo tipo de bienes, cómo evitar su robo y las estafas asociadas al intercambio y valorización de estos nuevos mercados y, finalmente, cómo proteger a las personas que se encuentran detrás de todas estas interacciones, cuyo patrimonio comenzará a moverse al ciberespacio y sus activos comenzarán a ser, en su mayoría, activos nativamente digitales.

5.5   Metaverso, propiedad y riesgos

Estas tecnologías que hoy nos resultan abstractas y poco relevantes en nuestro día a día liderando organizaciones tienen el potencial de ser el pilar del desarrollo económico en los próximos años, similar a lo ocurrido con Internet. Si alguna variante de realidad virtual logra imponerse (como resulta posible), entonces veremos la necesidad de crear toda una nueva variedad de activos digitales, desde edificios virtuales, salas de reunión, ropa para nuestros *avatares* (personajes), accesorios y miles de activos que solo tienen valor y uso dentro del ciberespacio. Sin embargo, estos activos pueden ser el motor de grandes industrias de contenido y entretenimiento o transformar tareas de oficina e industria, lo que producirá saltos de productividad cuando la nueva generación de jóvenes se incorpore, quizá permitiendo equilibrar la menor disponibilidad de mano de obra que encontraremos en Occidente como consecuencia directa de la reducida tasa de natalidad actual.

Son activos que requieren nuevos modelos de derechos de autor, de derechos de propiedad y de derechos de uso; nuevos modelos de licenciamiento y procedimientos para permitir y gestionar su libre intercambio. Un mundo donde una significativa proporción de los activos de un individuo u organización se encuentra en formato nativamente digital es un mundo donde la ciberseguridad se ha colocado en el centro de las garantías que permiten mantener y gestionar esos bienes.

Esta tendencia no solo impactará en las organizaciones, sino que puede modificar la forma en que los individuos interactúan entre sí y como manifiestan su persona física y su persona digital/virtual. Por ejemplo, podemos considerar de qué manera la realidad virtual puede complementar las actuales tendencias sobre los cambios de identidad, tanto a nivel físico como emocional, social, y cultural, y cómo estos cambios pueden gestionarse con mayor eficiencia dentro del mundo virtual (comparado con nuestro presente y limitado mundo físico).

En un hipotético mundo donde las empresas trabajan e interactúan de forma mayoritariamente virtual, no solo de forma remota, sino mediante la siguiente generación de realidad virtual, ocupando un espacio compartido virtual, como una oficina o un edificio en el ciberespacio, un individuo puede asistir a la oficina virtual de su empresa con un *avatar* (su representación virtual) que refleje su identidad y autopercepción en ese día en particular, pudiendo modificar el *avatar* con completa flexibilidad en cualquier momento si así lo siente necesario. Este *avatar* puede, por un lado, permitir una flexibilidad que libere a los individuos de las dificultades y limitaciones de los cambios físicos y, por otro lado, permitir transformaciones en segundos en lugar de años o meses. También permite presentar con facilidad distintas identidades en distintos espacios según el usuario considere pertinente.

Estos *avatares* no están limitados por las características físicas de los individuos, por lo tanto, las personas gozarán de la posibilidad de expresar toda su potencialidad como individuos sin verse afectadas por las condiciones particulares de su nacimiento, su entorno o su historia. Quizá términos que hoy asociamos con enfermedades mentales, como el trastorno de personalidad múltiple (hoy llamado trastorno de identidad disociativo), deban ser reinterpretados o eliminados para acomodar a individuos que desarrollen varias personalidades en el *metaverso*. Estos conceptos se sumarían a la larga historia de revisión de trastornos mentales que fueron eliminados o reclasificados. Personalidades alternativas que, por cierto, ya hoy existen en diversas redes sociales, donde jóvenes cuentan con más de un perfil, expresando diferentes personalidades en cada una de las cuentas; y es natural suponer que esta tendencia se profundizará con el surgimiento de plataformas que ofrezcan una mayor flexibilidad para la representación de la propia identidad.

Desde la ciberseguridad esta situación nos impone nuevos desafíos tanto a nivel personal como organizacional. Por un lado, debemos considerar la fuerte tendencia hacia la creación de una identidad universal digital que permita gestionar y validar quién es el individuo que se encuentra detrás del *avatar* (o los múltiples *avatares*), particularmente si una nueva regulación surge para proteger la identidad de las personas detrás de sus personas digitales, quizá para evitar casos de persecución o discriminación.

Continuemos brevemente la hipótesis y veamos qué generaría una explosión de individualización, acompañada de un fuerte crecimiento en la cantidad de bienes virtuales que habría que generar: indumentaria virtual, accesorios, personajes y tantas otras millones de combinaciones que serán desarrolladas por las comunidades de usuarios. Posteriormente estas combinaciones serán compradas, vendidas y alquiladas entre miembros con nuevos modelos de economías digitales para recompensar a creadores, visionarios, usuarios, *influencers* y consumidores. Si exploramos la siguiente etapa encontraríamos, quizás, la presencia de marcas presentando sus nuevas temporadas en forma digital para configurar y comprar, quizá consolidando a millones de pequeños artistas que diseñarán productos digitales.

Es posible suponer que tecnologías como la *blockchain* permitirán apoyar el crecimiento de estas economías complementarias virtuales, y que para muchos jóvenes estas nuevas economías virtuales tendrán una mayor importancia que la economía real.

Cuando un porcentaje significativo de ingresos sean recibidos y utilizados de forma nativamente virtual, surgirá la pregunta con respecto a qué dinero domina Internet. Entonces podremos ver si la digitalización de las monedas existentes, como el euro digital, el dólar digital o el yuan digital, tienen un impacto considerable en estos mercados o si las comunidades adoptan otro tipo de monedas (criptomonedas, tokens o alguna futura iteración) para intercambiar bienes y servicios.

La economía tradicional (real), que parece haber encontrado sus limitaciones de crecimiento en el mundo físico, donde los recursos son limitados y donde las restricciones productivas basadas en el impacto climático parecen ganar preponderancia, podrá encontrar un terreno fértil en el mundo virtual, donde podrá continuar expandiéndose de forma exponencial, sin las restricciones, la contaminación o la necesidad de recursos que utilizamos en el mundo físico. Quizá ya no será necesario que Zara produzca millones de camisetas, sino que contaremos con decenas de miles de jóvenes diseñadores independientes distribuidos por el mundo que producen camisetas y vestimentas únicas para *avatares* en diversas comunidades (*metaversos*) y videojuegos, donde la gente pasará a ocupar gran parte de su tiempo.

La industria también puede verse significativamente afectada por la virtualización y las implementaciones en el *metaverso*. Barcos, fabricas, plantas de tratamiento, plataformas petroleras y diversas infraestructuras productivas pueden ser replicadas en el *metaverso* a los fines de obtener una copia o clon digital con la cual controlar y monitorear el proceso real. Podemos imaginar una flota de buques petroleros controlados de forma remota por un equipo de capitanes especializados y centralizados que están viendo en tiempo real una copia del buque que se comporta igual que el buque en altamar y que obtiene la información en tiempo real de los miles de sensores dispuestos a tal fin a lo largo del barco. Por muchos años más será necesario disponer de personal a bordo, pero esta tendencia permitiría mayores eficiencias y un control más centralizado de la flota, lo que facilitaría la posibilidad de una implementación autónoma en el futuro cercano. Una tendencia similar podemos esperar en todo tipo de infraestructura crítica y en fábricas distribuidas por el mundo. Estas podrán ser replicadas digitalmente y operadas a distancia, manteniendo un personal mínimo en caso de emergencia. Estas copias digitales o virtualizaciones no se limitarán solamente a facilitar el control remoto, sino que también proyectarán mantenimientos preventivos, evaluarán diversos cambios en la disposición de la línea de producción, validarán diversos escenarios de fallas o ciberataques y maximizarán el uso de personal hiperespecializado desde cualquier parte del mundo, que podrá diagnosticar un problema de forma remota, acortando los tiempos de baja de servicio.

Liberar personal altamente especializado de la ubicación de la fábrica también implica poder desarrollar industria donde es más eficiente por cuestiones logísticas o medioambientales. Este personal escaso y difícil de desarrollar puede aumentar su productividad y ayudar a reducir la brecha existente de talento que se espera para los próximos años. Fábricas que se controlan a distancia y de forma mayoritariamente autónoma pueden transformar la forma en la que entendemos la logística internacional; podríamos tener desde cadenas de suministro alejadas de los espacios residenciales hasta fábricas flotantes en altamar que procesen los bienes en tránsito. Es esperable que la virtualización fomente la modularización de los componentes productivos autónomos, con fabricas que podrán diseñarse en el *metaverso* e implementarse en la vida real, o con fabricas que alquilen su capacidad disponible en el *metaverso* para que pequeños productores dispongan de líneas de producción, similar a como hoy utilizamos la infraestructura en la nube de AWS (Amazon Web Services). Esta posibilidad está más cerca de lo que pensamos, puesto que hoy ya existen servicios similares que imprimen piezas en 3D en granjas de impresoras dispuestas en enormes fabricas; con el tiempo y el desarrollo de nueva maquinaria, nuevas capacidades estarán disponibles para contratar. Si consideramos que desde hace años la producción industrial tiende a la personalización en lugar de solo al volumen, podemos ver como estas nuevas tecnologías pueden transformar la economía actual.

Toda esta transformación, naturalmente, viene acompañada de una serie de riesgos de ciberseguridad, pues más digitalización implica mayor responsabilidad estratégica para la dirección, que deberá considerar y mitigar posibles incidentes. Cómo proteger las nuevas dinámicas que se darán de forma virtual en las diversas organizaciones será un pilar fundamental de la ciberseguridad, especialmente cuando más y más infraestructura crítica dependa de avanzados procesos tecnológicos que son difíciles de defender.

La infraestructura crítica hoy en día no dispone en gran medida de la seguridad que la población asume que existe. Simplemente nunca hemos entrado en un conflicto serio internacional desde que desarrollamos toda esta nueva tecnología y digitalización que permite interconectar equipos nuevos y antiguos con Internet. Maquinaria esencial para el funcionamiento de la civilización como la conocemos, desde plantas potabilizadoras de agua hasta represas hidroeléctricas, aún no han sido seriamente atacadas.

En un escenario de conflicto internacional, es posible que veamos lo fuertemente desprotegido que esta aquello que consideramos esencial: la electricidad, el agua potable, los sistemas de calefacción, la cadena de producción de alimentos, el transporte y la logística en general que abastecen nuestros supermercados...

Tenemos un largo camino que recorrer y una fuerte inversión que realizar para disponer de sistemas críticos en los cuales podamos confiar. Para aquellos directivos que se encuentran al frente de este tipo de organizaciones, es fundamental y estratégico que tomen conciencia de los riesgos existentes y preparen sus infraestructuras para un futuro menos seguro y más imprevisible.

A nivel individual, resulta posible suponer un movimiento de patrimonio físico hacia un patrimonio virtual/digital, o de activos físicos pero cuya representación de propiedad se ha digitalizado. Esta transformación patrimonial no solo convertirá la ciberseguridad en materia esencial de estudio, sino que ofrecerá desafíos a los gobiernos para imponer normativa, impuestos y jurisdicciones, que ahora tienen total sentido a nivel físico pero que presentarán nuevos dilemas cuando estos activos solo existan en el ciberespacio. Continuaremos viendo la imposición de regulación tradicional a las experimentaciones con nuevas tecnologías y solo el tiempo, la renovación de los legisladores (la mayoría de los que ahora tenemos nacieron varias décadas antes de la popularización de Internet) y la mayor aceptación por parte de la ciudadanía facilitarán las discusiones necesarias para regular la innovación en materia digital y económica.

Debemos considerar también la posibilidad transformadora de organizaciones nativamente digitales, hoy conocidas como DAO (Organizaciones Autónomas Descentralizadas), que, aunque aún inmaduras y poco prácticas, pueden ser un vehículo para la formación y la coordinación de diversas comunidades virtuales que buscan establecer sus propias reglas, financiar sus propios proyectos y participar en modelos de democracia directa gracias al uso de tecnologías de *blockchain*.

Las nuevas formas de organización, de votar, de comprar, de vender y de participar también vendrán acompañadas de nuevos risgos, especialmente si la información se encuentra públicamente disponible. El mayor riesgo que presenta el estado actual de las tecnologías de *blockchain* es que la información está públicamente disponible, lo que pone en riesgo a sus propietarios, su privacidad, sus activos y tantos otros datos que se podrán inferir sobre las personas si permitimos que toda esta información esté disponible. Esta transparencia que consideramos algo positivo para la confianza general del modelo puede convertirse en la peor pesadilla de las personas y las organizaciones si llega a manos de criminales, de empresas de marketing, de la competencia o de gobiernos. Entiendo que aún no hemos visto la evolución final de estas tecnologías; muchas se encuentran en plena etapa de experimentación, lo que genera incertidumbre y hace difícil pronosticar un futuro cierto. Los fundamentos de muchas de estas tecnologías son sólidos, pero sus implementaciones apenas han comenzado, por lo tanto, en su forma actual son incapaces de proporcionar alternativas que superen tan ampliamente a las tecnologías existentes, que su adopción sea inevitable. Recordar que adopción de una nueva tecnología no significa reemplazo. Aún contamos con faxes, pese a la existencia del correo electrónico, de WhatsApp, de Microsoft Teams, Slack y tantas otras formas de comunicación que conviven en nichos de uso específicos a sus características (curiosamente el fax aún se utiliza en algunos círculos por considerárselo más seguro).

Con el tiempo y la posibilidad de madurar, podremos ver la aparición de unas pocas pero sólidas implementaciones que serán realmente transformadoras. Por ejemplo, al respecto de la privacidad, existe una tecnología conocida como Zero Knowledge (Conocimiento Cero) o ZK que podría colaborar con la posibilidad de generar herramientas que faciliten información públicamente verificable a la vez que protegen la identidad y la información privada de cada organismo e individuo. Aún en fase experimental, esta tecnología promete ofrecer una solución al dilema sobre la transparencia antes mencionado. Otro ejemplo es la creación de Lightning Network, una implementación sobre Bitcoin que permite facilitar pagos instantáneos, internacionales y a fracciones de centavos por transacción.

Es recomendable que las empresas observen de cerca los desarrollos en estas áreas con tecnologías innovadoras, pues presentarán amplio potencial de beneficios para aquellos pioneros con mayor tolerancia al riesgo. También los invito a considerar, previamente a involucrarse con activos digitales, el realizar una seria investigación y definir las medidas de seguridad pertinentes para evitar ser víctimas de estafas y ataques en este complejo nuevo mundo de *blockchain* y criptomonedas que de momento no perdona errores y puede eliminar capital en fracciones de segundo. Para quienes quieran recorrer este camino con seriedad, es importante encontrar un aliado tecnológico con visión de negocio que pueda asesorar a la empresa por fuera de los intereses comerciales, con foco en la estrategia de la organización y con comprensión del mercado, la tecnología y los consumidores. Es preferible abstenerse de recibir recomendaciones directamente de los desarrolladores de las plataformas cuyo interés es la penetración en el mercado y no la alineación estratégica del negocio con sus tecnologías. Estas tecnologías solo serán valiosas y efectivas si ayudan a las organizaciones a cumplir con sus objetivos de forma superadora, tanto en la percepción de los consumidores como en la visión de la empresa.

5.6   Inteligencia Artificial

El fenómeno de la Inteligencia Artificial (IA) avanza tan exponencialmente que es difícil de conceptualizar. Para cuando este libro esté impreso es probable que nuevos desafíos y riesgos hayan sido descubiertos; incluso es posible concebir que los próximos libros sean directamente escritos por IA y creados directamente para el lector, en el estilo literario que desee, sobre los temas que desee, con la longitud que desee e incluso con las conclusiones que desee. De hecho, para la escritura de este libro he experimentado y realizado parte de mi investigación trabajando con GTP-3 y *hablando* con ChatGPT. Debo decir que la calidad de muchas respuestas es asombrosamente precisa. Incluso he utilizado DALL-E para experimentar con temáticas e ideas para la tapa de este libro. GPT y DALL-E son ejemplos del potencial revolucionario y disruptivo de esta tecnología. En el caso de GPT, voy a dejar a la propia IA responder cuáles son sus objetivos:

Como una inteligencia artificial, no tengo metas o motivaciones personales. Mi función principal es ayudar a los usuarios proporcionando información y respondiendo preguntas lo mejor que puedo, basándome en mi formación y en el conocimiento que me han programado. Mi objetivo es proporcionar información precisa, útil y confiable para ayudar a los usuarios a comprender y aprender sobre diversos temas.

También podemos consultarle a ChatGPT para que nos ayude a comprender qué es DALL-E:

DALL-E es un sistema de inteligencia artificial (IA) de aprendizaje profundo desarrollado por OpenAI. Es una variante del modelo de lenguaje GPT-3, que está entrenado para generar imágenes a partir de descripciones de texto.

DALL-E utiliza una combinación de arquitectura de transformadores y una variante del modelo GPT-3 para generar imágenes. Ha sido entrenado en un conjunto de datos de pares de texto-imagen, lo que le permite aprender la relación entre las palabras y los conceptos visuales.

DALL-E tiene el potencial de revolucionar la forma en que se crean y utilizan las imágenes, ya que puede generar una amplia variedad de imágenes a partir de simples descripciones de texto. Sin embargo, es importante considerar cuidadosamente las implicaciones éticas y sociales del uso de sistemas de IA como DALL-E y asegurarse de que se utilicen de manera responsable y transparente.

Respuestas sorprendentemente coherentes y validas, y que nos presentan una pequeña muestra del potencial de estas tecnologías. Quizá se trate de la primera aparición de un serio contendiente para Google como plataforma dominante en el acceso a la información.

Evitaré en esta obra entrar en los millones de detalles técnicos que hacen fascinante y casi mágica a esta tecnología y avanzaremos directamente en los puntos clave que son relevantes a la ciberseguridad de los individuos y las organizaciones.

En primer lugar, la IA es simplemente un modelo programado para realizar tareas que aparentemente requieren inteligencia humana. Podemos imaginarlo como un sistema diseñado para emular el concepto de comprensión, de toma de decisiones, de identificación de patrones, de aprendizaje y de comunicación. Son modelos en particular diseñados para emular nuestra comprensión actual (y limitada) de como funcional el cerebro humano, mediante la interacción de billones de neuronas que están disparándose en este momento para que puedas identificar cada letra de esta palabra, cada palabra de esta oración y cada oración en este párrafo que transmite una o varias ideas concretas y relacionadas en tu mente.

Similar a un cerebro humano, la IA requiere absorber amplios volúmenes de información para poder inferir resultados útiles y válidos. Aquí, entonces, nos encontramos nuestra primera dificultad. La Inteligencia Artificial solo puede facilitar valor en proporción a la información que recibe y, si la información que se utiliza para entrenarla es de mala calidad o contiene algún tipo de tendencia o perversión en los datos, la misma se reflejará en los resultados.

Por ejemplo, si entrenamos nuestra IA con datos históricos universitarios de los últimos 500 años para ayudar a crear un modelo que asista en la selección de los mejores candidatos para ingresar o recibir becas, debemos tomar en cuenta que durante generaciones existieron grupos que no eran bienvenidos en las universidades, como mujeres, inmigrantes y ciertos grupos religiosos, entre otros; todo este sesgo será trasladado al proceso de selección del modelo.

Esto no solo presenta un riesgo ético, sino que supone un riesgo concreto en la calidad de vida o el acceso a diferentes servicios. Imaginemos que modelos similares serán usados para calcular el acceso al crédito, el acceso al seguro del hogar o del coche y el acceso y el precio de la medicina privada, entre tantos otros casos en los que se volcarán años de información en modelos de IA para asistir en la toma de decisiones. Como dioses de nuestros modelos de IA, las construimos a nuestra imagen y semejanza, trasladando nuestras tendencias consientes e inconscientes. El peligro radica en olvidarse de este fenómeno y pensar que la respuesta presentada será siempre objetiva y correcta. Posiblemente hay más espacio para la manipulación en el desarrollo de modelos de IA (mediante la elección de los datos de entrenamiento, por ejemplo), que la que podemos imponer en repositorios públicos como Wikipedia.

El máximo potencial de la IA lo puede extraer quien tenga acceso al más valioso recurso de nuestra época: datos. Aquellas organizaciones que dispongan de enormes volúmenes de información, con años y años de datos, serán las que puedan obtener el máximo beneficio y las que potencialmente controlen el mercado. Es esperable que con el paso del tiempo aparezca un grupo de IA relativamente genéricas, entrenadas con la información públicamente disponible como Wikipedia, Reddit, la web en general, libros, y tantos otros repositorios de contenido e interacciones donde modelos pueden obtener su material. Esto pavimentará el camino para la aparición de IA de segundo nivel que serán más específicas en tareas o temáticas concretas pero estarán basadas en la implementación genérica.

Por ejemplo, alguien podría tomar un modelo entrenado como GPT-3 y decidir incorporarle una base de datos creada con años y años de ejemplos de correos de *phishing* (aquellos correos en los que un hacker intenta que hagamos clic en un link malicioso o que descarguemos un archivo que contiene un virus o *ramsonware*). Con este modelo entrenado para crear e identificar específicamente correos maliciosos, un atacante podría solicitar a la IA que genere nuevas versiones de correos para maximizar la cantidad de víctimas. Incluso podría pedirle que envíe diversas versiones a diferentes destinatarios para evaluar el éxito de cada iteración, para mejorar en cada ronda la calidad del correo y aumentarla efectividad del mismo. A su vez, una empresa de seguridad podría utilizar exactamente el mismo modelo para revisar los correos que ingresan a la empresa e identificar aquellos que podrían ser un ataque de *phishing*.

Como vemos, esta tecnología tiene tremendas potencialidades y tremendos riegos. Los modelos pueden ser usados para cosas tan positivas como identificar enfermedades de forma temprana o con ideas tan maquiavélicas como desarrollar nuevos explosivos o virus. Estos modelos son tan disruptivos y multiplicadores del talento humano que no pasara mucho tiempo hasta que alguien lo utilice con fines malignos y veamos un fuerte cambio de dirección en la disponibilidad de esta tecnología para el público en general; quizá implementando similar regulación a la que vemos aplicada a criptomonedas, donde la identificación del usuario (KYC) se convierte en un aspecto fundamental para su uso.

Parte del problema con estos modelos es que están entrenados y diseñados para resultar lo más autoritativos posibles, haciéndole creer al usuario que la respuesta propuesta es inequívocamente correcta. Esto presenta un riego grave, pues como explicamos anteriormente, el modelo solo responde en base a la información con la que fue entrenado y puede proporcionar respuestas incorrectas y explicarlas de modo que resulta lógico pero incorrecto. El peligro de esta situación es que solo un experto en la materia en cuestión podría identificar que la respuesta provista no es correcta, mientras que una persona normal tomará la respuesta y la subsecuente explicación como convincente y real. A diferencia de Wikipedia e Internet en general, no siempre es posible identificar cuál es la fuente primaria de la respuesta obtenida, ni es posible garantizar que diferentes usuarios hayan recibido la misma información frente a preguntas similares. Esto impone riesgos en áreas como la política y la economía, pero también en cuestiones de salud, de relaciones, de género, de raza, de vínculos emocionales y tantas otras áreas donde la información provista al modelo para su entrenamiento puede ser incorrecta o condicionada. No debemos tampoco descontar los problemas que pueden ocasionar estos modelos si entregan respuestas que son técnicamente correctas pero política o moralmente inaceptables, y no debemos subestimar la dificultad en efectivamente censurar este tipo de comportamientos. Las respuestas provistas por la IA proporcionan una capa adicional de abstracción que nos alejan aún más de la comprensión respecto al origen de las respuestas. Si la sociedad ya cuenta con enormes desafíos para validar y gestionar noticias falsas, imaginemos las dificultades que encontraremos como sociedad cuando esa información se introduzca en los modelos de entrenamiento de IA. Difícil considerar quién tendrá la integridad (y la responsabilidad) de definir qué noticias son incorporadas en los modelos y bajo qué criterios.

Retomando la ciberseguridad, vemos que esta dinámica de requerir cada vez más datos para entrenar mejores modelos motivará batallas sociales, legales y económicas (potencialmente también militares) por el acceso a mayores y mejores volúmenes de información que puedan ser usados para entrenar más y mejores modelos de IA. Esta materia prima del siglo XXI pasará a contar con un valor excepcional de mercado y deberemos discutir quién es el dueño de los datos. ¿Son los usuarios los dueños de su información privada o esta será de acceso permitido para las empresas que los gobiernos designen en el nombre del bien común? Consideremos el siguiente caso relacionado con la información sobre la salud de los individuos:

El total de la información sobre los estudios médicos, diagnósticos, tratamientos y otra información relevante médica puede ser en un futuro considerado un bien común, necesario de compartir con empresas que realizan investigaciones sobre las causas y los tratamientos de enfermedades. Se podría argumentar que en sociedades como las europeas, donde la medicina es pública, este tipo de información ayudaría a reducir los costes totales del sistema de salud y proveer un mejor servicio a la comunidad en general. Los gobiernos se verían incentivados a legislar para hacer esta información accesible a empresas que entrenaran modelos orientados a mejorar la identificación temprana de enfermedades y la respuesta a tratamientos por los distintos tipos de pacientes.

Billones de euros se podrían ahorrar en gastos médicos a la vez que se podría mejorar la calidad de vida de millones de personas. Por otro lado, podemos considerar qué clase de precedente legal y moral deja este tipo de propuesta, ¿dónde está el límite del valor público de la información privada de cada individuo en pro del bien común? En este caso, la respuesta parece sencilla.

Veamos ahora un ejemplo más complejo. Imaginemos que una empresa está desarrollando un modelo de IA para simular objetos virtuales en vídeos y necesita, para entrenar su modelo, billones de fotos y vídeos capturados por personas desde sus dispositivos móviles. Por un lado, una empresa como Google (Google Photos) o Apple (iPhotos en iCloud) ya tiene billones de videos y fotos para entrenar modelos gracias a lo que suben cada día los usuarios, por lo tanto, ¿sería correcto que utilicen este contenido sin recompensar a los usuarios? ¿O sería más pertinente que se le pague a cada usuario cuyo video o foto fue utilizado para entrenar el modelo? ¿O quizá habría que solicitar a los usuarios que suban sus fotos y videos a una nueva plataforma a cambio de algún tipo de recompensa? Por ahora, la respuesta es no, no se le paga al usuario por sus datos. Sin embargo, el uso de *blockchain* y de nuevas formas de micropagos basados en *tokens* o criptomonedas puede facilitar la tarea de intermediar en la oferta y la demanda de información a las velocidades y los volúmenes necesarios para facilitar un mercado de información donde los verdaderos creadores de los datos sean recompensados por su participación voluntaria o involuntaria en el modelo final. Estas tecnologías permitirían pagar fracciones de centavos por cada foto o utilizar algoritmos que calculen el valor relativo de un vídeo para el modelo total. Miles de alternativas para automatizar estos procesos ya están disponibles (alternativas que son imprácticas en las finanzas tradicionales si consideramos las altas comisiones que se pagarían utilizando medios tradicionales como Visa, MasterCard o PayPal).

La compra y venta de información se encontrará en el centro de las futuras discusiones de ciberseguridad. Deberemos definir como administramos la propiedad de los bienes digitales, entre ellos la información y el contenido que generamos, que, insisto, pronto pasarán a valer más que muchas cosas que producimos y generamos en el mundo real. Imaginemos un empleado que mediante digitalizar su trabajo está entrenando un modelo para que luego un robot realice esa tarea, automatizando para siempre la función y volviendo innecesario al operador. ¿Cuánto vale esta información cargada al modelo? ¿Cómo recompensamos la labor de entrenar modelos? Aquellos que controlen los datos serán los nuevos barones del petróleo (ahora en formato de unos y ceros), dado que el multiplicador de productividad que se puede obtener mediante estas tecnologías está por fuera de nuestra imaginación.

Donde exista dinero y donde exista un intercambio digital de valor y activos, allí también estarán los hackers y estafadores, listos para aprovecharse de usuarios y organizaciones que no tomaron las debidas precauciones de ciberseguridad. El uso de IA no será ajeno a esta tendencia y proyecto, así que veremos la creación de grandes herramientas ofensivas y defensivas basadas en modelos de IA entrenados en miles de ciberataques y vulnerabilidades descubiertas.

El futuro también puede ofrecer la posibilidad de que cada persona "entrene" su propio modelo de IA. Como comentamos, la IA podría partir de un modelo genérico como GPT-3 y luego ser entrenada por su usuario, basándose en sus correos, sus chats, sus libros favoritos, sus películas preferidas o sus conversaciones para convertirse en el asistente virtual perfecto, uno al que se le puede solicitar que envíe un correo y el texto para el receptor sería imperceptiblemente similar a si lo enviara la persona real. Esta maravilla de futuro contrasta con la oscura posibilidad de que un hacker entrene un modelo en base al comportamiento de una persona real, como un CEO, una celebridad, un familiar o una expareja, basándose en comunicaciones anteriores, en apariciones en diarios y revistas, en entrevistas televisivas o simplemente en grabaciones con cámaras o micrófonos ocultos. Este modelo, entonces, producirá también resultados idénticos a los de la persona real, pudiendo incluso crear vídeos falsos (*Deep Fakes*) de la persona hablando y gesticulando como la persona real. Indistinguibles en una videollamada, en un mensaje de WhatsApp, en un correo electrónico o en una llamada telefónica. Este es uno de los problemas más complejos a los que se enfrentará la ciberseguridad en breve. Cómo gestionar y validar la identidad de las personas en un mundo cada vez más remoto, más virtual y donde las posibilidades de suplantar a alguien crecen exponencialmente en calidad, disponibilidad y facilidad de uso. No estamos preparados para el nivel de desconfianza que requiere operar en un Internet con estas potencialidades y deberemos movernos hacia formas de identidad digital que permitan certificar con quien nos estamos comunicando. Es posible que las tecnologías de *blockchain* y ZK (Zero Knowledge) puedan colaborar en este sentido para encontrar una solución al problema; también es posible que los gobiernos intervengan con la creación de una identidad digital obligatoria, pero esta centralidad puede presentar vicios ocultos de vigilancia masiva que tampoco presentan un futuro más libre.

Como mencionamos, a nivel organizacional y gubernamental la IA todavía presenta un problema complejo: es de momento imposible explicar con certeza por qué o cómo se ha producido un resultado concreto. Podemos entrenar modelos que identifican qué objetos hay en una foto, pero no podemos explicar con claridad qué criterio utilizo la IA para llegar a cada conclusión. Los modelos son extremadamente complejos, con billones de interrelaciones en cada cálculo y, al igual que con la mente humana, aún no podemos explicar con claridad cómo se llegó a una decisión concreta. Grupos de matemáticos con varios doctorados pueden proporcionar explicaciones más precisas, pero para la mayoría de la población, cuya vida se verá afectada por estos sistemas, las explicaciones serán un misterio. Quizá resultará útil imaginar la IA como un extraterrestre en nuestro planeta al que podemos realizarle preguntas. Podemos verlo consumir información sobre nuestro comportamiento, pero no podemos comprender "cómo" piensa o "por qué" ha decidido dar una respuesta puntual. Esto, que de momento resulta un ejercicio meramente teórico, presentará dificultades a las organizaciones cuando comiencen a utilizar estos sistemas y deban explicar los resultados a un público que quizá no esté contento o no coincida ideológicamente con lo acontecido.

El uso de IA deberá esperar no solo al momento en que el modelo entregue la respuesta correcta (prácticamente ya disponible), sino al momento en que el modelo pueda ser explicado y fácilmente comprendido por el humano. Imaginemos otro ejemplo: modelos de IA para la selección o para el despido de personal, para la aprobación o denegación de créditos, para el acceso a subsidios o viviendas o simplemente para un control de seguridad en el aeropuerto. El modelo debe poder ser auditado en caso de que los resultados muestren algún tipo de sesgo particular, como sesgos ideológicos, de raza, de género, etc. Las organizaciones tienen la obligación de justificar y responder por sus acciones, lo que se vuelve más difícil si no podemos expresar con claridad el razonamiento del algoritmo para alcanzar el resultado provisto o bien no podemos probar la validez estadística del resultado. Las empresas se enfrentarán a estos dilemas en relativamente poco tiempo, pues basta que algún competidor en la industria comience a usar modelos de IA y pruebe que los rendimientos son mayores para que toda la industria se vea forzada a seguir ese camino.

Solo cuando la mayoría de las organizaciones en una industria utilicen modelos similares de IA resultará evidente cuáles son las tendencias *discriminativas* del modelo y a qué tipo de población o minoría están perjudicando, pese a entregar mejores resultados económicos, ofrecer mayor eficiencia o básicamente optimizar según la variable que sea de interés de la organización o de sus accionistas. En mis presentaciones siempre resalto la idea de comenzar a entender el mundo en base a identificar qué variable se busca optimizar para la solución de un determinado problema; nos ayudará en la comprensión de la transformación digital que avanza delegando estas optimizaciones a sistemas cada vez más autónomos.

Esta incremental digitalización de los procesos organizacionales impactará directamente en las consideraciones de ciberseguridad que deberá tomar en cuenta el CEO del futuro. Ya no es suficiente considerar los procesos que facilitan las tomas de decisiones, sino que deberemos extender también la preocupación a atacantes tomando control o modificando decisiones tomadas por los distintos sistemas, decisiones que por su naturaleza son difíciles de justificar y entender y que presentarán desafíos para proteger organizaciones e individuos frente a intervenciones y manipulaciones directamente en los sistemas, los datos, o los resultados. Los directivos pasarán a depender más y más de los modelos de IA y deberán justificarse cada vez que decidan desviarse de la recomendación del modelo, quizá por mandato del propio directorio o de los accionistas, que habrán pasado a confiar más en la exactitud del modelo que en el criterio humano en la toma de algunas decisiones concretas. Estos son futuros lejanos pero posibles, puesto que los últimos 20 años han visto un detrimento en la libertad que damos a los empleados para tomar medidas que se desvíen de lo recomendado por el software de turno. Todos hemos vivido la experiencia de solicitar un cambio o una ínfima corrección en un trámite bancario o en una aerolínea (por citar algunos casos) para escuchar a un empleado o gerente decirnos que no dispone de la habilidad para hacer la modificación, que simplemente el sistema no le deja.

Los sistemas son enteramente diseñados para minimizar el libre albedrio de los empleados y garantizar la consistencia en los procesos, por lo tanto, debemos esperar similares resultados una vez que las plataformas sean mejoradas con modelos de IA, que podrán tomar decisiones en tiempo real sin proporcionar una explicación al empleado o al cliente. La IA será tan compleja y tomará en cuenta tantas variables que sería imposible de comprender, por lo que quizá facilite alguna respuesta genérica y entregue un identificador en caso de que el cliente quiera llamar al operador, introducir el número y escuchar a otro modelo de IA explicando por teléfono durante horas la lógica de la operación. Posteriormente, veremos que el empleado en sí ya no es necesario y el proceso se llevará a cabo interactuando con una pantalla o un robot directamente. Igual que McDonald's pasó de tener empleados a tener pantallas táctiles y fue rápidamente seguido por otras cadenas de restauración, diversas industrias seguirán esta tendencia. El proceso será gradual pero contundente. El resultado final será un superlativo incremento en la calidad de vida, pero el proceso será difícil y conflictivo.

5.7 Preguntas para reflexionar

1. ¿Cómo de avanzado es el grado de digitalización de la organización? ¿Qué impacto puede tener esto en los riesgos a los que se expone?

2. ¿Qué dependencia tiene la organización de los proveedores en la nube? ¿Qué plataformas utiliza? ¿Dónde se encuentran?

3. ¿Cómo cambios en los servicios que utilizamos en la nube pueden afectar a la organización?

4. ¿Ha optado la organización por el uso de activos digitales? ¿Criptomonedas, NFT, presencia en el metaverso? ¿Qué riesgos ha considerado en esta dirección?

5. ¿Ha considerado la empresa transformar sus productos en servicios? ¿Y sus servicios en información? ¿Ha explorado la organización nuevas formas de capitalizar la *blockchain*?

6. ¿Ha considerado la organización formas de utilizar la *blockchain* para expandir su cuota de mercado o generar nuevos productos y servicios?

7. ¿Ha considerado la organización algún uso comercial, logístico o financiero para las tecnologías basadas en *blockchain*? ¿Ha considerado qué tipo de beneficios y riesgos pueden acarrear estas tecnologías?

8. ¿Qué acciones realiza la empresa respecto a la privacidad de los empleados, proveedores y clientes? ¿Qué políticas de gestión de información se manejan? ¿Qué uso se le da a la información recabada? ¿Está la organización capitalizando el potencial de toda la información que captura?

9. ¿Utiliza la organización tecnologías como Big Data, Machine Learning o IA? ¿Qué uso le está brindando actualmente y qué uso se le puede dar en el futuro?

10. ¿Ha considerado la organización el impacto de este tipo de tecnologías (el posible impacto en eficiencias y costes internos y el posible impacto externo frente a competidores que aún no las utilizan)?

_____   _____

[1] N. Taleb, *Skin in the Game: Hidden Asymmetries in Daily Life, Random House,* 2018.

CAPÍTULO 6
MERCADOS Y GEOPOLÍTICA

6.1 Introducción

Existe una lectura alternativa de la ciberseguridad que no presenta el eje de su estudio como una extensión de la seguridad física o de cómo proteger a nuestros ordenadores. La ciberseguridad puede concebirse de una manera diferente, más compleja, profunda, como un marco teórico y un conjunto de herramientas que nos permitan gestionar nuestra autonomía e individualidad en un mundo con exponencial aumento de la digitalización, con mayor integración de personas y organizaciones en Internet y con implicaciones en seguridad, conflictos geopolíticos, economía y sociedad. Cada vez estamos más interpelados por dispositivos inteligentes que generan y comparten información sobre nosotros, que definen y sostienen nuestro estilo de vida y que nos permiten navegar la creciente complejidad moderna. La digitalización de los diversos ámbitos de la vida continúa su avance y pronto deberemos afrontar preguntas sobre el significado de la desconexión: ¿en qué punto la muerte y la desconexión cruzan sus caminos?, ¿hasta qué punto puede utilizarse la desconexión como arma en los futuros conflictos?, ¿cuál es el riesgo de que ocurra una versión digital de la quema de la biblioteca de Alejandría? ¿Como garantizamos la continuidad del conocimiento generado? Esta nueva era de expresión y expansión humana tendrá a la tecnología como su principal intermediario; esto nos lleva a considerar que si no desarrollamos una sensibilidad, una intuición y un marco conceptual para comprender los posibles riesgos y beneficios de esta transformación, estaremos expuestos a ser explotados por aquellos que dominan las nuevas tecnologías y potencialmente terminar con solo dos tipos de personas: aquellas que reciben órdenes de un ordenador y aquellas que los configuran.

Cuando en la Grecia antigua se utilizaba el concepto de crisis, se lo asociaba a un momento decisivo, un antes y un después en el desarrollo de una batalla o una enfermedad. El momento donde se podía estimar si el paciente se recuperaría o si una nación triunfaría o desaparecería [1]. Thomas Paine incorpora en 1776 el concepto de crisis como revolución política; quizá es momento es revisar el uso de esta palabra y considerar qué tipo de crisis de ciberseguridad podemos encontrar en los próximos años, particularmente considerando la situación geopolítica y tecnológica actual e incorporando el impacto histórico de diversos procesos sociales y económicos.

Ya el propio Fukushima, en su famoso libro sobre el "final de historia", comenta que Aristóteles creía que ningún régimen puede satisfacer al hombre completamente, y que esta insatisfacción llevará a reemplazar un régimen político por otra alternativa diferente en un ciclo sin fin por todos los tiempos; que particularmente los regímenes democráticos tienen una tendencia a ser reemplazados por tiranías [2]. Es en este marco que debemos detenernos brevemente a considerar qué tipo de tecnologías estamos desarrollando y qué impacto pueden tener ante fuertes cambios sociales o políticos. Como bien explica Ray Dalio, la naturaleza poco frecuente de los grandes cambios implica que solo se viven una vez por cada generación, y es natural que los contemporáneos no contemos con una intuición acertada para evaluar los impactos en los cambios de ciclo, de ahí la necesidad de refugiarnos en la historia para intentar comprender sus posibles consecuencias. [3]

En esta dirección veremos a la ciberseguridad convertirse en una fuerza que ayude a equilibrar las preocupaciones y los miedos asociados (correcta o incorrectamente) a las nuevas tecnologías, a la vez que garantice la seguridad de individuos y organizaciones con crecientes necesidades de interconexión. La ciberseguridad se encuentra presente en la vida de las personas y las organizaciones con o sin su conocimiento, y no es lejano el momento en que la seguridad digital presente más preocupaciones que la seguridad física. Así como todos tenemos distorsiones de riesgos y nos preocupan más los tiburones que las motocicletas, o los terroristas más que los narcotraficantes, es natural que lleve varios años hasta que la correcta concepción de riesgo digital se imponga en la población general.

La ciberseguridad participa en comprobar que tú eres realmente tú cuando operas en el ciberespacio. Define utilizando tu contraseña o tu huella digital alguien (esperemos que seas tú) puede acceder a tu cuenta bancaria, a tu correo electrónico o a los resultados de tus estudios médicos. La ciberseguridad define e implementa las reglas y barreras para ingresar en Internet, controla la red que utilizas para navegar y la red que bloquea contenido pirata o ilegal, permite que se conecte tu persona física con tu persona digital y te permite acceder a la biblioteca de conocimiento gratuito más grande de la historia. Este rol de custodio no está exento de responsabilidades y riegos, por ello es necesario que las personas y las organizaciones tomen conocimiento de estas situaciones y participen en la regulación de la seguridad, cuyo impacto afecta a varios aspectos relevantes de la vida privada y organizacional.

El actual ciclo social presenta un fuerte aspecto paternalista, y en este sentido la ciberseguridad es uno de los tantos mecanismos que acompaña a esta tendencia global, que asume que las personas deben ser protegidas de su propia incompetencia. Se delegan más y más tareas en procesos centralizados que garantizan el correcto funcionamiento del conjunto y limitan el daño que cada individuo es capaz de infligir a otros, pero principalmente a sí mismo. Ejemplos de esta tendencia van desde tazas de café que deben informar al usuario de que están calientes hasta procesos organizacionales que obligan al empleado a seguir estrictamente los pasos dispuestos por el sistema, sin agencia alguna para salirse del guion. Naturalmente, esta tendencia facilita el óptimo procesamiento y escalabilidad de las grandes organizaciones, pero deja expuestas a las personas a ser fácilmente reemplazables por nuevas tecnologías y a tener baja resiliencia frente al mal funcionamiento de sistemas, que tarde o temprano serán objeto de ataque por algún cibercriminal o activista.

En una organización donde reducimos la agencia de las personas a seguir estrictos procesos definidos en los sistemas, en donde hemos reducido al máximo el personal y operamos con la mayor automatización posible, quizá con IA que toman decisiones directamente sobre los resultados de las operaciones, ¿qué tipo de impacto tiene un ciberataque? La automatización e integración de nuevas soluciones como la Inteligencia Artificial y la robótica tienen el potencial de transformar procesos productivos a escala global; quizá hasta podrían catalizar la salida de la Comunidad Europea de la próxima crisis económica, permitiendo la reindustrialización de la región basándose en producción de alta tecnología con mínimo personal. También pueden exponernos a una creciente cantidad de ciberataques y activismo digital producto del descontento de los territorios afectados y de aquellos que se consideran abandonados por un sistema económico y social que ya no requiere sus talentos o su tiempo para la producción o para la defensa.

6.2 Dispositivos

Lo que hoy vemos simplemente como un reloj o un anillo capaz de monitorizar nuestro ritmo cardíaco, temperatura, nivel de descanso nocturno, concentración de oxígeno en sangre y tantas otras variables vitales relevantes tiene el potencial de imponer indirectamente similares tecnologías como obligatorias en diversos espacios. Podríamos estar hablando de la validez de nuestra póliza médica o de los requisitos para presentarse a una entrevista de trabajo, un examen universitario o simplemente para ingresar en la fábrica o la oficina, así como para acceder a nuestro ordenador. Estas tecnologías continuarán desarrollando integraciones y nuevos casos de uso. Recordemos que lo que hoy resulta novedoso mañana resultará necesario y, posteriormente, será considerado inmoral o temerario no usarlo.

La historia muestra que no es necesario obligar a las personas a utilizar un dispositivo, solo basta con presentarlo como opcional para obtener beneficios significativos y esperar a que crezca la adopción. Podemos imaginar una aseguradora de automóviles que decide ofrecer un plan con un descuento del 40 % en el precio del seguro a quienes instalen un sistema de monitorización en su vehículo que permita determinar cómo y dónde conduce el individuo. La aseguradora tendrá en cuenta su extensa base de datos histórica y concluirá que en la zona X de la ciudad XYZ existe un 12 % más probabilidades de ocurrir un accidente y que el 54 % de los accidentes graves ocurren tras las 22:30 h y con vehículos viajando a más de 63 km/h. Con esta información y un dispositivo capaz de monitorear que el vehículo se mantenga dentro de estos parámetros, la aseguradora efectivamente puede ofrecer sus servicios a un precio más bajo a quienes estén dispuestos a cumplir con estas restricciones y acceder a monitorizar su vehículo. De modo que cualquier accidente que ocurra fuera de los parámetros acordados no estará incluido en la cobertura, o bien el dispositivo podría limitar directamente que el vehículo no pueda desplazarse por fuera de la velocidad o zona acordada. Podría también exigir la aseguradora una cámara en la cabina del conductor, que pueda ver lo que ocurre fuera del vehículo, o ver al conductor, para determinar si este estaba prestando atención o no en el momento del accidente y determinar su responsabilidad. Hasta aquí no solo hablamos de tecnología disponible para instalar y solicitar, sino que hablamos de tecnología que en muchos casos ya se encuentra instalada dentro de los vehículos como parte de sus atractivos (cámaras en todas direcciones, acceso a Internet, GPS, etc.). Solo nos falta la integración y el caso de negocio.

A primera vista, posiblemente el lector no considere el ejemplo provisto como algo particularmente negativo; en definitiva, incorpora un beneficio para el "buen" conductor y para la aseguradora, ambos promotores del uso de nuevas tecnologías. Similar enfoque podríamos proponer entonces para los empleados de maquinaria pesada o conductores que deban utilizar un dispositivo para medir el descanso de la noche anterior si quieren que el bus o la retroexcavadora arranque por la mañana. O invitar a candidatos y empleados a compartir sus pulsaciones en tiempo real con la empresa para monitorear posibles picos de estrés y otras anomalías que pueden desembocar en problemas cardiacos, de forma que la organización pueda tomar medidas preventivas y garantizar la salud de su personal. Podríamos también monitorear su temperatura corporal y prohibir el ingreso a edificios públicos, de oficina y al transporte público si la persona presenta un cuadro febril. Podríamos imponer condiciones en la recepción de beneficios sociales o acceso a la salud pública basadas en parámetros de consumo o ejercitación, fomentando así hábitos saludables en las personas. Cada lector hará una interpretación diferente del balance entre los beneficios y los riesgos del aumento de la monitorización de las personas; la única certeza es su moderada pero sostenida adopción, primero por parte de los individuos mediante beneficios individuales y luego por parte de las organizaciones (y gobiernos) mediante diversos incentivos.

Existe otra lectura, bastante menos optimista y que realizamos desde la ciberseguridad, sobre estas nuevas tecnologías que se van incorporando a la vida cotidiana. Por ejemplo, si retomamos el ejemplo de la aseguradora de coches:

- La limitación por precio de las libertades individuales y colectivas; es decir, que aquellos dispuestos o capaces de pagar más por su seguro serán beneficiarios de moverse con mayor libertad, pudiendo viajar sin restricciones. Esto no es un inconveniente limitado a la ciberseguridad, pero veremos cómo esta brecha aumenta con el uso de la tecnología.

- Discriminaciones y segregaciones basadas en información estadísticamente correcta. Imaginemos dos vecindarios, A y B, en lados opuestos de la ciudad. Si sabemos que B tiene mayor incidencia histórica de crímenes, es lógico concluir que existe un incentivo para que los seguros sean más baratos en A (donde ocurren menos crímenes) que en B, desplazando con ello negocios, servicios y personas, acelerando aún más la caída de la calidad de vida de B. Este fenómeno se presenta en muchas ocasiones de forma natural, pero la utilización de modelos basados en IA o cálculos como los mencionados pueden fomentar o acelerar estos procesos.

- La creación de monopolios tecnológicos. La recolección masiva de datos fomenta y sostiene la existencia de organizaciones que dificultan la justa competencia. Consideremos que muchas organizaciones han ofrecido sus servicios gratis durante años para acumular billones de datos que serán usados para entrenar modelos más precisos y avanzados, que otorgan ventajas competitivas difíciles de alcanzar. También hay otras tantas organizaciones que han acumulado billones y billones de datos y jamás han pagado un céntimo a sus creadores (los usuarios), ni siquiera mediante la provisión de servicios gratis como Gmail o Facebook. Pensemos en empresas como Apple o Amazon, que acumulan enormes volúmenes de información no solo de forma gratuita, sino que además financian y sostienen los costes de adquisición y mantenimiento gracias a sus propios consumidores y creadores de contenido.

La incorporación de nuevos dispositivos y funcionalidades tiende a acomodarse en la irreversibilidad del *statu quo*; vemos que la tendencia va en dirección de una mayor captura de información, motivada por una variedad de argumentos que evolucionan según las preocupaciones del momento. El aumento de problemas cardíacos y los excesos de muertes que vemos en la actualidad seguramente motiven a muchos usuarios a comenzar a monitorear su frecuencia cardíaca. Futuros incidentes, quizá asociados al consumo de alimentos o a la huella de carbono, motivarán el desarrollo de nuevos sensores para satisfacer la demanda de consumidores y organizaciones por disponer de más y mejores métricas. Desde la salud estos desarrollos son más que bienvenidos, desde la ciberseguridad nos toca realizar un análisis más prudente sobre los riesgos y las implicaciones de la información que capturamos.

La teoría de juegos (*Game Theory*) aquí encaja perfectamente, pues organizaciones que deben trabajar con menos información se encuentran en la disyuntiva de subir los precios para compensar la falta de información, o bien comenzar también un programa de captura o compra de datos que les permita competir en igualdad de condiciones. Datos es rentabilidad, predictibilidad y eficiencia en la gestión de recursos, no poseerlos tendrá un costo significativo para las organizaciones. Particularmente, las empresas se encuentran motivadas a capturar información lo antes posible; quien quede detrás pagará fuertemente el retraso. Una vez que el mercado avance efectivamente en esta dirección, maximizando la automatización, con mínimo personal operativo, con robotización de la producción y modelos de Inteligencia Artificial, los beneficios serán tan elevados desde el punto de vista empresarial que se volverá casi imposible mantenerse competitivo sin sumarse a la dinámica. La alternativa viable será trasladar, con precios más altos, las carencias competitivas, ofreciendo servicios que no capturen información para aquellos afortunados que puedan pagar el beneficio de la privacidad. Quizá podemos concebir un futuro donde viajar en primera clase requiera compartir menos información personal o dispositivos propios con la aerolínea que viajar en clase turista.

Naturalmente, empresarios, celebridades, periodistas, disidentes, políticos y, por qué no, criminales buscarán un cierto nivel de seguridad o privacidad que los hará felices usuarios de servicios *premium* que puedan ofrecer mejores perspectivas de privacidad respecto a la recolección de datos o la necesidad de conectar sus dispositivos. Esta situación será, en ocasiones, vista como un problema de ciberseguridad, y debe el lector ser cuidadoso en su búsqueda de privacidad. Por ejemplo, la empresa europea EncroChat vendía teléfonos encriptados con características de seguridad de primer nivel, incluyendo encriptación de grado militar y tecnología de autodestrucción, pero fue posteriormente infiltrada por agentes de seguridad en una operación conjunta europea (Reino Unido, Francia y Holanda) que logró obtener acceso a los servidores centrales y a todas las comunicaciones. Similar historia encontramos con ANOM, un aplicativo de mensajería encriptado que utilizaban usuarios alrededor del mundo y que terminó siendo una operación gestionada por el FBI entre 2018 y 2021, donde capturaron y analizaron todas las comunicaciones ocurridas en la plataforma. El punto a enfatizar aquí es cómo la segregación de aquellos que buscan mayor privacidad puede terminar en operaciones de intervención y escucha con la excusa de perseguir criminales. Desconocemos qué proporción de periodistas, disidentes, empresarios, políticos u otros usuarios no criminales utilizaban estos servicios de comunicaciones privadas y si han sido víctimas de algún tipo de consecuencia producto de estas operaciones.

Existe una fuerte dificultad en mantener elevados estándares de privacidad cuando la idea predominante es que solo los criminales tienen algo que esconder. Negarse a proveer información a las autoridades es visto como una actitud sospechosa. Freud decía "todo hombre abriga deseos que no quisiera comunicar a los demás, y otros que ni aún quisiera confesarse a sí mismo" ¿Cómo balanceamos esta natural inclinación del ser humano a guardar secretos con la constante presión de compartir cada vez más información sobre nuestras vidas privadas? [4]. Esta narrativa actual que persigue la captura constante de información tendrá como consecuencia el visibilizar aún más la brecha entre aquellos que pueden pagar por privacidad y aquellos que simplemente no tienen otra alternativa. El extenderse de esta división, dejará más expuestos a aquellos interesados en la privacidad y los acercará más a ser vistos como *criminales* que como individuos responsables. Eduard Snowden comenta que "argumentar que no te importa el derecho a la privacidad porque no tienes nada que ocultar no es diferente a decir que no te importa la libertad de expresión porque no tienes nada que decir".

Desde la ciberseguridad, veo tan extrema la tendencia que observamos respecto a la generalizada captura de datos mediante el uso de nuestros dispositivos que podemos considerar el siguiente escenario que surgió durante una de mis presentaciones:

> Imaginemos por un momento que estamos en plena Guerra Fría, somos el mejor ingeniero ruso y la KGB nos solicita desarrollar el más sofisticado dispositivo de espionaje jamás inventado. Tenemos presupuesto ilimitado y estamos ante un proyecto que puede salvar la patria de nuestros camaradas. ¿Cuáles serían los requerimientos y funcionalidades que necesitamos? Veamos la tormenta de ideas:
>
> - Micrófono
> - Cámara de video / fotos
> - Localizador en tiempo real
> - Imposible de apagar

- Batería de larga duración
- Múltiples formas de conexión a distancia
- Capaz de monitorear signos vitales y otras métricas biológicas
- Adquirir información biométrica de identificación (huella, iris, cara)
- Información de estado físico y mental del usuario
- Información del ambiente (luminosidad, temperatura, imagen, sonido, video, altitud, presión atmosférica, etc.)
- Interceptar comunicaciones
- Identificar personalidad y áreas de interés
- Identificar asociados y círculos sociales
- Posibilidad de acceso remoto
- Posibilidad de ser actualizado con nuevas funcionalidades
- Para ser utilizado en todo momento
- Resistente al agua, a los golpes y al polvo
- Idealmente, que los propios objetivos paguen por el dispositivo
- Convertirlo en parte de la vida cotidiana
- Generar el deseo y la necesidad de llevarlo con uno
- Convertirlo en un símbolo de estatus, moda y prestigio

Afortunadamente, la KGB fue disuelta antes de poder terminar este proyecto imaginario. Cualquier similitud con los dispositivos que utilizamos diariamente es mera coincidencia, al igual que la homogeneidad de la oferta de modelos entre los cuales elegir. Sorprendentemente, ningún gran fabricante ha optado por baterías extraíbles, un botón físico de encendido/apagado que desconecte el dispositivo, un botón físico para desconectar la cámara o el micrófono o una luz indicadora cuando la cámara o el micrófono están grabando, entre tantos otros ejemplos de potenciales mejoras de privacidad. Esto obliga a los más paranoicos a tener que físicamente abrir los dispositivos y cortar cables de micrófonos o cámaras directamente para comunicarse solo con cascos o auriculares.

Apple ha dado un paso más allá con el desarrollo de AirTags, cuya descripción nos indica que "el AirTag te permite rastrear fácilmente objetos, como las llaves, la cartera, la bolsa, la mochila, el equipaje y mucho más". Hoy esta tecnología ya está presentando problemas de seguridad para quienes son víctimas de parejas celosas, exparejas o simplemente perseguidas por criminales. Es particularmente problemático si tienen un dispositivo Android y no reciben una notificación de estar siendo seguidos por un AirTag. Consideremos que si este nivel de precisión en el rastreo está disponible por apenas 30 euros, ¿qué posibilidades de seguimiento tienen las fuerzas de seguridad y los criminales bien financiados? Notablemente, un AirTag no puede ser apagado, la única forma de detener el envío de la ubicación es sacando la batería, privilegio que ya no disponemos en nuestros móviles.

Hasta ahora nos hemos limitado a considerar solo los dispositivos existentes, sin proyectar demasiado las posibilidades de nuevos sensores que puedan ser colocados de forma permanente o que puedan medir diversos indicadores fisiológicos (nivel hormonal, sudoración, tensión muscular, actividad neuronal, etc.) y, potencialmente, en un futuro más lejano, medir indicadores neurológicos para identificar emociones (estrés, ansiedad, miedo, euforia, ira, alegría) mediante el análisis de patrones de activación neuronal, o bien la medición de fluidos como sangre, saliva, orina, etc. Como hemos identificado, estas mediciones no se darán de forma coercitiva, sino que serán los propios usuarios quienes, por voluntad individual, incentivados por los beneficios que este tipo de sensores pueden aportar a sus vidas, se conviertan en promotores y participantes en la implementación de estas tecnologías.

Los beneficios que aportarán estas nuevas herramientas serán reales y su propuesta de valor será superadora (mayor esperanza de vida, mejor salud preventiva, mejores precios o acceso a nuevos tratamientos) y la medicina se convertirá en una ciencia mucho más exacta y personalizable según las características y la evolución de cada paciente. No debemos intentar detener el progreso de estos nuevos métodos que mejoraran la calidad de vida de millones de personas, solo detenernos a considerar la forma de implementarlo que maximice las libertades individuales de participación y la justa compensación a quienes aportan la información que hace posible el desarrollo de los modelos.

El conocimiento en ciberseguridad nos obliga a colaborar en el desarrollo de estas tecnologías pero también a comprender los potenciales riesgos de su uso extendido, en particular en lo referente a la vigilancia y a quien tiene acceso a la información capturada. Desde nuestra perspectiva, es necesario que las personas, y en particular los directivos, comprendan la existencia de estos riesgos al momento de tomar decisiones que pueden acelerar o cambiar el curso de una tecnología o de su implementación en el mercado. Serán las organizaciones las que recolecten y analicen la información de millones de usuarios y es necesario que los directivos tomen plena conciencia de la responsabilidad de ciberseguridad que esta dinámica implica en sus gestiones. Existe también una responsabilidad indelegable por parte de las personas de exigir el uso responsable de sus datos, aunque lamentablemente no hemos visto de momento mayor conciencia en la ciudadanía al respecto.

6.3 Más allá de la ciberseguridad

Si buscamos comprender la ciberseguridad por fuera de sus consideraciones técnicas, en su representación más estratégica y filosófica, podemos visualizarla en el centro de la dinámica entre el individuo y las organizaciones, dado el mundo completamente digitalizado (y potencialmente virtualizado) al cual nos acercamos. Podemos incluso ver la ciberseguridad en el medio de la conflictividad que puede surgir en esta transformación de lo físico a lo digital, de lo humano a lo automatizado, de lo central a lo descentralizado. La ciberseguridad otorga una posibilidad de tramitar el miedo a lo desconocido y al progreso tecnológico, tanto por organizaciones como por individuos; de mirar a los unos y los ceros que atraviesan cables y ondas electromagnéticas. El aire que nos rodea está continuamente atravesado por paquetes de datos (Wifi, Bluetooth, 3G, 4G, 5G y próximamente 6G), cargado de información pero cada vez más vacío de contenido y sentido. La ciberseguridad se encuentra en el centro de la batalla entre la conexión y la desconexión, entre el individuo y la comunidad, entre los buenos y los malos, ya que ocupamos espacios públicos y privados donde nos encontramos perpetuamente medidos y monitorizados por sensores que cuestan apenas céntimos, por cámaras que cuestan apenas unos euros y por el más eficiente motor de recolección de datos que la civilización haya concebido. Esta no es solo mi observación, el propio Klaus Schwab fundador del Foro Económico Mundial (WEF) comenta en su libro del 2020:

> "Esto es lo que sucedió después de los ataques terroristas del 11 de septiembre de 2001. En todo el mundo, las nuevas medidas de seguridad, como el uso generalizado de cámaras, la solicitud de tarjetas de identificación electrónicas y el registro de entrada y salida de empleados o visitantes, se convirtieron en la norma. En ese momento, estas medidas se consideraron extremas, pero hoy se usan en todas partes y se consideran 'normales'. Un número cada vez mayor de analistas, responsables políticos y especialistas en seguridad temen que ahora suceda lo mismo con las soluciones tecnológicas implementadas para contener la pandemia. Ellos prevén un mundo distópico por delante de nosotros." [5]

Tanto es el volumen de datos, tal es la magnitud de información que recolectamos, que hemos superado ampliamente la capacidad de análisis del ser humano. Hemos tenido que construir modelos que nos ayuden a identificar patrones, a categorizar, a darle un sentido a todo este mar de datos, a simplificar la complejidad de la realidad, a construir representaciones más sencillas que nos permitan tomar decisiones, optimizar procesos y maximizar la eficiencia de los sistemas. Estas nuevas facultades cargan la responsabilidad de comprender que las simplificaciones no son la realidad; la realidad es infinita complejidad y debemos caminar la modernidad con cuidado de no ser víctimas de vendedores de soluciones sencillas para problemas complejos.

Profundizando en esta idea veremos que los problemas *sencillos* se solucionan más óptimamente de forma centralizada, mientras que los problemas complejos se optimizan descentralizadamente, mediante la maximización en la participación de individuos diversos con objetivos compatibles. En consecuencia, debemos estar atentos a problemas complejos que proponen solucionarse de forma centralizada y sencilla. Para tomar dimensión de la distinción, consideremos por ejemplo que el funcionamiento de un coche es un problema complicado, mientras el tráfico de una ciudad es un problema complejo. Históricamente, cuando se busca resolver modelos complejos desde una posición de poder centralizado, tienden a requerir una fuerte coerción y vigilancia en búsqueda de contener, dirigir y predecir los comportamientos e interconexiones de millones de individuos.

Si consideramos al menos remotamente posible que estas herramientas digitales de control y monitoreo puedan caer tarde o temprano en las manos equivocadas, debemos entonces detenernos a considerar qué tipo de consecuencias pueden presentar para las personas y las organizaciones; pues aunque cuente con una baja probabilidad de ocurrencia, en el largo espacio temporal que nos queda como especie en este planeta, en algún momento nos enfrentaremos a un país utilizando estas herramientas contra la población dentro y fuera de su territorio.

Recientes desarrollos a nivel geopolítico nos muestran que estos escenarios no son tan lejanos como pensábamos. Nuevamente Europa se encuentra envuelta en una guerra (Ucrania), nuevamente crece la tensión entre dos superpotencias (China y EE. UU.) y nuevamente vemos el surgimiento de gobiernos más autoritarios y de narrativas que dividen y radicalizan a la sociedad. Si proyectamos esta tendencia en el tiempo, es difícil concebir que las habilidades provistas por las nuevas tecnologías no serán utilizadas para garantizar el orden y la estabilidad de quien se encuentre en el poder.

En este marco, la ciberseguridad no solo será útil para proteger nuestras redes y ordenadores, sino que se convertirá en el cuerpo de conocimiento que permitirá tener alguna oportunidad de ejercer o recuperar libertades individuales en territorios donde las autoridades hayan decidido hacer uso de todo el potencial ofensivo de la tecnología moderna.

Retomando una óptica más positiva y empresarial, el directivo podrá apreciar que muchas tecnologías ofrecen grandes ventajas para aquellos pioneros en implementarlas. Es difícil imaginar empresas y organizaciones que se mantengan competitivas en los próximos 25 años si no consideran seriamente un plan de integración de nuevas tecnologías como Inteligencia Artificial, , realidad virtual o realidad aumentada, *blockchain*, automatización, robótica, energías renovables, *Big Data*, Internet de las Cosas (IoT), impresión en 3D, equipamiento autónomo, computación cuántica, nuevos materiales compuestos y biotecnología, entre tantas oportunidades de obtener capitalizar innovación y desarrollo.

Geoffrey West comenta en su libro *Scale*: "La cantidad relativa asignada a I+D disminuye sistemáticamente a medida que aumenta el tamaño de la empresa, lo que sugiere que el apoyo a la innovación no se mantiene al día con los gastos burocráticos y administrativos a medida que las empresas se expanden" [6]. Adicionalmente, es entendible que a medida que aumenta el tamaño y la complejidad de la organización, aumentan los riesgos y mayores precauciones deben ser implementadas al momento de innovar. Transversal a todas las áreas que hemos mencionado vemos que se encuentra la ciberseguridad, y vemos que su rol y relevancia aumentarán a medida que un mayor porcentaje de la organización sea digitalizado. La mayor transformación se presentará cuando las organizaciones se muevan al uso de activos nativos digitales, como criptomonedas o *tokens*, y debamos repensar muchos de los procesos que son necesarios para garantizar la seguridad y la gestión de este tipo de patrimonio.

Ahora es el momento de construir un equipo de ciberseguridad sólido y multidisciplinario dentro de la organización, buscando individuos de las más diversas características y maximizando los diferentes puntos de vista en un sector que necesita toda la creatividad y el pensamiento lateral disponible. Ahora es el momento de construir y desarrollar talento, dando la oportunidad a los nuevos candidatos a crecer de la mano de las nuevas tecnologías. Empresas que posterguen la inversión en ciberseguridad en pro de solo inversión en innovación se exponen a los riesgos adicionales que atraen sus nuevas propuestas.

Empresas que solo invierten en ciberseguridad se exponen a perder competitividad y nuevas oportunidades. Empresas que no conocen o comprenden sus riesgos de ciberseguridad serán reiteradas víctimas de ciberataques y de una feroz competencia por el poco talento disponible.

Las empresas que busquen mantenerse independientes, que operen en sectores complejos o en sectores que se encuentran en el medio de disputas geopolíticas, que proveen servicios esenciales, disponen de infraestructura crítica o trabajan con clientes o proveedores de empresas estratégicas serán organizaciones que no puedan darse el lujo de pensar en la ciberseguridad simplemente como parte de la gestión tecnológica; deberán necesariamente comprender que una buena estrategia de seguridad es necesaria para mantener la libertad operativa de la organización, para maximizar los beneficios de los accionistas y para proteger a sus empleados y colaboradores.

6.4   El nuevo Internet

En apariencia, Internet se ha mantenido relativamente estable, utilizando muchos de los protocolos abiertos originales, aunque con sucesivas mejoras para incorporar nuevas funcionalidades, mayor seguridad, mayor performance y mayor escalabilidad. Con la premisa de dividir la comunicación en pequeños paquetes que pueden ser independientemente enviados y recibidos mediante una red de ordenadores y buscando descentralizar las comunicaciones y asegurando que los ordenadores encuentren la forma de comunicarse aun cuando uno o varios hayan sido afectados, surgieron los precedentes básicos de lo que aún hoy conocemos como Internet. Esta apertura transformó el mundo y permitió que cualquier persona desde cualquier lugar se conecte a Internet, sin permiso o aprobación de nadie, simplemente abierto para todos, para compartir y para recibir información, para enviar y recibir datos, para que cada empresa y cada persona construya su propia plataforma y la presente al mundo. Desde luego, este invento fue recibido con gran escepticismo, pues poco aparentemente tenía Internet para aportar con los avanzados desarrollos del fax, la radio, la televisión y el teléfono. Incluso en 1995, Clifford Stoll publicó lo siguiente para la revista *Newsweek*:

> "Nos prometieron compras instantáneas por catálogo: solo hay que seleccionar y hacer clic para obtener grandes ofertas. Solicitaremos billetes de avión a través de la red, haremos reservas en restaurantes y negociaremos contratos de venta. Las tiendas quedarán obsoletas. Entonces, ¿cómo es que mi centro comercial local hace más negocios en una tarde que los que maneja todo Internet en un mes? Incluso si hubiera una forma confiable de enviar dinero a través de Internet, que no existe, a la red le falta un ingrediente esencial del capitalismo: los vendedores.
>
> ¿Qué hay de la publicación electrónica? Intente leer un libro en un disco. En el mejor de los casos, es una tarea desagradable: el brillo miope de un ordenador torpe reemplaza las páginas amigables de un libro. Y no puedes llevar ese *laptop* a la playa. Sin embargo, Nicholas Negroponte, director del MIT Media Lab, predice que pronto compraremos libros y periódicos directamente a través de Internet. Seguro."

Por absurdo que resulte leer estas líneas, este es el trato que siempre se les da a los nuevos desarrollos; también nos debe dar una lección de paciencia para saber que las transformaciones toman muchos más años en llegar que las estimaciones y promesas iniciales.

Sin embargo, desde el punto de vista de la ciberseguridad, Internet es hoy un lugar muy diferente al que conocimos hace varios años atrás. Esta versión de Internet se ha convertido en un teatro de operaciones de diversos actores, muchos de ellos maliciosos.

El Internet que hoy conocemos abandonó su filosofía original de apertura, colaboración e investigación para convertirse en un espacio de disputa entre diversos intereses económicos, políticos y, más recientemente, militares. Comprendamos que las asimetrías que encontramos en el mundo real se encuentran representadas también en Internet, donde adultos mayores de Estados Unidos navegan los mismos sitios y usan las mismas redes sociales que estafadores en las regiones más abandonadas del planeta. Richard Dawkins menciona: "El conejo corre más rápido que el zorro porque el conejo corre por su vida, mientras que el zorro solo corre por su cena", y esta es la dinámica que a veces encontramos en Internet, un mercado global donde todos exponen su información y donde pocos están preparados para protegerla frente a motivados adversarios. [7]

"Nosotros, los marineros, solo estamos de paseo. Es el barco lo que importa cuando el océano se enfada" [8] es una bella reflexión de John Kretschmer, quien ha navegado las más tremendas tormentas. Estamos comenzando a ver cómo Internet se está convirtiendo en un espacio imprevisible y peligroso, y cómo las organizaciones pueden conceptualizarse como un barco que permite a los individuos navegar de forma segura frente a las nuevas amenazas que se están gestando. Hemos operado organizaciones y tecnología durante muchos años sin mínimas consideraciones de ciberseguridad y ahora comenzamos a ver el impacto de toda la deuda técnica y estratégica que hemos acumulado.

Consideremos por un momento una invención relativamente reciente como Bitcoin. Podemos simplificarlo y decir que representa *dinero* de Internet para pagos en metálico. Permite por primera vez hacer algo tan simple como que una persona pague a otra por un bien o servicio sin intermediarios. Sin bancos, sin supervisión, sin aprobaciones, nada. Una operación solo entre las dos personas involucradas. Igual que pagar con monedas por un café en la calle.

Nótese que, curiosamente, los correos electrónicos (tan fundamentales en nuestra vida privada y organizacional) funcionan también bajo la premisa de un protocolo abierto que permite enviar un mensaje a otra persona sin intermediarios (en el caso de que ambas tengan su propio servidor de correo). Así, Bitcoin permite enviar *dinero* (o una representación de valor) entre dos personas sin intermediarios (en el caso de que ambas tengan su propio nodo). Al igual que existen servicios de correo como Gmail, Yahoo y Yandex para facilitar el enviar y recibir correos, nuevas plataformas surgirán para enviar y recibir Bitcoin atendiendo a la demanda de aquellos que no quieren gestionar sus propios servidores de correo o sus propios nodos de Bitcoin. Esta dinámica es la que ya vemos entre las miles de empresas ofreciendo servicios dentro del universo "crypto", muchas buscando ocupar los roles de intermediación tan necesarios para facilitar el uso de estas tecnologías en la población general, y tantas otras abusando del desconocimiento de los nuevos usuarios con estafas, engaños y manipulaciones. Parte del éxito de estas empresas radica en el descontento de una parte de la población con el actual sistema bancario y financiero; otro porcentaje, no menor, radica en las promesas de hacerse rico rápidamente; y. finalmente. encontramos al grupo de usuarios que ven en estas tecnologías un complemento o alternativa viable a las finanzas tradicionales.

Muchas empresas y la mayoría de las corporaciones administran sus propios servidores de correo, mientras que la mayoría de los individuos opta por alguno de los servicios de correo "gratuito" que provee Google, Yahoo o Microsoft. Estos procesos tardarán algunos años más en volverse parte de la vida organizacional y personal, pero al final Internet necesitará una forma de transmitir valor de forma nativa (sea Bitcoin u otra tecnología similar), tal como solicitaba Clifford en su artículo de 1995.

Internet también se ha vuelto nuestra oficina y nuestro espacio de trabajo. Para muchos jóvenes Internet es también su espacio de socialización, esparcimiento y educación. Todas estas son tendencias que venían en aumento pero que se han disparado con la pandemia.

Algo tan simple como llevar un reloj Patek Philippe a una reunión de negocios o llegar manejando un Bentley como símbolo de estatus, comienza a perder relativo valor cuando consideramos la creciente cantidad de interacciones que se dan de forma virtual y remota. En ese nuevo canal de comunicación, donde hay oportunidades de permanecer anónimos o resguardar nuestra identidad, un *token*, avatar o NFT que valga millones de dólares transmitirá estatus de forma más efectiva que cualquier reloj o cuadro de Monet en la oficina. Muchos de estos *tokens* también permitirán el ingreso a comunidades VIP, similar a los tradicionales modelos de clubes exclusivos de golf, como el Augusta National Golf Club o el Royal and Ancient Golf Club of St Andrews, o de navegación como el Yacht Club de Mónaco. Para quienes todavía valoramos más las interacciones personales esto puede resultar extraño, pero estas tecnologías no son para nosotros, sino para las nuevas generaciones, las que crecieron haciendo amigos en plataformas y juegos virtuales, las que están más preocupadas por su reputación online, donde pasan gran parte de su día, y las que quizá nunca pisen una oficina, aspiren a tener un espacio de *parking* reservado junto a la entrada o soliciten un escritorio de ébano para su despacho.

Las nuevas generaciones pueden percibir la virtualidad como una extensión de su mundo real, en donde su personalidad, patrimonio e identidad se extienden para alcanzar nuevos potenciales. Estas ideas serán interpeladas por nuevos conceptos de seguridad informática, llevando a la ciberseguridad a nuevas alturas y empujando con ello a las organizaciones a reconsiderar sus estrategias. A mayor cantidad de activos disponibles y transaccionables en Internet, mayor el incentivo para el crimen. Solo basta recordar que el negocio del *ramsonware* pudo despegar gracias a la existencia de criptomonedas, de otra forma era imposible recibir o solicitar un pago por una suma elevada de dinero directamente a una empresa mediante la banca tradicional.

Nuevos modelos de crimen organizado surgirán a medida que aumente la cantidad de usuarios de activos digitales, como también aumentará la sofisticación de los ataques y sus recompensas.

Cuando las empresas comiencen a operar activamente en mercados de activos digitales, rápidamente deberán desarrollar estrategias y políticas de ciberseguridad si quieren evitar ser presa fácil de sofisticados atacantes. Directivos en diversas posiciones deberán desarrollar las competencias básicas en la materia para poder operar con seguridad.

Las tecnologías asociadas a la *blockchain* hoy presentan dificultades para una población que no está acostumbrada al concepto de finitud e irreversibilidad en las operaciones. No contamos aún con la intuición de lo que significa realizar una operación económica cuya consecuencia es irreversible, y esto es particularmente difícil de gestionar a nivel organizacional. Es difícil aún predecir cuáles serán los mecanismos aceptados como buenas prácticas para que los directivos puedan ejercer pleno control sobre los activos de sus organizaciones y sobre aquellos de clientes y proveedores potencialmente en custodia. La solución más probable parece centrarse en la existencia de intermediarios que garanticen la validez de las operaciones, o en la implementación de contratos inteligentes que gestionen distintos tipos de escenarios en nombre de las partes involucradas. Los directivos que busquen incursionar en este tipo de activos deben considerar seriamente su estrategia de gestión, de delegación y de ciberseguridad.

Extendamos el análisis incorporando la geopolítica y la ciberseguridad, comenzando por considerar que el Internet que encontramos actualmente no está efectivamente unificado. Varios países han determinado, por cuestiones de seguridad nacional, que su mejor estrategia es *separar* su Internet del resto del Internet *global* que conocemos. Entre los ejemplos más conocidos se encuentra la proeza técnica lograda por el gobierno chino, que ha desarrollado un Internet completamente paralelo al que conocemos. Rusia también ha avanzado fuertemente en esta dirección, y varios otros países están tomando las lecciones aprendidas por estos pioneros y desarrollando o adquiriendo equipamiento para operar modelos similares.

La característica principal de lo que se conoce como "El Gran Firewall" de China tiene que ver con la capacidad de controlar de forma absoluta todo el tráfico de Internet que ingresa y egresa de su territorio. Todos los cables y conexiones que integran China con el resto del Internet que conocemos se encuentran intervenidos y deben pasar por un filtro de contenidos. No solo se restringe la información que llega a China, sino que también se puede restringir la información que sale de China. En casos en que el gobierno lo considere necesario puede incluso cortarse todo acceso a Internet desde exterior y limitar la capacidad de sus habitantes de comunicarse o recibir información.

Lo más relevante en estas estrategias es la capacidad de los países de tener plena soberanía de su Internet, gestionando internamente toda la información necesaria para que la red continúe funcionando. Es una garantía de supervivencia en caso de un bloqueo digital exterior. Desde el punto de vista de resiliencia y ciberseguridad, China está en condiciones de cortar sus cables de acceso al Internet global sin ver sus servicios internos severamente perjudicados o sin que sus ciudadanos se encuentren particularmente afectados, pues la mayoría utiliza aplicativos propios chinos. Han diseñado su estructura de comunicaciones y de Internet para no depender de ninguna nación extranjera. Todos los datos de empresas y ciudadanos chinos se almacenan en su territorio.

A nivel comercial, este enfoque tiene un relevante impacto económico, pues empresarios en China pueden fácilmente copiar productos que han funcionado en el Internet global, como Twitter, Facebook, Google o YouTube, y desarrollar estos negocios en el territorio con relativa certeza de su funcionamiento. Al restringirse la alternativa original, la enorme cantidad de ciudadanos chinos se ven obligados a utilizar la versión china del producto. Dicha estrategia maximiza el retorno de cualquier inversión, pues todo el coste de investigación y desarrollo fue absorbido por la empresa del exterior que experimentó y se arriesgó con el producto original, dejando a la empresa china con la posibilidad de replicar el modelo y asegurarse una audiencia cautiva que no tiene alternativas reales.

Si a esta situación le sumamos la conocida influencia que el gobierno puede tener en los contenidos que presentan estas plataformas, podemos ver como el modelo favorece la gestión centralizada y la resiliencia frente a ataques extranjeros, ya sea en forma de ciberataques tradicionales o en forma de operaciones de información que buscan influenciar al público en una dirección particular. Rusia también busca implementar un modelo similar, pero es un poco más permeable y flexible que el existente en China. Otros países están comenzando a implementar tecnologías similares en busca de capacidades estratégicas, como la resistencia ante bloqueos extranjeros, la limitación del impacto de la propaganda extranjera, la limitación del filtrado de información y la protección frente a ciberataques. Vemos también como más países adoptan la política de cancelar Internet en momentos de conflicto social o político. Solo en 2021 se estima que el Internet ha sido cancelado unas 182 veces distribuido entre más de 30 países, entre ellos India, Myanmar, Irán y Sudan, que lideran la lista, con justificaciones esperables como seguridad nacional, protección de la población, prevención de discursos de odio, respuesta frente a noticias falsas, etc. [9]

La situación en Europa representa la cara opuesta de esta moneda, ya que el continente vive sobre una tremenda dependencia tecnológica de los Estados Unidos, donde se ubican la mayoría de los productos, la información y los servicios tecnológicos que utilizamos, tanto a nivel civil como militar. Al momento de escribir estas líneas, de las 50 empresas más grandes de tecnología del planeta (por capitalización de mercado) encontramos solo cuatro que son europeas, y si consideramos las primeras 20, solo hay una: ASML en los Países Bajos. La evaluación política y filosófica de esta situación escapa al marco de este libro, sin embargo, las posibles consecuencias de seguridad nacional en el caso de un conflicto internacional se encuentran en el centro de las consideraciones que los directivos deberían evaluar respecto a la resiliencia de sus organizaciones y su dependencia de tecnología desarrollada y mantenida en otros continentes.

Pocos quizá consideran que la mayoría del tráfico de Internet entre Europa y los Estados Unidos pasa por cables submarinos que atraviesan el océano Atlántico. Estos cables submarinos son un objetivo primario militar, en similar o mayor medida que los gaseoductos. Hemos visto el sabotaje del gaseoducto Nord Stream entre Rusia y Alemania, y podemos estimar que similares acciones podrían tomarse para sabotear cables en el océano frente a una escalada en este o en futuros conflictos. Naturalmente, esto tendría un fuerte impacto en la mayoría de los productos y servicios que utilizamos diariamente. Existen alternativas de comunicación (satélites), pero ninguna podrá hacer frente a la demanda que podían sostener los cables submarinos perdidos. Recuperar estos cables puede llevar meses o años. Meses o años con impactos concretos en lo que consideramos nuestros servicios en la nube, tanto a nivel empresarial como a nivel personal. Ciertamente existen copias de seguridad y miles de centros de cómputos distribuidos por Europa que ayudarán a mitigar una crisis de este tipo. Es importante que las empresas consideren estas situaciones, que comprendan dónde se encuentran almacenados sus datos, qué tipo de soporte existe en el continente y cuáles son los escenarios que podrían dificultar el futuro de la organización.

Nunca debemos descartar un escenario de *blackout* digital, donde perdemos una significativa porción de nuestros sistemas, que, recordemos, se encuentran en gran medida concentrados en unas pocas compañías. Masivos ciberataques a empresas como Apple pueden dejar una población sin comunicación; a Microsoft, dejaría sin acceso a millones de documentos y correos electrónicos; a Amazon, dejaría miles de servicios y productos que hoy dependen de sus servicios en la nube (AWS)... Y como estas hay otras tantas empresas que se han convertido también en *too-big-to-fail*. Gigantes que son tan estratégicos para la vida de la ciudadanía que deben ser protegidos a cualquier precio, a la vez que su posición pinta un blanco sobre sus cabezas en cada conflicto global.

Es así como la desconfianza internacional actual fomenta que empresas en Europa no confíen en software proveniente de Rusia o China, y en similar efecto, estos países no confían en software producido por Estados Unidos o Israel, considerando de momento a Europa como un territorio más neutral, aunque esta situación parece ir deteriorándose. Vemos con preocupación la desaparición de la neutralidad de Internet y como cada país busca mayor soberanía sobre su territorio digital. A nivel organizacional, muchas empresas ya están afrontando problemas logísticos, regulatorios y legales para lograr mantener un equilibrio entre la interconexión de sus oficinas y la administración de los riesgos asociados a posibles conflictos y al espionaje industrial. Tomemos en cuenta que la historia nos demuestra que quedarse atrás como país en la carrera por el desarrollo tecnológico puede ser trágico, en palabras del profesor Mearsheimer: "La Unión Soviética y su imperio desaparecieron en gran parte porque su economía ya no podía seguir el ritmo del progreso tecnológico de las principales potencias económicas del mundo". [10]

Cuando cada territorio comience a operar un Internet propio que diverja del *global*, muchas de las ventajas de la centralización de productos y servicios que conocemos comenzarán a mostrar sus grietas. Países impondrán diversas restricciones con respecto a qué contenido se puede acceder, qué tipo de activos digitales son operables, qué información puede ser enviada y recibida, qué tipo de productos y servicios son permitidos y qué tipos de usuarios y en qué condiciones pueden acceder, entre otras restricciones que naturalmente irán surgiendo bajo la premisa de proteger a la población de un Internet cada vez más peligroso. Quizá veremos la implementación de identidades digitales asociadas a cada persona y organización, la cual gestionará los accesos a bienes y servicios digitales, en combinación con diversos sistemas de control, dependiendo de los comportamientos de la persona u organización, de diversas métricas adquiridas por sensores o calculadas por modelos de IA.

Podemos visualizar un escenario donde países en busca de *proteger* a sus ciudadanos de contenido considerado peligroso o de prevenir ciberataques por parte de naciones extranjeras decidan cerrar su Internet y restringir su uso a quienes puedan asociar sus acciones a una identidad digital concreta. Esta identidad digital será monitoreada y podría ser depositaria de un sistema de puntuación que permita determinar si la misma puede o no acceder a distintos sitios web o realizar acciones puntuales. Podemos estimar que, como de costumbre, comenzará como una solución para mitigar un miedo en la población, sea proteger a los jóvenes del acceso temprano a la pornografía, proteger a los adultos mayores en su creciente vulnerabilidad a las estafas en Internet (que se incrementarán si se extiende el uso de criptomonedas) o proteger infraestructura crítica después de un ciberataque de gran magnitud (comparable en impacto a la pandemia pero de origen digital). No es solo mi percepción, en octubre del 2019, el Foro Económico Mundial (WEF) preparó un evento (*Event 201*) para simular la respuesta frente a una pandemia, mientras que ya desde 2016 el mismo organismo se encuentra trabajando en diversos riesgos de ciberseguridad, haciendo foco particular durante los últimos años en la resiliencia de la red eléctrica y las posibilidades de apagones de gran magnitud, resultado directo de un ciberataque. Finalmente, puede surgir también como complemento necesario a la implementación de monedas digitales generadas por bancos centrales, lo que conocemos en inglés como CBDC (Central Bank Digital Currency; Moneda Digital del Banco Central).

En cualquiera de estos casos el resultado parece converger en la misma dirección, una mayor restricción en el uso de Internet, una mayor vigilancia y una mayor fragmentación del Internet. Debemos siempre recordar que la censura y la prohibición son experimentales, mientras que la libertad es el componente natural de la experiencia humana. Todo ejercicio de prohibición, sea del alcohol o de los contenidos en Internet, es siempre experimental y responde a la incapacidad de la época de asimilar o generar mejores mecanismos de control. Mayor censura o control en el uso de Internet solo facilitará la transición a la Deep Web, fomentando así contenido más caro, más peligroso y menos regulado. Si el Internet actual presenta grandes desafíos de ciberseguridad, solo podemos imaginar lo que mafias y grupos criminales harán de la Deep Web si se obliga a una gran masa de usuarios a comenzar a operar en este territorio mediante la prohibición o restricción del Internet tradicional. Considerando los estragos que ha generado el narcotráfico por solo haber prohibido un número limitado de sustancias, apenas es posible imaginar las consecuencias de prohibir distintos aspectos de Internet y qué tipos de incentivos nefarios pueden generar para organizaciones criminales.

Revisemos cómo a nivel organizacional la guerra entre Rusia y Ucrania nos ha mostrado una nueva forma de guerrilla digital, un nuevo teatro de operaciones para el desarrollo y la continuación de conflictos entre naciones, entre agencias de inteligencia, entre empresas, entre estados e incluso entre comunidades.

Hemos visto el surgimiento de un nuevo tipo de milicia digital, con ciudadanos comunes tomando posiciones ofensivas de ciberseguridad para defender un ideal o para atacar a otra nación, pero desde la comodidad del sillón de su casa. Quizá es el nacimiento de una nueva doctrina militar, un nuevo concepto de reclutamiento de voluntarios para operar una variedad de equipamiento militar a distancia. Equipamiento diseñado para capitalizar los talentos en consolas de videojuegos ya adquiridos por los futuros soldados. Recordemos que en palabras del escritor argentino José Narosky, "en la guerra no hay soldados ilesos", y no debemos asumir que esta digitalización de los conflictos protegerá a las siguientes generaciones de los estragos de la guerra moderna. El general George S. Patton ya nos informaba que "las guerras pueden ser peleadas con las armas, pero son ganadas por los hombres". Es posible estimar que los futuros conflictos requerirán menor personal desplegado en el campo de batalla, modificando quizá por primera vez en la historia la necesidad de una juventud numerosa, fuerte y preparada para ganar o sostener un conflicto armado. La misma tecnología que parece colaborar en la productividad de las industrias para producir más con menor personal, también encontrará su lugar en el campo de batalla para multiplicar el poder destructivo de un limitado número de soldados.

Este nuevo tipo de activismo, patriotismo o accionar ideológico formará parte del teatro de operaciones de ciberseguridad en el que se ha convertido Internet y que se presentará en cada conflicto geopolítico. Los principales objetivos de estas guerrillas digitales serán aquellas empresas con mayor influencia, renombre, valor estratégico o impacto en servicios críticos. El surgimiento de estos movimientos a la vez será utilizado para implementar mayores controles y legislación, generando así una retroalimentación negativa de nuevas medidas de control, censura y restricciones. Esta dinámica continuará escalando y separando las redes de los distintos países, potencialmente generando un nuevo enemigo común e invisible contra el cual luchar: el hacker. Los hackers pueden convertirse en el próximo enemigo que puede unificar a la ciudadanía detrás de una causa concreta, similar a como en el pasado lo fue la lucha contra las drogas, la guerra contra el terrorismo, la batalla contra la COVID-19 o la actual cruzada contra el cambio climático.

"Para mantener el orden y la estructura de un sistema en constante evolución se requiere el uso y la adición constante de energía, cuyo subproducto es el desorden" [6], palabras de Geoffrey West que se aplican a la termodinámica y, en mi opinión, también a las dinámicas sociales. Parece que será la ciberseguridad la que se encuentre a ambos lados del conflicto, garantizando libertades para aquellos que se opongan a mayores controles y, por otro lado, proporcionando herramientas de control y monitoreo para garantizar la seguridad y la infraestructura de los países que decidan aplicarlos.

6.5 Estado y vigilancia

Conocer en profundidad las herramientas y las técnicas de ciberseguridad o haber ocupado un rol central en el desarrollo de software/hardware tiende a vivirse como una experiencia reveladora.

Permite ver con facilidad la gran cantidad de información que es almacenada sobre los usuarios en el usar y el registrarse en cada aplicación o en cada dispositivo. Se recolectan datos que obedecen más a las necesidades de negocio que a los requisitos técnicos, y esos datos se gestionan con temerarias bajas medidas de seguridad. Es evidente que si los usuarios no respetan su información, menos será esta respetada por las organizaciones; sin embargo, las empresas si comprenden el valor intrínseco que posee. Con frecuencia estos datos son utilizados para mejorar diversos aspectos de las plataformas, por ejemplo, pueden requerir un pago adicional para usar una funcionalidad muy popular entre los usuarios o separar funcionalidades relevantes en diferentes planes, buscando que el usuario se suscriba al plan más caro. Podemos considerar ejemplos opuestos de similares dinámicas: Amazon utiliza todos sus recursos para hacer la experiencia de compra lo más fluida posible, con el menor número de clics y minimizando la posibilidad de que el usuario abandone la compra o pierda esa impulsividad que lo motivo a buscar un artículo. Ryanair, en el extremo opuesto, utiliza los datos de millones de pasajeros que pasan cada día por su plataforma para maximizar el consumo de *adicionales* al precio inicial que el pasajero ya pagó por su boleto; sabe cuándo enviar un correo consultando por equipaje adicional, cuándo abrir los *check-ins* para generar la máxima ansiedad y cuáles son los asientos más deseados para cobrarlos de acuerdo al interés de los usuarios (como si la ubicación tuviera algún impacto en su coste), entre tantas otras optimizaciones en busca de extraer el máximo dinero posible después de haber capturado al usuario como pasajero. Son los datos de comportamiento de millones de pasajeros anteriores los que nos permiten decidir cuál será la variable de optimización, así como también modelar y simular o probar con usuarios reales diversos cambios para ver su impacto en ganancias o comportamientos (conocido como *A/B testing*). Es así como obtenemos vuelos por 15 euros en un primer momento y días antes de viajar pagamos asientos por 13 euros para garantizarnos un lugar.

No es casualidad que aquellos que defendemos una mayor privacidad seamos quienes hemos visto el reverso de estos aplicativos y tecnologías y hemos desarrollado una sensibilidad sobre la manipulación de esta información y de los usuarios que utilizan las plataformas. Particularmente, nos preocupa que toda esta información almacenada, aun si es por cuestiones operativas del negocio o para la mayor eficiencia de la plataforma, pueda tener consecuencias muy reales en la vida de las personas si cayera en las manos de autoridades con tiránicas motivaciones o simplemente en busca de sostener o adquirir poder mediante la persecución de disidentes.

Lamentablemente, el estudio de procesos históricos previos nos indica que todos tendrán algo para ocultar, en especial si consideramos que la información almacenada en el presente puede ser motivo de revisión en el futuro lejano. Lo que hoy consideramos correcto puede ser mañana objeto de extorsión o de persecución. Los ideales y movimientos que hoy se defienden con pasión en Internet pueden ser en 20, 30 o 50 años problemáticos para el acceso al crédito, a subsidios o a otros programas con condicionamientos basados en IA, que pueden utilizar información pública de redes sociales para realizar diversas evaluaciones de carácter, inclinación política, facultades mentales, IQ, personalidad, conflictividad, estabilidad emocional, tendencias violentas, etc.

Consideremos por un momento que las nuevas generaciones, al igual que gran parte de nuestra generación, tienen sus vidas documentadas casi públicamente en redes sociales. Lo que era un comentario fuera de lugar hace unos años, hoy destruye carreras solo por ser expuesto públicamente. Contemplemos el daño que pueden hacer videos de TikTok de jóvenes opinando sobre diversas temáticas actuales; imaginemos qué sería hoy de la política si tuviéramos videos en alta definición de lo que pensaban y decían hace 50 años nuestros políticos. Nuestra dinámica social no está aún preparada para esta transformación; se nos dificulta con frecuencia percibir las fluctuaciones culturales y sociales que ocurren en tan solo 15 años (y acelerándose), así como los cambios de ideas y de paradigmas: chistes y comentarios que pueden arruinar una carrera política o pública en la actualidad eran festejados apenas unos pocos años atrás. Quizá esta hiperdocumentalización de la sociedad motiva a las nuevas generaciones a disponer de una mayor tolerancia al cambio de ideas, o solo podrán llegar a la cima de la vida pública y política aquellos que hayan tomado las medidas pertinentes para gestionar su privacidad y limitar su exposición.

Ciberseguridad también es detenernos a considerar estas posibilidades, a comprender cómo esta información puede ser utilizada en contra de las personas o las organizaciones, al igual que comprender que no solo la información públicamente disponible puede ser usada en nuestra contra, sino que aquella que se compila en privado, por diversas agencias de seguridad, por competidores, por organizaciones gubernamentales, etc., también puede suponer un riesgo.

Mi experiencia me lleva a ver la ciberseguridad como la primera línea de defensa en las nuevas formas de libertad individual y organizacional. El avanzar de la tecnología, la interconexión y el desarrollo de mayor captura y procesamiento de datos traerá una transparencia a la vida de las personas que es completamente impensada, incluso impensada dentro de los universos distópicos tradicionales presentes en libros como *1984* y *Un mundo feliz*. Con la creciente habilidad de monitorizar y analizar información en tiempo real, con años de datos acumulados sobre la vida de las personas y con nuevas "emergencias" que surgirán y requerirán más y más información personal a cambio de paz, estabilidad y seguridad, encontraremos que más y más expectativas recaen sobre el individuo y la organización para divisar formas de gestionar la presión de la vigilancia generalizada.

Estas consideraciones no son relevantes en todas las organizaciones ni en todos los individuos, pero invito a reflexionar sobre cuántas otras organizaciones sí se ven atravesadas por implicaciones políticas o ideológicas: empresas de medios de comunicación, asociaciones sin fines de lucro que operan en áreas conflictivas, organizaciones políticas y religiosas e industrias o proveedores de infraestructura crítica, entre tantas otras.

Aunque directamente no seamos un objetivo, el estar indirectamente involucrado con una organización o un individuo que sí lo es también puede convertirnos en un potencial destinatario de mayor vigilancia. Recordemos que los ciberataques no necesariamente se realizan mediante el camino más directo, sino mediante el más efectivo. Stuart Mill ya decía que "negarse a escuchar una opinión porque estamos seguros de su falsedad es suponer que nuestra certeza es una certeza absoluta. Todo silenciamiento de una discusión es una suposición de infalibilidad". Y en ciberseguridad nunca debemos suponer que somos infalibles o negar la posibilidad de que podemos ser un objetivo [11]. Nunca debemos perder de vista que aceptar la inseguridad digital para otros es al fin y al cabo aceptarla para nosotros mismos. Tecnologías de vigilancia que son inicialmente aplicadas en menor escala (o para un uso puntual) luego serán perfeccionadas y aplicadas para el público en general.

La vigilancia digital es una realidad tan común como el pago de impuestos o la compra de medicamentos. La mayoría de los países opera bajo la premisa de que la seguridad nacional de su territorio requiere una activa gestión de la información que ingresa, que egresa, que se produce y que se consume en su área de influencia. Notablemente, varios países entienden que su área de influencia se extiende mucho más allá de su territorio físico, reflejando así la doctrina de seguridad nacional predominante en nuestra época y comprendiendo la ciberseguridad como un área de riesgo donde se desarrollarán los conflictos futuros. Consideremos las dificultades que presenta organizar una campaña de desinformación en China, donde los aplicativos están fuertemente controlados por el estado, en comparación a Europa o Estados Unidos, donde cualquiera puede utilizar redes sociales abiertamente para difundir noticias (verdaderas o falsas) y magnificar su impacto. Naturalmente, en los últimos años hemos comenzado a ver en Occidente una mayor presencia estatal digital en forma de censura y cancelación de contenido considerado inapropiado, pero que históricamente parece terminar en diversos abusos por parte de quienes ejercen el poder de censura y control.

Desde el fin de la Segunda Guerra Mundial, las agencias de inteligencia siempre habían tenido un enemigo concreto. En el caso del mundo bipolar que encontramos de las explosiones en Hiroshima y Nagasaki, dos claros centros de poder fueron ocupados por los vencedores, Estados Unidos y la URSS (Unión de Repúblicas Socialistas Soviéticas). Desde el punto de vista del espionaje y la vigilancia, desde 1945 a 1991 fue claro en Occidente que todos los esfuerzos de inteligencia y monitoreo debían estar direccionados hacia el único enemigo disponible: la URSS. Con la caída del Muro de Berlín en 1989 y la caída de la URSS en 1991, encontramos un breve periodo histórico, hasta el atentado a las Torres Gemelas en 2001, en el cual no estaba claro en qué dirección debían apuntarse los sistemas de espionaje desarrollados y financiados durante 50 años.

Como consecuencia del atentado del 11S se dio una interesante innovación en términos de conflicto moderno: el enemigo ya no era una nación concreta, ya no vestía un uniforme identificable en el campo de batalla, y potencialmente podía operar desde cualquier lugar, incluso dentro de nuestro territorio. Este nuevo enemigo fue el terrorista, un individuo o grupo que puede estar en cualquier lugar, en cualquier momento, que puede viajar contigo en tu vuelo de regreso a casa o fabricar explosivos en el apartamento junto al tuyo. Esta guerra contra el terror nuevamente les dio un objetivo a los servicios de seguridad, pero no les dio una definición concreta de enemigo. El mandato fue, entonces, poder identificar a los potenciales enemigos, estén donde estén (particularmente si están entre nosotros) y la herramienta para hacerlo fue la vigilancia y monitoreo de las comunicaciones en Internet. La ciberseguridad pasó a primer plano.

Esta actitud cambió la doctrina respecto a dónde se encuentran los enemigos y justificó la incorporación de nueva legislación para operar vigilancia dentro del territorio nacional. Ya no fue suficiente utilizar toda la tecnología disponible para observar hacia afuera, ahora debíamos observar hacia dentro si queríamos sentirnos seguros. Naturalmente, cada crisis presenta una nueva oportunidad de expandir estos poderes, indirectamente limitando el potencial de accionar de los individuos, reduciendo el área de privacidad (y en muchos casos libertades) de las que disponen.

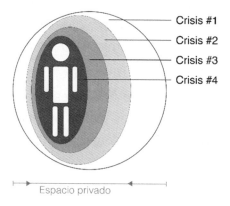

A nivel organizacional es relevante que el directivo comprenda el impacto de este cambio de conceptualización, porque es de esperarse una mayor colaboración por parte de las organizaciones en la captura y gestión de la información. Es de esperarse que los mandatos que se presentan a las organizaciones con respecto al reporte de información aumenten en lugar de disminuir. Diversos argumentos acompañan estas solicitudes, pero el resultado es el mismo: descentralizar la captura de información para centralizar su análisis. El mismo modelo que vemos con respecto a las organizaciones en la retención de impuestos en nombre del estado lo veremos con las organizaciones en la retención de la información.

Las empresas deben comprender que se encuentran en el centro de estos modelos de vigilancia y que son las empresas quienes directa o indirectamente realizan el trabajo duro de recolección de datos y de diseño de dispositivos que maximizan la captura de información. Estimo que veremos también un aceleramiento de la vigilancia de la mano de las criptomonedas, en particular cuando las mismas sean implementadas por diversas organizaciones con mandatos de proporcionar información relativa a la fiscalidad y legalidad de las transacciones.

Si existe alguna posibilidad de revertir esta tendencia, debemos considerar que está en nuestras manos modificar esta situación. Según el propio Girard, las personas "en lugar de culparse a sí mismas, inevitablemente culpan a la sociedad en su conjunto, lo que no les cuesta nada, o a otras personas que parecen particularmente peligrosas por razones fácilmente identificables" [12]. Señalar culpables externos o buscar chivos expiatorios poco hará por proteger la privacidad de los individuos y las organizaciones. Aquellos con mayor influencia cargan también con una mayor responsabilidad de liderar con el ejemplo y transmitir la importancia de la seguridad a quienes, percibiendo que tienen menos que perder, aún no comprenden los riesgos a los que están expuestos.

6.6   Nuevo paradigma de protección

Ponderemos la posibilidad de que el cibercrimen y los ciberataques se incrementen notablemente más rápido que los crímenes tradicionales. Esto es, imaginemos un mundo donde lo digital representa un peligro más probable y más presente que los delitos tradicionales. Una realidad donde los ciberpolicías juegan un rol más esencial que los policías tradicionales.

Si tomamos en cuenta las miles de cámaras que hay dispuestas en la ciudad de Londres y asumimos un moderado avance en la capacidad de dichas cámaras de seguir a personas por la ciudad y comprender sus actividades (posiblemente mediante el uso de IA), veremos que no estamos muy lejos de poder saber lo que sucede prácticamente en cualquier esquina de la ciudad, minuto a minuto, segundo a segundo, persona por persona. Lógicamente, esto no llevará las tasas de criminalidad a cero, pero favorecerá que los criminales busquen nuevas alternativas más seguras (desde su punto de vista) para cometer delitos, y podemos asumir con buen criterio que hoy un ciberataque representa esta alternativa. Podemos considerar ciudades como Ginebra, Singapur, o Tokio, donde la tasa de crimen local es tan baja que resulta prácticamente nula; sin embargo, aquellos que viven allí se encuentran igual o más vulnerables a ciberataques que aquellos que viven en Latinoamérica o África.

Muchos directivos y políticos pueden estar familiarizados con los procedimientos frente a delitos tradicionales, pero la digitalización de los productos y servicios obligará a muchos a desarrollar nuevas habilidades vinculadas con las nuevas tecnologías. Encontrarse digitalmente seguro requiere que personalidades influyentes tomen la ciberseguridad en sus manos. Lamentablemente, nuestra integración y constante interacción con dispositivos móviles y ordenadores impide delegar completamente la seguridad en un tercero, como sí podemos hacer a nivel físico. Podemos fácilmente contratar a un policía para que vigile la puerta de nuestros hogares; sin embargo, validar si nuestras comunicaciones son interceptadas requiere habilidades más difíciles de encontrar y es particularmente complejo de ejecutar correctamente.

Las personas de interés (VIP) pronto deberán preocuparse más por su seguridad digital que por ataques en las calles y reemplazar al guardaespaldas que pasa sus horas en el gimnasio y en el polígono de tiro por profesionales de ciberseguridad frente varias pantallas de ordenador.

Aunque estas preocupaciones pueden parecer lejanas hoy, tienen sus raíces en experiencias puntuales que han ocurrido en el pasado pero que generalmente no reciben prensa alguna y que se gestionan como incidentes privados, limitando así el conocimiento del público con respecto a la frecuencia y gravedad de su ocurrencia. Cuando estos casos salen a la luz, sorprenden con su espectacularidad. Tenemos, por ejemplo, lo que sucedió con las filtraciones de fotos privadas (desnudos) de más de 50 celebridades de Hollywood. Estas fotos, según lo que indica el FBI en sus investigaciones, fueron obtenidas en un periodo de varios meses e intercambiadas entre diversos usuarios en una red que compraba y vendía fotos de celebridades robadas. Según se sabe hasta el momento, una gran cantidad de fotos fue obtenida mediante copias de seguridad almacenadas en iCloud cuyas claves fueron robadas mediante correos de *phishing* enviados directamente a las celebridades. Después de meses (y quizá años) de recolección e intercambio, las mismas fueron publicadas en diversos sitios y hoy son información públicamente disponible. La gran mayoría de los usuarios, sin embargo, permanecen tranquilos disponiendo de una copia de todas sus fotos en iCloud o Google Photos.

Un ejemplo mucho más grave es lo que le tocó vivir al fundador de Amazon, Jeff Bezos, quien en 2018 fue víctima de un ciberataque en su teléfono mediante la recepción de un archivo vía WhatsApp, el cual infectó su dispositivo y comenzó a enviar información sobre sus actividades a un gobierno extranjero. Bezos fue nuevamente objeto de un presunto ciberataque cuando fue extorsionado en 2019 por el periódico *National Enquirer*, que amenazaba con hacer públicas fotos de su relación con una amante después de haber publicado mensajes privados entre la pareja (cuyo método de obtención aún se desconoce).

Estos son los pocos casos que salen a la luz, pero existen periodistas, activistas, CEO y políticos que pueden contar historias similares, cuando las cámaras se encuentran apagadas, de las veces que notaron comportamientos extraños en sus dispositivos o las veces que información que se consideraba privada terminó en manos de la competencia o la prensa. Las nuevas formas de espionaje ya no requieren una presencia física para acceder a información confidencial, y estos servicios son fácilmente contratables en la Deep Web. Solo un buen conocimiento y gestión de políticas de ciberseguridad puede inclinar la balanza en favor del atacado. Incluso podemos considerar la transformación que atraviesa el periodismo tradicional, cuyas investigaciones cada vez ocupan mayor tiempo en filtraciones de datos y documentos secretos obtenidos por Internet. Esas millones de presentaciones que las empresas generan sin descanso para tomar decisiones, esos millones de correos discutiendo la legalidad de una decisión comercial, esos miles de millones de *chats* internos sobre temas comprometedores, están aún ahí, esperando a que un hacker los encuentre, a que un empleado enfadado los publique, o más recientemente, la posibilidad de que un billonario como Elon Musk compre la empresa y comparta este tipo de contenido directamente con los periodistas (evento conocido como *Twitter Files*).

Haría bien un ejecutivo o político moderno en tener más miedo por su seguridad digital que por su seguridad física, aunque lógicamente es comprensible la posible irreversibilidad del daño físico. "Guardaespaldas digitales" será una industria para considerar en los próximos años dadas las actuales limitaciones de las fuerzas de seguridad a la hora de proteger a la población de este reciente y creciente tipo de amenaza.

Notablemente, hoy presenciamos un mundo donde solicitar a las personas que almacenen de forma segura 24 palabras para acceder a sus activos digitales es considerado muy complejo y donde esperar que la gente no repita sus contraseñas en múltiples sitios implica asumir un avanzado conocimiento de seguridad digital. Es ciertamente mucho el trabajo que nos queda por hacer como comunicadores de ciberseguridad. Particularmente, en mis varios años exponiendo estas temáticas en eventos y presentando ante diversas audiencias, no deja de sorprenderme el bajo conocimiento general que existe sobre ciberseguridad. Parte de la motivación detrás de este libro obedece a mi percepción de que cuanto más alto en la jerarquía organizacional se discute el tema, más se percibe como un problema técnico y menos como una preocupación estratégica. Espero aportar mi granito de arena en esta transformación y facilitar una obra que motive a la reflexión, como recitaba Atahualpa Yupanqui: "la arena es un puñadito, pero hay montañas de arena". [13]

Finalmente, en un mundo donde la expectativa de vida aumenta y donde la transformación digital se acelera, debemos considerar el impacto de cada vez más adultos mayores con limitado o nulo conocimiento técnico y de ciberseguridad. Muchos de ellos aún controlando gran cantidad de activos, de poder o de influencia. Esta situación puede influir en la siguiente ola de ciberseguridad y debemos preparar a la población adulta para la siguiente etapa de digitalización, que ya no solo incluye productos y servicios, sino activos e identidad personal y organizacional.

6.7 Transformaciones de mercado

En la frenética carrera por innovación y rentabilidad en que muchas organizaciones se verán involucradas en los próximos años, es posible que se produzcan cambios significativos en las estructuras productivas, en particular en lo relativo a las integraciones logísticas, la descentralización de la producción y la decreciente necesidad de emplear individuos en tareas que pueden ser automatizadas o realizadas de forma remota (desde conductores de camiones y taxis hasta operarios y personal de atención al cliente). Lejos de ofrecerse como una posibilidad, esto último es ya una realidad en diversos comercios, que ofrecen pantallas para que sus clientes hagan pedidos. En California es posible pedir un taxi que nos lleve a nuestro destino sin conductor humano alguno, y llamar a una empresa sin que nos atienda un "robot" es prácticamente imposible.

Si, por otro lado, asumimos que la transformación se dará por el lado de la producción, entonces veremos el surgimiento de fábricas ampliamente automatizadas y digitalizadas, que permitirán producir bienes y servicios en territorios con salarios elevados pero con necesidades de capital humano extremadamente bajas. Este escenario podría favorecer la reindustrialización de Europa y América del Norte, reinstaurando fábricas con un enfoque más verde y con la máxima robotización posible. Este proceso requerirá una transformación en la matriz energética para poder acceder a energía barata y abundante, así como una regulación que flexibilice la fuerza laboral, lo que permitirá la automatización masiva de procesos productivos y logísticos, lamentablemente desplazando millones de trabajadores. Si la implementación de estos procesos es correctamente sincronizada con la evolución de la pirámide poblacional de cada territorio, podemos quizá acompañar la menor disponibilidad de mano de obra, con una menor demanda de personal. Es una solución compleja de implementar, pero puede presentar una salida al envejecimiento de la población Europea y facilitar una transición hacia una mayor automatización sin inmensos conflictos internos.

En línea con el modesto trabajo que muchas organizaciones han realizado en términos de hacer *inteligentes* sus productos, podemos destacar una nueva tendencia que puede expandirse en los próximos años. Consideremos el sector automotor que, pese a millones de euros en presupuestos para innovación y desarrollo, miles de personas involucradas y décadas fabricando los mismos productos, ha sido incapaz en su mayoría de producir una experiencia multimedia de usuario moderadamente destacable. Sus pantallas y sus funcionalidades de entretenimiento y control parecen estar 10 o 15 años por detrás de las experiencias de usuario a las que estamos acostumbrados en dispositivos móviles o en sitios web. Observemos, entonces, la disruptiva aparición de Apple en el mercado automotriz, con su producto estrella: CarPlay. Según su propio sitio web:

> "La nueva versión de CarPlay ofrece la integración definitiva del iPhone en el coche. Cuando estés al volante, disfrutarás de una interfaz coherente en todas las pantallas, incluida la del panel de instrumentos. Así podrás controlar la radio, el climatizador y otras funciones desde CarPlay. Y todo estará más a tu gusto que nunca, porque podrás elegir los widgets y diseños de los elementos del cuadro de mandos."

Apple ha logrado algo que no veíamos desde los tiempos de Microsoft con su dominio de Windows como sistema operativo para ordenadores. CarPlay se está convirtiendo (con más de 600 modelos de automóviles en este momento) en una capa de interfaz entre el hardware (automóvil) y el usuario (conductor) que es completamente transparente en ambas direcciones. Por un lado, el usuario puede configurar su CarPlay como desee y cada vez que sube a un vehículo utilizar su estilo de visualizar información, su música favorita, su temperatura de asiento preferida y tantas otras configuraciones que con el tiempo se irán convirtiendo en datos que controla Apple, a la vez que convierte al automóvil en meramente una *commodity*, intercambiable con cualquier otro coche.

Todos pasan a ser similares, las experiencias de usuarios se comienzan a concentrar en una interfaz unificada, curiosamente a la vez que nos acercamos cada vez más a la posibilidad de vehículos que se conducen solos y cuya única interacción con el usuario será mediante las pantallas de entretenimiento. Cada vez menos jóvenes están dispuestos a ser dueños de sus propios coches, y Apple se puede convertir en la interfaz por defecto de la industria automotriz y controlar el modo en que gestionamos nuestros desplazamientos. Así como Microsoft conquistó el terreno de los ordenadores en los 90, cuando no importaba el hardware y lo importante para los usuarios era Windows, similar efecto puede tener la expansión de Apple, convirtiéndose en gestor de muchos dispositivos interconectados que aparecen a nuestro alrededor, desde luces inteligentes hasta nuestros coches.

Esta centralización presenta grandes oportunidades para las empresas; al utilizar integraciones con los productos de Apple, se ahorran la complejidad de desarrollar sus propios aplicativos, mientras exponen gran parte de su modelo de negocio a una sola organización, que tendrá control sobre toda la información, alejando al consumidor final de su producto estrella. Desde la ciberseguridad esta es una consideración que debe presentarse en los análisis de directivos que opten por integrar sus productos con los principales monopolios, pues estarán alimentando sus bases de datos y sus algoritmos con la información de sus clientes. Justo es también decir que quizá no haya alternativa, pues los productos con integraciones se venderán más y mejor, dada la simplificación que ofrecen a los usuarios ya cansados de descargar una app nueva cada vez que adquieren un producto.

El gran secreto a voces es la falta de innovación en software que apreciamos en los últimos años. Un estancamiento de creatividad y experimentación en las empresas establecidas que apenas utilizan sus equipos de desarrollo para mejoras estéticas, pero con pocas o nulas nuevas funcionalidades revolucionarias. Se ha perdido el gran componente competitivo que obligaba a las grandes empresas de software a continuar innovando. Con claros ganadores en cada industria, poco se invierte en transformar la vida y los procesos productivos de sus usuarios. Afortunadamente para los amantes de la privacidad y el código abierto, esto ha generado que muchos proyectos y productos *Open Source*, generalmente más respetuosos con el bolsillo y los datos de sus usuarios, hoy son alternativas comparables a los productos líderes. Para muchos usuarios hogareños y profesionales, alternativas de código abierto a los programas que utilizan podrían fácilmente sustituir a las suscripciones que se ven obligados a contratar. El modelo de suscripciones parece haber desincentivado la innovación, y esto ha dado la oportunidad a mucho software de código abierto de alcanzar prestaciones similares o superiores a los productos de pago.

Podemos percibir que esta disputa entre centralización y descentralización aún está lejos de resolverse. Todavía convivimos con la idea de que cada empresa debe tener su propia app, como si fuese necesario tener una app por cada banco que tenemos, por cada servicio de mensajería, por cada red social, por cada correo electrónico, por cada sitio de noticias o por cada dispositivo que compramos. ¿Qué impide realmente que Apple, Android o Microsoft generen una App global bancaria, donde nuestros bancos se conecten y podamos operar todas nuestras finanzas en un solo lugar? Desde el punto de vista del usuario esta experiencia sería ideal, pero desde el punto de vista del banco, esto sería un riesgo, puesto que perdería el contacto directo con sus clientes, limitaría la aplicación de algunas reglas de negocio y, más grave aún, la empresa (Apple, por ejemplo) tendría pleno acceso a toda la información financiera de los individuos. Aplicando una visión de ciberseguridad a esta disyuntiva, vemos que los resultados son ambiguos, pues agrupar información conlleva riesgos, pero dispersarla en apps que son de menor calidad y menos seguras también presenta problemas. Más controvertida aún podría ser la creación de una app bancaria unificada por parte (o por iniciativa) de un gobierno, el cual exija mediante regulación a bancos, comerciantes e individuos utilizar esa app como forma de intermediar con los clientes, posiblemente integrando también la gestión de activos digitales, una identidad digital universal y monedas gestionadas por el banco central (CBDC). El ejemplo bancario probablemente es el más extremo, pero veremos discusiones similares en otras áreas como salud, noticias y acceso a servicios públicos, entre tantas alternativas disponibles.

6.8   Guerra 3.0

El ciberespacio es el nuevo territorio donde se han movido los conflictos entre organizaciones y estados. Las operaciones de espionaje y sabotaje, las campañas de desinformación y la recopilación de inteligencia se han trasladado en gran proporción del espacio físico al mundo virtual. Hemos visto en los últimos años gran cantidad de sabotajes, desde el corte de suministros eléctricos hasta restricciones en el acceso a combustibles, pasando por cortes en telecomunicaciones e Internet. Estas presiones y tensiones parecen estar gestando un cambio de modelo tecnológico dentro de las organizaciones. Mientras los Estados tienden a la mayor centralización, algunas empresas se están preparando para descentralizar y distribuir mejor el riesgo. Lejos parecen los días donde todo lo que iba a la nube era positivo y bienvenidos parecen los días de evaluar alternativas regionales para maximizar el control sobre los flujos de información. Organizaciones cuyas directivas apuntaban a la optimización de costes en IT mediante la unificación de servicios globales hoy parecen evaluar la flexibilidad de contar con varios centros de gestión interconectados pero con independencia, considerando la posibilidad de desconexiones y conflictos entre naciones vecinas que no estaban en escena pocos años atrás. Tristemente, hoy la posibilidad de un conflicto mayor entre naciones no parece del todo descabellada, y resuena la frase de Niccolo Machiavelli: "La guerra no se evita, sino que se retrasa para ventaja del enemigo", lo que vuelve posible que la próxima guerra se desarrolle inicialmente en el ciberespacio y hasta comience con un ciberataque. [14]

La gran característica que encontramos en los ciberataques es la dificultad de atribuir a un individuo, grupo o nación en particular la responsabilidad del hecho. Ya no encontraremos un piloto que cayó de un avión espía en territorio enemigo para pasearlo por la televisión (como le sucedió a Francis Gary Powers durante la Guerra Fría cuando volaba su U2 sobre la URSS), ni tendremos los restos de un misil de fabricación rusa, china o americana. Ciertamente existen formas de vincular atacante con ataque, pero será difícil hallar pruebas definitivas y esto dará margen a ambos lados a elegir la narrativa que resulte más consecuente con sus agendas geopolíticas y económicas.

Resulta necesario incorporar estas consideraciones en la visión estratégica del empresario, porque las organizaciones estarán en el centro de las guerras en el ciberespacio del futuro cercano o lejano. Así como la doctrina militar tradicional ha desarrollado planes para bombardear fábricas e infraestructura crítica durante un conflicto armado, similares ideas son trasladadas al plano del ciberespacio, donde estas mismas fábricas operan su equipamiento, con cientos de proveedores y sistemas interconectados a través del mundo, susceptibles de ser afectados y saboteados durante un conflicto.

Las empresas no solo serán objetivos militares, sino que serán objetivos de campañas de activismo y desinformación, que actualmente forman parte de la doctrina aceptada en este nuevo modelo de conflicto híbrido. Las organizaciones deberán asumir que durante este tipo de crisis, documentos confidenciales e información clasificada pueden ser robados y publicados a los fines de fomentar el caos y el descontento social, prácticas que han llegado para quedarse y que constituyen la nueva guerra fría en el ciberespacio.

Mientras se escriben estas líneas, miles de jugadores, que representan a países de todos los espectros políticos, están operando en el ciberespacio con diversas agendas, escalando poco a poco pequeños conflictos y narrativas. Filtraciones, ciberataques, ciberactivismo, campañas en redes sociales, *influencers*, medios de comunicaciones y el público en general se mezclan para participar voluntaria o involuntariamente en operaciones psicológicas, lo que se conoce en la industria como PSYOP (Psychological operations). Estas operaciones están dirigidas a modificar e influenciar las percepciones y emociones de los individuos mediante la utilización de información que ayude a cambiar sus comportamientos y forman la esencia de lo que vemos en redes sociales en época de elecciones o de la información que nos llega respecto a diversos eventos en el exterior. Estamos viendo un proceso de descentralización del acceso a la información sobre eventos y noticias, con diversos podcasts y medios alternativos, como Substack, para encontrar periodistas y opiniones diversas, aunque todavía la centralidad de los grandes medios de comunicación lidera las agendas del mundo.

Los líderes al frente de grandes organizaciones deben ser conscientes de la posibilidad de estas operaciones y disponer de un plan para mitigar los efectos en sus operaciones o en su imagen. Los incentivos para los directivos están puestos en evitar una crisis, en salvar el mayor valor posible para los accionistas y para sí mismos; sin embargo, desde el punto de vista político y estratégico, evitar un ataque puede no resultar la mejor alternativa, pues ofrece mejores resultados dejar que se produzca la crisis y ser quien presenta la solución, que prevenirla y no obtener ningún beneficio. No hay premio por evitar una crisis, pero sí por resolverla.

6.9   Palabras finales

Habiendo abordado tantas temáticas asociadas a una versión extendida y quizá más filosófica de la ciberseguridad, espero que el lector pueda llevarse una concepción más amplia de los riegos actuales y futuros que presenta la aceleración de la digitalización de la vida moderna.

El objetivo fue dirigirme directamente a quienes tienen en sus manos la responsabilidad de liderar organizaciones y se encuentran en la mejor posición para adoptar las medidas pertinentes que permitan proteger la mayor cantidad de recursos posibles, utilizando el poder multiplicador y transformacional que poseen los grandes líderes al frente de organizaciones abiertas al cambio.

Con mi corazón dividido entre la tecnología y los negocios, he transmitido aquí una variedad de ideas sobre escenarios pasados, presentes y futuros con el motivo de disparar el pensamiento crítico y la reflexión respecto al rol de la tecnología en nuestras vidas personales y organizacionales. No hay forma de predecir el futuro, pero aquellos que tienen la responsabilidad de liderar harían bien en detenerse a considerar cuáles pueden ser las consecuencias positivas y negativas de las transformaciones tecnológicas que se nos presentan. Desde mi humilde rol de comunicador, en esta obra literaria y tras años presentando ante audiencias en vivo, no puedo más que invitarle a profundizar en estos temas, a ponerse en contacto conmigo y especialmente a disentir con muchas de las ideas aquí dispuestas. El objetivo es motivar una discusión estratégica sobre ciberseguridad y es responsabilidad de todos encontrar las mejores soluciones a los desafíos del presente y del futuro.

Espero que esta breve concientización de riesgos tecnológicos ayude a motivar a los directivos a comprender su valor estratégico, tanto para la protección de sus organizaciones como para la capitalización de sus oportunidades. Ningún riesgo aquí descrito debe motivar al lector a abandonar el desarrollo tecnológico o retrasar su progreso; está en nuestra naturaleza continuar avanzando, idealmente tomando en cuenta las lecciones del pasado y mirando al futuro con optimismo.

Nuestra seguridad y privacidad comienzan con nuestras acciones y es mi deseo haber colaborado en formar una eficaz primera línea de defensa. Delegar la gestión y la comprensión de la ciberseguridad es una forma de minimizar nuestra libertad presente y futura. Accionar ahora mientras queden recursos por y para defender.

[1]   N. H. William Strauss, *The Fourth Turning*, Crown, 1996.

[2]   F. Fukuyama, *End of History and the Last Man*, New York: Free Press, 1992.

[3]   R. Dalio, *Principles for Dealing With the Changing World Order : Why Nations Succeed and Fail (9781982164799): Why Nations Succeed and Fail*, Simon & Schuster, 2021.

[4]   S. Freud, *La interpretación de los sueños*, Editorial Biblioteca Nueva.

[5]   T. M. Klaus Schwab, *COVID-19: The Great Reset*, Agentur Schweiz , 2020.

[6]   G. West, *Scale: The Universal Laws of Growth, Innovation, Sustainability, and the Pace of Life in Organisms, Cities, Economies, and Companies*, Penguin Press, 2017.

[7]   R. Dawkins, *The Selfish Gene: 30th Anniversary edition*, Oxford University Press, 2006.

[8]   J. Kretschmer, *Sailing a Serious Ocean: Sailboats, Storms, Stories and Lessons Learned from 30 Years at Sea*, International Marine/Ragged Mountain Press, 2013.

[9]   M. D. H. a. F. Anthonio, «*THE RETURN OF DIGITAL AUTHORITARIANISM - Internet shutdowns in 2021,*» Access Now, 2022.

[10] J. Mearsheimer, *The Tragedy of Great Power Politics (Updated Edition)*, W. W. Norton & Company, 2003.

[11] *The Basic Writings of John Stuart Mill*, Random House, 1961.

[12] R. Girard, *The Scapegoat*, Johns Hopkins University Press, 1982.

[13] A. Yupanqui, *El Payador Perseguido*, Buenos Aires: Compañia General Fabril Editora, 1965.

[14] N. Machiavelli, *El Principe*, Editorial Porrúa.

Agradecimientos

Quisiera comenzar dando las gracias a los héroes de esta historia, a mis padres, quienes me han apoyado en cada locura y aventura que he emprendido, por distante y arriesgada que pareciera. Sin ellos, sin su entusiasmo y su confianza en mí, este libro y tantos otros proyectos hubieran sido imposibles. Gracias por creer en mí y por estar siempre a mi lado cuando los necesito. A mi padre en particular, que es la persona más buena y generosa que conozco, le doy las gracias por sus enseñanzas, dedicación y esfuerzo incondicional. En cuanto a mi madre, que comenzó su viaje antes de poder ver esta obra publicada, espero que mis palabras le lleguen en forma de agradecimiento por haber fomentado mi curiosidad e incitarme constantemente a seguir creciendo y explorando. Gracias a ambos por su amor y su dedicación a fomentar mi curiosidad y permitirme explorar el mundo.

A Sole, la mejor pareja que se puede tener en este camino, que ha estado a mi lado durante los largos días y noches de escritura y me ha permitido enfocarme en esta obra. Sin tu apoyo y amor, todo esto no habría sido posible. Te doy las gracias por ser una parte integral de mi vida y por motivarme a seguir adelante.

A la editorial Marcombo y en especial a su director Jeroni Boixareu, quien siempre ha estado abierto a apostar por la necesidad de presentar una perspectiva diferente de la ciberseguridad. Gracias también a Manel Medina Llinas, mi director de tesis doctoral en la UPC y facilitador en el comienzo de esta aventura.

A Siemens, a través del liderazgo y la sabiduría de Natalia Oropeza, quien desde un primer momento no ha dudado en colaborar con este libro, al igual que Florian Holst, y a tantos colegas, compañeros y amigos que han formado parte de mi carrera laboral y académica en todos estos años, en tantos lugares distintos. A los muchos docentes, clientes y mentores que a través de los años dedicaron su tiempo y su talento a apoyar mi formación y compartir sus conocimientos. A mi familia y amigos por haber soportado largas horas de charlas y discusiones sobre estos y tantos otros temas durante años, sin quejarse y siempre aportando sus opiniones con una sonrisa. A todos ellos, muchas gracias.

Con enorme gratitud,
Facundo Mauricio